CLAUDE
C'était ma mère

Alain Pompidou

住在
爱丽舍宫的母亲

克洛德·蓬皮杜

［法］
阿兰·蓬皮杜 著
史利平 译　邱举良 审校

广西师范大学出版社
·桂林·

ZHUZAI AILISHEGONG DE MUQIN: KELUODE PENGPIDU

出 品 人：刘春荣		责任编辑：刘汝怡	
项目统筹：刘汝怡		助理编辑：王晓莹	
营销统筹：张　帅		刘宇灿	
营销编辑：黄　欢		装帧设计：@吾然设计工作室	

Copyright@Flammarion, Paris, 2016
All Rights Reserved.
Simplified Chinese edition copyright@GUANGXI NORMAL UNIVERSITY PRESS, 2022
All Rights Reserved.
著作权合同登记号桂图登字：20-2018-134 号

图书在版编目（CIP）数据

住在爱丽舍宫的母亲：克洛德·蓬皮杜 /（法）阿兰·蓬皮杜（Alain Pompidou）著；史利平译. --桂林：广西师范大学出版社，2022.8
　　ISBN 978-7-5598-4937-3

Ⅰ．①住… Ⅱ．①阿… ②史… Ⅲ．①克洛德·蓬皮杜 (Claude, Pompidou 1912-2007)－传记 Ⅳ．①K835.658.5

中国版本图书馆 CIP 数据核字（2022）第 072173 号

广西师范大学出版社出版发行

（广西桂林市五里店路 9 号　　邮政编码：541004）
　网址：http://www.bbtpress.com
出版人：黄轩庄
全国新华书店经销
广西广大印务有限责任公司印刷
（桂林市临桂区秧塘工业园西城大道北侧广西师范大学出版社集团有限公司创意产业园内　邮政编码：541199）
开本：880 mm × 1 240 mm　　1/32
印张：8.5　　　　字数：215 千字
2022 年 8 月第 1 版　　2022 年 8 月第 1 次印刷
定价：88.00 元

如发现印装质量问题，影响阅读，请与出版社发行部门联系调换。

谨以此书献给我的母亲，

感谢她教授给我书本上无法学到的知识!

CLAUDE

序 言

1974年4月2日，法国前总统乔治·蓬皮杜病逝。他生前患了一种可怕的疾病，在与疾病抗争的过程中，表现出了巨大的勇气。他去世后，他的妻子克洛德寡居近40年，于2007年与世长辞。她深得法国民众的喜爱，但人们其实对她并不了解。她优雅得体，道德情操高尚，对政治保持谨慎的态度，对丈夫无限怀念，低调却有力地推动着法国文化艺术事业的发展，取得了世人公认的成就，赢得了法国人民的尊敬。她原本并不愿把自己和伴侣异乎寻常的人生经历讲与外人听，但最终决定以一本既热烈又内敛的自传——《心潮》（*L'Élan du coeur*）表明心迹。这本书不仅呈现出她丰富的情感经历，也透露了她曾受过的伤害，特别是有些人为了阻止乔治·蓬皮杜登上最高权力宝座，不遗余力地抹黑她。此外，我们也可以从中感到她始终以家庭为重，足见家庭在她心目中是何等重要。

所有这些过往，阿兰·蓬皮杜都将在本书中为大家一一道来。1942年，他被蓬皮杜夫妇领养，这是个很特别又很动人的故事：一对感情坚若磐石的夫妻渴望拥有一个孩子，他们在那段黑暗时期的艰难时刻领养了阿兰。从此，一家三口成为一个不可分离的整体。当家庭关系过于紧密时，孩子有时无法恰当地自我定位。然而，在他们的家庭中却没有出现这个问题。2012年，阿兰·蓬皮杜打破了长久以来的沉默，表达了对父亲的感激之情。父亲总是尽量陪伴他，他们非常亲近，即便是在父亲身居国家最高领导人职位、公务缠身的情况下也不例外。现在，阿兰再度执笔，向人们讲述母亲的性格，完整地回顾家庭往事。

克洛德·蓬皮杜代表了巴黎精英阶层的形象。她是艺术的庇护者，守护着以她丈夫名字命名的乔治·蓬皮杜中心；妮基·桑法勒、丁格利和皮埃尔·苏拉热等众多艺术家都是她的朋友，她仿佛生活在一连串永无止境的社交活动当中。然而正如阿兰所言，这只不过是她性格的一个侧面。这位伟大的女性生前几乎每晚都在外就餐，由此可见，她很珍惜与亲朋好友的关系，并对他们有着深深的依恋。在她看来，没有比前往布列塔尼大区的富埃南市周边与家人好友一起度假更重要的事情了。早在20世纪60年代，她与当时担任总理职务的丈夫就曾在那里度过美好的夏日时光。

阿兰认为，克洛德·蓬皮杜的坚毅性格源自她出生于外省的家庭背景。她的父亲卡乌尔医生是夏托贡蒂埃市医院的主任医师，她在那里度过自己的童年时代。卡乌尔是一位典型的旧时代医生，追求科学，大公无私。他年轻时丧偶，病人和子女是他生活的全部。克洛德从父亲身上遗传了旺盛的精力，以及为人处世之道。她从未忘记父亲的教诲，即便身居国家权力之巅，依然能够保持纯粹，热爱自由，厌恶因循守旧，而这些价值观与乔治·蓬皮杜不谋而合。

如今，阿兰·蓬皮杜也继承了这些优秀品质。他希望对父母表达谢意，告诉人们，能与这样的父母在一起生活是何等幸运。他笔下的母亲让我们回想起那个严格执行公务、以大局为重，并兼顾文化自由、尊重艺术家个性的年代。蓬皮杜时代至今依然令人怀念，我们不妨读一读这本书，了解一下这位与丈夫举案齐眉的女性。

埃里克·鲁塞尔
法国历史学家

作 者 的 话

我既非作家,也非记者。这本书是我以平铺直叙的方式,根据我的个人经历,并参考大量有关乔治·蓬皮杜和克洛德·蓬皮杜的著作写就。

我的初衷是通过自己的文字,讲述我与母亲的相处经历,向读者展示母亲性格的成因及其发展变化的过程。

前　言

　　我母亲是医生的女儿，她在成长过程中很独立，与妹妹相依相伴，最终得偿所愿地从前途渺茫的外省生活中逃离出来。她在巴黎上大学时，与一位才华横溢且极富魅力的青年不期而遇，从此改变了她的一生。她丈夫毕业于巴黎高等师范学院，并通过了文学教师资格考试。之后，她丈夫到马赛教书，他们在马赛度过了几年美好幸福的时光。战争中，他们的关系得到了巩固，变得更为紧密。结婚7年后，克洛德和乔治决定领养一个孩子。1942年7月5日，我在巴黎出生刚满三个月就进入了他们的生活，成为这对一见钟情、关系亲密的伴侣的独子，我们是不可分割的三口之家。作为他们渴望已久的孩子，我立即被家人和亲朋的关爱所包围。为此，我对他们感激不尽。

　　巴黎解放后，身材伟岸的戴高乐将军出现在香榭丽舍大街凯旋队伍的前头，为我父母的生活翻开了崭新的一页，父母之间的感情也在这段不寻常的经历中愈加牢固。

　　在那个年代，人们对待领养孩子的态度与现在不同，在当时，领养孩子不仅不被认为是可敬之举，很多人甚至觉得这是一种失败。因此，我的身世被蒙上了一层神秘的面纱。父母从不触碰这个话题，他们担心说出真相会影响我们之间的亲密关系。他们身边的人也都保守着这个秘密。直到很久以后，当我产生疑惑时，有位亲戚才向我提起我被领养的实情。

如今，我年事已高，膝下有三个孩子和七个孙辈。我曾长期担任医学教授，并从事过多种职业。随着年龄的增长，过往的一切都已波澜不惊，我也能够更加从容地回顾这两位把我抚养长大的非凡人物，尤其是我母亲的人生经历。

我也因此更加理解母亲的性格，希望对她致以敬意。为了更好地回顾克洛德·蓬皮杜的生平，我不仅从其爱子的角度写下自己的亲身经历，同时还收录了亲友以口头或文字形式提供的见闻。此外，我还找到了母亲的一个皮面笔记本，里面全是她为撰写个人回忆录《心潮》手写的记录和注释，对我帮助很大。尽管她并未透露一切，但其个性特征已跃然纸上。

正是这些汇聚在一起的信息，给了我启发。2015 年，我乘坐游轮沿智利海岸线旅行时，开始酝酿此书，更确切地说，是在纳塔莱斯港[1]停靠之时。莫非是这个港口的名字对像我这样在不知自己身世情况下走向生活的人产生了某种魔力？不论是否如此，我的这本书就是从那一刻开始书写的，在潘帕斯草原壮丽景色的包围中，写作思路在我脑海里逐渐清晰起来。

母亲童年时代养成的性格，在她后来非同寻常的人生经历中，即便处于戴高乐将军的光环笼罩下，仍然得以充分展现。在对丈夫的缅怀中，她的性格更加坚定。沿着丈夫的足迹前行，她总是能看到光明。

克洛德性格复杂，兼具威严感和亲和力。她能顺应命运的安排，却保有独立性；有鸿鹄之志，却含蓄内敛。她如此真实，终其一生，始终言为心声，行为心表。

---

[1] 纳塔莱斯港（Puerto Natales），Natal 在西语中意为"生日，生日的"，此港可直译为生日港。——编者注

目 录

序言   I

作者的话   Ⅲ

前言   V

第一章 | 性格的养成：1912—1953

最初的挑战   3
在巴黎一见钟情   8
马赛：普罗旺斯的阳光   11
战争时期与阿兰   13
戴高乐驾到   17
顾问的妻子   20
一个与众不同的家庭   21
插曲   25

第二章 | 自我肯定：1953—1962

私营部门的吸引力   31
马尔罗：艺术圣人   44

银行家的妻子 49
难忘的旅行 52
一对有影响力的夫妻 56

第三章 | 义无反顾——任重道远与无可奈何：1962—1969

总理：使命感 75
马提尼翁宫的新做派 77
卡雅克：愉快的体验 80
"瓦雷纳街"夫妇 85
官方访问和私人度假 87
1968年五月风暴：十字路口 90
为共和国做好准备 95
马尔科维奇事件爆发 98

第四章 | 摆脱孤独：1969—1971

初入爱丽舍宫 105
礼仪的藩篱与自然天性的冲突 108
第一夫人的枷锁 110
基金会：奉献爱心 112
将军逝世 114
日常生活中的艺术："改造"爱丽舍宫 115

艺术探索 118
创建大型文化中心 121
亲密无间的家庭氛围 124
总统度假 126

第五章 | 磨难与意志力：1972—1974

面对疾病 135
永失我爱 140

第六章 | 面向未来：1974—1986

无限哀思与拉开斗争序幕 147
浴火重生 151
担任基金会主席 158
永恒的追求：艺术、艺术家、家庭和旅行 162
纪念总统 179

第七章 | 挑战不断：1986—2004

能量再次迸发 183
卡雅克：蔽身之所 195
给予与收获 197
功成名就的女性 202

第八章 | 荣耀与孤独：2004—2006

接受现实　　　　　　　　　　　207
积极行动　　　　　　　　　　　209
功德圆满　　　　　　　　　　　211

第九章 | 最后的时光：2007

光芒万丈　　　　　　　　　　　217
家人相伴　　　　　　　　　　　220

结束语　　　　　　　　　　　　223

致谢　　　　　　　　　　　　　225

参考文献　　　　　　　　　　　227

译名对照表　　　　　　　　　　239

【第一章】

性格的养成：1912—1953

最初的挑战

经过童年时代和青少年时期，以及后来与戴高乐将军相处时期的磨炼，克洛德·蓬皮杜逐渐形成了自己的个性，并找到自己的方向。

"一半是布列塔尼血统，一半是诺曼底血统，还有一点英国血统……"[19]，母亲常和我说起她的祖上。外祖母身材高挑，长相漂亮，在英国长大。克洛德与她的母亲关系亲密，她还记得在母亲身边度过的时光，母亲用英文给她讲拉迪亚德·吉卜林的《丛林故事》(*Le Livre de la jungle*)。

不幸的是，这样的幸福时光戛然而止。1919年爆发的西班牙流感带走了两个女孩的母亲。当时克洛德7岁，妹妹雅克利娜刚刚3岁。

缺乏母爱的克洛德把对母亲的无限依恋寄托在祖母身上。她的祖母叫波利娜，年轻时嫁给了克洛德的祖父阿贝尔·卡乌尔[1]——一位有口皆碑的公证员。

祖母与当地资产阶级保持着良好的社交关系，因为祖父的社会地位，她身边总是聚集着很多朋友，以及一些有求于他们的人。祖母是一

---

1 阿贝尔·卡乌尔（1851—1922），1878年与波利娜·马里·阿加特·弗雷特-达米古（1857—1935）结婚。他是公职人员（有资质的公证员），也是安茹地区马延省夏托贡蒂埃市市长第一助理。1914年第一次世界大战中止了市政府提名权，否则他将出任市长。他为辖区内民众的物资短缺四处奔波，受到人们的爱戴和感激。

位热心举办沙龙的"夫人",受人尊敬。她身上与之俱来的威严和风度,让年幼的孙女也耳濡目染。克洛德想从祖母身上找到记忆中有些模糊的母亲的样子。祖母有很高的文学造诣,这在那个时代极为罕见。克洛德后来写道:"和她一样,文学对我是必不可少的。"[28]

祖母的书房吸引着克洛德,阅读从小就为她带来心灵的慰藉。她读过司汤达的《红与黑》和狄德罗的《拉摩的侄儿》。夏托贡蒂埃那栋18世纪的府邸和自家花园里香气怡人的山茶花,始终铭刻在她童年的记忆中。

波利娜是克洛德身边唯一可以模仿的女性。克洛德看到祖母在不得已的情况下,把家里的家具一件接一件地卖给当地唯一的古董商,这种不公平交易让她愤懑不平。为了榨取更多利润,那个古董商对祖母大献殷勤。克洛德非常怀念那些家具,一直想让这个古董商帮她找回一件。

这或许在一定程度上是她对文学,以及漂亮住宅和古董家具情有独钟的原因。

克洛德对她的父亲卡乌尔医生[1]也很依恋,尽管他大部分时间都不在女儿身边。

每天上午,卡乌尔医生在医院履行"主任医师"之职。他头戴一顶帽子,白大褂的外面是一件深色斗篷,大家对他格外尊敬。他总是神态自若,很为自己的职业感到自豪,父亲的这一形象深深印刻在克洛德的脑海里。当我准备转行从事其他职业时,她又对我提起外祖父的事,并对我说:"我还是希望你做一名伟大的医生!"

---

1 皮埃尔·卡乌尔(1885—1962),医生,勒阿弗尔医院住院实习医生,夏托贡蒂埃医院主任医师(1938—1950)。1912年2月,他与热尔梅娜·乌赛(1891—1919)结婚,育有二女,克洛德(1912年11月13日出生)和雅克利娜(小名"雅姬",1916年10月27日出生)。

第一章 性格的养成：1912—1953

每天下午两点整，家里就变成了诊所，一切活动都得暂停。餐厅成了候诊室，家人不许出现在那里，每个人都得待在自己房间里，直至听到卡乌尔医生发动汽车，去当地农户家出诊为止。

卡乌尔医生对待自己的病人全心全意，不仅千方百计为他们缓解病痛，而且尽可能地帮助和接济他们。对家庭困难的病人，他不收取费用。他自己的生活也就勉强够得上当地资产阶级的生活水平，被人们尊称为"穷人的医生"。他对待穷人的态度成为女儿克洛德学习的榜样。

在医院当主任医生，不仅可以养家糊口，还可以与一群年轻同事为伴。他很喜欢与年轻人打交道，经常请他们吃便餐，有时还会请他们去当地的知名餐厅，克洛德知道后也没有责怪他。

他对病人和朋友关怀备至，却疏于照顾自己的两个女儿。他始终无法接受妻子去世的事实，尽管他的性格因此变得暴躁，但是女儿们都很佩服他。他的脾气有时让人无法捉摸，屋里总是回荡着这位男主人的大嗓门。当电话铃响起，往往意味着他得出急诊，或是夜间有人要在家中分娩。这时的他会更加急躁，经常毫无理由地斥责家人。幸而，玛丽·博代尔[1]是这个家的缓冲器，她照料着这位父亲与他的两个女儿的日常起居，后来又帮忙照顾两个女儿的孩子，我和两个表姐妹都很依恋她。

当我父母在长假期间去巴黎参加活动时，玛丽就会接管我们。她会满足我们的各种需求，包容我们的任性，她对我们的关爱弥补了我们亲情的缺失。玛丽是个出色的厨师，克洛德后来一直喜欢做些简单的料理，都是她之前跟玛丽学会的。

玛丽每天忙个不停，从不休息。外祖父烟瘾很大，对玛丽而言，唯

---

[1] 玛丽·博代尔（1901—1961），12岁时由当地一位保姆"安排"到卡乌尔家中工作，她丈夫死于马蹄踩踏事故。

一能算得上休息的，就是按照外祖父教她的方法给他卷灰色的烟卷。她曾因烟草中毒。她过度劳累，为我们全家鞠躬尽瘁，其中包括照顾高度瘫痪的祖父。她在奥维利埃的乡间别墅去世，后来与我父母合葬，她被埋在首位，这也合情合理。在她过早去世后，我父亲曾写信给他的童年好友罗贝尔·皮若尔[1]："你了解玛丽这个人，如果有圣人的话，那圣人就是她。她总是为别人考虑，自己却一无所有。她在生命中付出了爱心，也收获了爱心。"[29]

克洛德和妹妹雅姬在夏托贡蒂埃过着相当简朴的生活。圣诞节时，她们每人可以得到一箱橙子，仅此而已，但这在当时已经很奢侈了。

假期，她们和亲戚的孩子一起到大西洋沿岸的卢瓦尔省拉贝尔纳里耶镇度假，如同参加夏令营。然而，那里气氛很压抑，作息和娱乐时间都有严格规定。与父亲一起度假，她们又必须遵守圣帕比的露营规定。圣帕比位于北菲尼斯泰尔省北部的博尔萨村附近。父亲喜欢这里的自由自在，他在汽车上方搭起帐篷，把拖车改造成厨房。可怜的玛丽必须郑重其事，以便让这位医生先生感受到其杰作带来的乐趣。这种度假对于他的女儿，尤其对于克洛德来说是种管束，甚至是件苦差事。而且，他还会邀请一两位附近居民和他们一起度假。大家紧紧挤在车里，但不能有任何抱怨。客人们总是受到这位一家之长的特别庇护，父亲会让他们的位置能"看到大海"。

---

1 罗贝尔·皮若尔（1910—1980），乔治·蓬皮杜的朋友，两人相识于阿尔比中学四年级，关系从未疏远。1942年，他成为我的教父。他女儿弗朗索瓦丝把1927年至1974年他们之间的大量通信转交给我，其中多数已收录在《双面蓬皮杜：1927—1974 书信、笔记和照片》中。他最初在马赛当教师，后来被分配到德拉吉尼昂。他喜欢弹钢琴，酷爱音乐，不关心政治，信仰宗教，热衷拉丁文弥撒。他从不利用与乔治·蓬皮杜的关系为自己谋利，只接受过一枚荣誉勋章。

第一章　性格的养成：1912—1953

时间在一成不变的生活中流逝，克洛德进入青春期后，决定逃离这种令人窒息的生活。但她知道父亲是可以依赖的，他们的关系远比表面上更为亲密。似乎为了证明这一点，一件危及她生命的事发生了。她得了急性阑尾炎，父亲连夜带她赶到四十公里外的昂热做手术，由于手术及时，她避免了患上腹膜炎的风险。克洛德得救了，她对父亲始终怀有感恩之情，直到他去世一直如此。

日常生活中有玛丽无微不至的照顾，加上父亲在关键时刻总会鼎力相助，克洛德因此养成了自主独立的性格。她的意志力很强大，遇事总会自己寻找解决之道。后来，她又接受了于尔絮勒修会学校的严格教育。

与妹妹在马耶河畔漫无目的、周而复始地漫步的日子，让她感觉百无聊赖，就连阅读也不能再使个性坚定大胆的她感到满足了。幸运的是，河畔的生活带来了一项新活动。在无人监护的情况下，克洛德在马耶河自学了游泳。河边立着两根木柱，她拴着一圈汽车内胎学游泳。她曾多次对我提起这件事："我的成长过程很孤独……这也培养了我独立的性格、强烈的责任心、从不自怜自艾的生活态度。"[28]

学会游泳后，克洛德得到了一艘皮划艇。天生有进取心的她，在一个由亲友组成的皮划艇团队里成为核心人物。从这一时期的照片可以看出，这个优秀的团队毫不畏惧马耶河的曲折蜿蜒。

17岁的克洛德还与朋友们一起骑马、打网球。

然而，真正令她感到忧虑的是，外省毫无前途的生活完全不适合她，她不愿在祖母的资产阶级家庭生活里故步自封。于尔絮勒修会的课程是专为女生开设的，这意味着她无法参加高中会考。她如何才能实现自己的理想？只有去男校注册入学方能逐梦。

卡乌尔医生有足够的影响力说服男校校长让女儿入学，他毫不在意当地资产阶级的看法。可想而知，作为男校唯一的女生，这在当时会引起多大反响！

克洛德忘不了人们对她的恶毒攻击和讥笑嘲讽。她后来对我提起过别人对她的嫉妒和攻击。在这样的环境中，唯有努力学习才能让质疑她的人信服。克洛德学习紧张有序，取得了优异成绩。高中会考那天，她的父亲亲自带她到雷恩参加考试。她顺利考上了大学。

克洛德热爱阅读，很小就从祖母和父亲的丰富藏书中不断汲取营养。她本来想学文学，但父亲是名医生，又是公证员之子，为了让她今后更容易谋生，执意要求女儿学法律。克洛德只得听从，不过也由此获得了经济自由。她和妹妹穿着裤子，嘴里叼着香烟，故意在城里到处闲逛。

在巴黎一见钟情

克洛德开始兴趣索然地在巴黎学习法律。她告诉我，大学生活很适合她，因为她可以由着自己的兴趣广泛交友：她喜欢普鲁斯特、巴尔贝·多尔维利、拉迪盖、马尔罗和加缪等作家；喜欢看电影，尤其喜欢雷姆演的影片；喜欢克洛岱尔、阿努伊、季洛杜的戏剧。她在课余时间常去拉丁区，摆脱了外省生活的藩篱，她过着自由自在的生活。她对这种争取来的自由深感骄傲，还不断劝说妹妹也追随她。

在学校里有很多人追求她，数量之多完全出乎她的意料。不可思议的是，她有预测的能力，而这一特质贯穿她的一生。这种天赋令她在生活中时常感到惶恐，她想加以屏蔽以保护自己。她的预测能力和强烈直觉既是优势，也是障碍。克洛德对别人的手格外敏感。我常听她这样评论一个人："他有双可怕的手。"在她还未与之交谈之前她常这样说，而

第一章　性格的养成：1912—1953

她的判断从未失误过。

她那时就对与有些女性为伍不感兴趣，只有那些才华横溢、目标明确的人才能吸引她的注意。她魅力十足，不怀偏见，对新鲜事物充满好奇，在大学终于如鱼得水。她善于挑选朋友，在自己的朋友面前，她总是畅所欲言。她的个性自由独立，看不出有什么与众不同，要说有的话，那就是她的态度坚定，并没有受到少年时期遭遇的批评和不怀好意的目光的影响。

一次邂逅改变了她的一生，那就是她与乔治·蓬皮杜[1]的相遇。

这位"表情忧郁的美男子"身边总是不缺少年轻女子。他很有魅力，不愿意被任何人所羁绊，不停更换女伴，只是为了满足自己的征服欲。这种不羁的生活一直持续到1933年，直到这位年轻优秀的巴黎高师生遇到了影响他一生的人。他们的相遇是命运的安排。

"我和几个朋友一起去圣米歇尔电影院。……当灯光亮起时，我看

---

[1] 乔治·蓬皮杜（1911—1974），1911年7月5日出生于康塔尔省蒙布迪夫镇。父母是米拉中学的教师，他是家中长子。他的祖父让在康塔尔省毛拉若里周边一个农场当佃农。1910年9月24日，他的父亲莱昂·蓬皮杜（1887—1969）与玛丽-路易丝·沙瓦尼亚克（1886—1945）结婚。玛丽是一个布商的女儿，也是一名教师。他们还育有一女，取名马德莱娜（1920—2014）。莱昂以优异成绩取得毕业证书，进入米拉初等师范学校。后来考取了西班牙语初等教育高级教师证书，被派到阿尔比拉佩鲁斯中学教书，让·饶勒斯曾在那里任教。莱昂是社会党人，担任过阿尔比市副市长，1914年应征入伍，腿部受伤，伤势稍好就申请加入了东方军团。
乔治3岁开始阅读，8岁进入父亲任教的拉佩鲁斯中学就读八年级。父亲对他非常严厉，决不迁就，总是给他布置课外作业。乔治获得过希腊语全国竞赛第一名的成绩，之后到图卢兹皮埃尔-德-费尔马中学备考文科预科。他成绩优异，在班主任的帮助下，考入路易大帝中学的巴黎高师预科班。第一年他积极性不高，对学校毫无热情。1931年，他以第一名的成绩考入巴黎高等师范学院，1934年考取文学教师资格。他深受古典文学影响，也热爱当代诗歌和艺术。

到右前方两三排的位置坐着一个金发女孩。我们的目光不经意间相遇，立刻发生了化学反应。灯光熄灭，开始播放影片，然后灯光重新亮起。女孩起身离开。在走廊里，我们的目光再度相遇。……"[29]

几天之后，他在圣米歇尔大街又遇到了这位女子。他追上前去，女孩以为他是无聊的搭讪者，但他们聊得很投机。她穿着一件米色驼毛大衣，更显优雅大气。他们"一见钟情"，感情炽热，观点一致，难舍难分。

乔治写道："从那天起，我们始终彼此相爱。"[29]

克洛德带这个年轻人去见自己的父亲，她有些紧张，默不作声。父亲用眼神打量了乔治一番，没有表态。岳父高大的身材给乔治留下了深刻印象，而未来女婿参加社会党的活动也没有让这位抵触从众行为的医生感到不快。

乔治·蓬皮杜通过了体检，到圣麦克桑服兵役，在那里见到了老朋友勒内·布鲁耶[1]。

母亲给我看过一张照片，年轻的父亲在当中尉时骑在一匹白马上，英姿勃发。她露出自豪的表情。

1935年10月28日，他们在夏托贡蒂埃举办了传统婚礼，父亲在奥弗涅的家人和在昂热的资产阶级家庭成员都来参加了婚礼。对于克洛

---

1 勒内·布鲁耶（1909—1992），父亲是教师，毕业于巴黎高等师范学院，与乔治·蓬皮杜在学校读书期间相识。后就读于巴黎行政学院，32岁进入法国审计法院担任助理稽核。他参加过抵抗运动，担任过乔治·皮杜尔的助手，是全国抵抗委员会成员。他还担任过戴高乐将军办公厅副主任，1944年10月，他向戴高乐引荐了乔治·蓬皮杜。他从事过一段时间的外交工作，1958年至1961年担任将军办公厅主任，之后担任驻维也纳大使，1964年至1974年担任驻梵蒂冈大使。1974年至1983年在宪法委员会就职。1987年荣获荣誉军团最高等级大十字勋章。1987年至1992年担任法兰西道德与政治科学院院士。

德来说，婚礼洗刷了她过去遭受的所有苦难。她要让那些曾责难过自己的人看到，她成功地找到一位巴黎高师毕业的青年才俊。

马赛：普罗旺斯的阳光

乔治被派往马赛任职，与妻子住在塞瓦斯托波尔大街（现为马克斯-多莫瓦大街）圣-夏尔中学附近，他们与罗贝尔·皮若尔再度重逢。罗贝尔·皮若尔拥有法语教师资格，在一所中学教书。他与蓬皮杜夫妇合住一套公寓，并带领他们接触了大量古典音乐。

除了上课和批改作业之外，三个人的业余生活丰富多彩。在萦绕着音乐旋律的房间里，他们一起打牌、下棋，一起不知疲倦地谈论文学、朗诵古典与当代诗歌。星期日，他们则外出游览，他们曾一起前往地中海峡湾和马提格斯旅游。他们喜欢马提格斯"帕斯卡"餐厅的鱼汤，让-保罗·萨特和西蒙娜·德·波伏娃在1939年8月期间经常到这家餐厅用餐。这是一段幸福无忧的时光，乔治把政治放在一边，沉浸在美好幸福的生活之中。马赛的阳光如此惬意，当地居民和商贩的乐天性格也感染着他们。

我父母买了一辆雷诺普力马嘎特家用车，可以经常开着去周边城市游览。他们给这辆车起名"达利拉"，这个名字出自骗取参孙力量源泉秘密的神话。"我们几乎跑遍了各个地方，普罗旺斯的莱博德、卡西、西都式修道院，还有圣-马克西曼和玛丽-玛德琳岩洞……我们的生活虽然无忧无虑，但对迫在眉睫的战争也有预感。"[28] 母亲这样写道。

罗贝尔·皮若尔用一台改装过的相机为他们拍过许多美好的照片，我看到了他们游览普罗旺斯时在加尔桥、拉图尔比镇、阿尔勒和勒埃利斯堪等很多地方拍摄的照片。

乔治和克洛德在于泽斯地区发现了一处荒废的城堡，周边野草丛生。这是一座 18 世纪的建筑，被葡萄园所包围，面积适宜居住。他们欣喜若狂，这个地方让他们联想到于连·格拉克[1]的《在阿尔戈尔古堡》(*Le Château d'Argol*) 中的诗句，对他们充满吸引力。

这是卡斯蒂耶男爵的领地，城堡价格低廉，父母很动心。克洛德热情高涨，不过乔治认为翻修工程量太大，最终未能成交。拥有这座神秘古堡的梦想破灭了……如今，这座经过整修的古堡已经成为加尔省最漂亮的私人住宅之一。

事实上，他们两人谁都没真正打算过这种安于现状的小日子。

马赛无法留住他们，夏托贡蒂埃仍然是他们度假和家庭聚会的地点。朋友罗贝尔·皮若尔经常陪他们一同回家，看望乔治的双亲。他们婚后不久，乔治的母亲由于肺结核住进了养老院，她的病情不允许她继续留在阿尔比。乔治的父亲是名教师，每到假期，他都去养老院陪伴妻子，直到 1945 年圣诞前夜她去世为止。

乔治的同窗列奥波尔德·桑戈尔，还有乔治的妹妹马德莱娜，都经常到夏托贡蒂埃小住。他们一起贪婪地阅读克洛德父亲的藏书，每本书都被她父亲仔细地做了编号。他们还喜欢在马耶河畔阅读报纸。

1938 年秋天，乔治在马赛任教、闲时到夏托贡蒂埃度假的日子已经持续了三年，他申请调动至巴黎地区。最初他被安排在凡尔赛，后来有位同事与他对调工作，他当上了亨利四世中学二年级教师。

---

[1] 于连·格拉克（1910—2007），安茹人，乔治·蓬皮杜的同窗。原名路易·普瓦耶，巴黎高师毕业生（1930 年届），通过史地教师资格考试。他以于连·格拉克这个笔名发表了第一部小说《在阿尔戈尔古堡》，他的作品深受超现实主义思想影响，引起安德烈·布勒东的关注。1951 年，他的《西尔特沙岸》获得龚古尔奖，但他拒绝领奖。

第一章　性格的养成：1912—1953

我父母同样热爱艺术、戏剧和电影。在巴黎高师同窗的帮助下，他们在位于巴黎七区布勒特伊大街附近的何塞·马利亚·埃雷迪亚街租了一套小三居室。

在巴黎任教一年后，战争爆发，乔治应征入伍。

战争时期与阿兰

乔治被编入第141阿尔卑斯步兵团，担任中尉。这对两地分离的夫妻经常鸿雁传情。

克洛德大部分时间都待在夏托贡蒂埃，与父亲和公婆相伴。由于无法忍受与丈夫分离的愁苦，她多次试图前往丈夫执行任务的地点附近与他小聚。

乔治很少有时间写信，只能在事先印制好的小卡片上，匆忙写下自己的状况，略表自己的思念之情。克洛德审时度势，她不愿受制于德国侵略者的各种约束，还把周围听天由命的人动员起来。

丈夫所在的军团被派到阿尔萨斯，一度有传言要把他们派往挪威前线，克洛德没有被这个消息击垮。一位年轻的马赛军官与乔治是朋友，他们在同一个军团。军官的妻子与克洛德关系很好，两人决定带点食物、衣服和现金，驾驶那辆普力马嘎特到法国北部去寻找她们的丈夫。就在她们出发之前，幸而接到一封信，得知部队转战到索姆省迎击敌人，她们才取消了这次旅程。从这一时期克洛德写给罗贝尔·皮若尔的信中可以看出她的焦虑情绪。

1940年5月21日，她这样写道："一想到我的乔治正在参加这场可怕的战争，我的心情就焦虑万分，这种感觉毋庸多言。他之前从克莱伊发来一封短信，说准备向北部开拔。除此之外，我再未收到他的任何消息。我想他们应该会往圣冈丹方向行进。我尽最大努力让自己鼓足信心和勇气，但对你我可以坦言，现在的每时每刻都很艰难。给我写信吧，要知道你的友谊对于我和乔治来说是何其宝贵。我们一直生活在恐惧和希望之中。"[29]

三天后，她又写道："我收到了乔治的来信，他在哈姆。他告诉我，他们准备打'持久战'。想到他危险重重，我就寝食难安。不过，我已经让自己振作起来，重拾希望和信心。我们现在身陷困境，但我坚信，我们一定会走出困境的，因为我们绝不可能做德国人……"[29]

他们二人坚持收听新闻，索姆战役打得非常艰苦，敌我双方伤亡惨重。

1940年6月22日，贝当元帅宣读停战协定。乔治复员回家，他所在的军团被授予军功勋章。乔治所表现出的勇敢和坚强无愧于他的父亲。他父亲曾在1914年的战争中光荣负伤，之后自愿"继续服役"，直到战争结束。

克洛德的两个姑姑因藏匿英国军官被捕，被送往集中营。在列车开动前，她们把一个折叠起来的信封扔到站台上，信里的内容表明了她们的决心，她们对重返故乡充满希望。后来，克洛德得知她们被放逐到拉文斯布吕克，被处死于瓦斯室里。将军的侄女热纳维埃夫·戴高乐-安托尼奥兹[1]也被放逐到那里，但是得以生还，克洛德是从她那里得知这

---

1 热纳维埃夫·戴高乐-安托尼奥兹（1920—2002），戴高乐将军的哥哥格扎维埃·戴高乐的女儿。抵抗运动战士，1944年被纳粹关入拉文斯布吕克集中营。解放后，她于1946年与贝尔纳·安托尼奥兹结婚。她为最贫穷的人群四处奔走，并于1958年支持通过了一项扶贫法案。1964年至1998年担任第四世界扶贫国际运动法国分部主席。她是首位荣获荣誉军团最高等级大十字勋章的女性。

第一章 性格的养成：1912—1953

一消息的。

克洛德没有直接参加抵抗运动，但她毫不犹豫地铤而走险，通过掩护或传递消息支持那些她可以帮助的人。在两个德国军官征用她父亲房子的那段时间里，气氛更加紧张。一天，其中一名军官没有敲门就直接闯入卡乌尔医生的诊室，卡乌尔医生对这种无理感到震惊和愤怒，抬手揍了那位军官。这一举动可能会带来被捕和流放的严重后果。在随后的好几个小时里，家里都笼罩在不安和焦虑的气氛中。所幸的是，傍晚时分另一名军官上门来道了歉。

虽然漂泊在外，1940年11月，克洛德这样写道：

"我和乔治在利摩日以南的一个小村庄见面了，重逢的幸福心情无以言表……我们住在一间农舍，幸运的是，当地人很愿意让我留宿，乔治在部队食堂吃饭。虽然时局艰难，但我们能够在一起就很高兴，其他的已经变得不重要。我总感觉自己是在做梦，还昏头昏脑的！……"[29]

乔治复员后回到亨利四世中学继续教书。在巴黎，克洛德用配给券购买生活必需品，维持日常生活。一天，她骑车去买厨房炉子用的木炭。为了躲闪前面的障碍物，她失去了平衡。自行车摇摇晃晃，她从上面摔了下来。站起来后，看到那些珍贵的木炭洒得路面上到处都是，她就小心地一块块捡起来带回家。由此可见生活之不易。从夏托贡蒂埃发送来的家禽肉类和新鲜蔬菜包裹，到达时经常不是破个大洞，就是在运输途中被偷去一部分。蓬皮杜夫妇只好等做生意的朋友开车来巴黎时帮他们带些补给，这也要冒着被查收的风险。他们继续掩护抵抗运动战士，让这些人临时住在家中阁楼，从未遇到麻烦。"我们帮助抵抗运动战士收发信件，还为他们当中的某些人提供住宿。我们并不认为这是多么英勇的行为，这只是再正常不过的事情而已。"[28]她这样写道。

教学工作已经无法实现乔治的抱负。他通过私人关系，以志愿者身份担任了一个基金会的司库，这是一个致力于为低龄儿童、孤儿和被遗弃儿童提供救助的基金会。婚后七年仍然没能生育子女，克洛德内心非常痛苦，乔治也深感失望，他渴望有一个完整的家庭。在与那些照顾弃婴的人们接触后，乔治向妻子提出，他们可以收养一个婴儿。当时，凡是匿名分娩[1]的婴儿，如果被母亲遗弃，又没有父亲认领或者父亲品行不端的话，可以被合法领养。

他们把想法付诸行动。1942年4月5日，我降临人世，7月就来到他们身边。他们开车带我来到与巴黎相距遥远的夏托贡蒂埃，在那里过着快乐的乡村生活。从我婴儿时期的照片可以看出，克洛德抱着我心花怒放，我露出开心的笑容，父亲也不亦乐乎。一年后，1943年3月8日，他写信给朋友罗贝尔·皮若尔："家庭方面，我们的生活没有因为阿兰而改变。我和克洛德依然是模范夫妻……阿兰是个结实的男孩，一头金发，活泼外向，我想他以后会是个体育健将。他有些冒失，性格好，不过很固执。"[29] 他看得很准！

战争还在继续，进入了持久战。有些场景铭刻在我的脑海中，我依然清晰地记得，两岁那年，就在巴黎解放前夕，防空警报愈加频繁。警报器一响，人们立即冲入灯光昏暗的地窖躲避轰炸。克洛德给我缝制了一个丝绸被面的棉花"包被"，她觉得把我包在里面更安全。

直到现在，我的耳畔依然会回响起警报声，惊慌的母亲抱起我跑下楼梯的场景历历在目。所有房客都紧挨着蜷缩在地下室里。光线昏暗的电灯泡映照出人们焦虑的面庞，大家等待着警报解除。母亲紧张地抱紧

---

1 匿名分娩：二战期间，由于秘密生育的婴儿数量剧增，1941年9月2日，维希政府通过一项生育保护法令。该法令规定，允许匿名分娩，产妇在分娩前后各一个月内享受免费医疗。这项法令曾被多次废除和恢复，2002年1月22日被最终确立下来。

我，仿佛怀里是她最珍贵的财富。我能感觉到她对我的爱和担忧，尤其当父亲不在我们身边时更是如此。过了一段时间，警报解除后，母亲才松开我。这是战争给我留下的最初印象。

后来，小姨雅姬遭遇过一次交火。她抱着我，躲在一栋建筑底层的窗户后面，用身体保护着我。

回想往事仍然让我不寒而栗。我后来才意识到，当时人们每天都处在何等危险的环境中。有些人的遭遇更悲惨，不是受伤就是死亡，让整个家庭陷入悲痛之中，这些记忆牢牢印刻在我脑海里。

但克洛德没有被击垮。当罗贝尔·皮若尔来信抱怨战争和食品配给时，她在1943年3月8日的回信中写道："保持乐观，乐观！嗨，振作起来！"

戴高乐驾到

乔治不支持维希政权，也没有参加抵抗运动："我蛰伏在我们的公寓和我工作的巴黎中学里，虽然从不掩饰自己的看法，但苦于无法让思想化为行动……我感觉报国无门。"[25]

1944年6月6日，英美盟军在诺曼底登陆。8月26日，巴黎解放之后，戴高乐将军在战友的簇拥下穿过香榭丽舍大道，街边挤满了巴黎民众。乔治和克洛德站在路边，与人们共同见证这个历史性时刻。人群中将军的伟岸身影给他们留下了深刻印象。正是这位伟人，凭借自己百折不挠的勇气，解放了巴黎，很快又解放了整个法国。这是蓬皮杜夫妇生命中的第二次"一见钟情"。

这也促使他们决定为将军效命。乔治写道："在法兰西复兴的历史关头，我不再有回亨利四世中学的想法。"[25]

9月10日星期六，夏尔·戴高乐成为临时政府总理。乔治到前全国抵抗运动委员会（CNR）总部，与巴黎高师的老同学勒内·特多巴（René Trotobas）——绰号蒂博——会面，蒂博把他介绍给文科预科班的同学及朋友勒内·布鲁耶。勒内·布鲁耶经乔治·皮杜尔引荐，进入将军办公厅担任加斯东·帕莱夫斯基[1]的副手。

9月11日，乔治给勒内·布鲁耶写了一封信："我希望你能帮我找份差事。在目前的情况下，我不甘心重操旧业。我想我应该可以，起码暂时能做些其他事情。这不是为了我自己：你知道我没有野心，也不贪图荣华富贵。但正值国家用人之际，岂能碌碌无为……"他在信末写道："请接受我和克洛德的诚挚友情，还有阿兰的亲吻。"[29-33] 这封信表达了他的进取心，从中可以看出他的开诚布公和巴黎高师人的胸怀。

这是由我父母共同做出的决定，这个决定也改变了他们和我的生活。

乔治开始了漫长而艰难的旅程，历经重重考验，最终成为法国命运的主宰者。

勒内·布鲁耶很快安排乔治与将军见面。在将军心目中，文人才

---

1 加斯东·帕莱夫斯基（1901—1984），工艺制造工程师之子，议员让－保罗·帕莱夫斯基的弟弟。毕业于巴黎行政学院、卢浮宫学院和牛津大学，获得索邦大学文学学士文凭。1924年至1925年在拉巴特担任利奥泰元帅办公厅政治顾问，后升任办公厅主任。1930年至1931年间，保罗·雷诺把他引荐给戴高乐上校。1941年至1942年加入空军志愿军，在埃塞俄比亚战役中表现出色。1946年1月之前，他担任戴高乐将军在伦敦和巴黎的办公室主任。1947年，他参与成立法兰西人民联盟（RPF）。1957年8月，戴高乐将军任命他为驻罗马大使。他与乔治·蓬皮杜保持着密切联系。1962年进入乔治·蓬皮杜内阁。1965年至1974年接替莱昂·诺埃尔担任宪法委员会主席。

第一章　性格的养成：1912—1953

是法国精神的精髓所在。当将军还在位于圣多米尼克街的战争部做有名无实的工作时，他就接见过弗朗索瓦·莫里亚克、保罗·瓦莱里、乔治·杜亚美、乔治·贝纳诺斯和安德烈·马尔罗。后来，他还对阿兰·佩雷菲特吐露心声："一位伟大的作家要比一个士兵或政客重要得多。"历史学家埃里克·鲁塞尔[1]也证实了这一点："对于戴高乐来说，政权更迭，国家现实问题依然摆在那里。如果说军人的职责是捍卫政体，那么就没有什么能比一位伟大的语言艺术家能表达得更多了。"[32]

将军是否如传言所说要找"一个笔杆子"？这其实没有根据。[25]不过，一个优秀的巴黎高师毕业生、深受古典文化熏陶的文学教师，对他来说还是有吸引力的。

与将军见面虽令人生畏，却富有成效，起到了决定性的作用。1944年10月1日，乔治被任命为国民教育和新闻专员。将军注意到他的突出才能：思维清晰，判断力强，信心百倍。乔治善于团结将军身边的各种人。对于戴高乐而言，一个能够同办公室里形形色色的人打交道，并能妥善处理各种复杂的人际关系的人，才是他所需要的。这位年轻专员的优秀素质让自己的工作范围越来越广。不久之后，将军就让乔治负责起草政策文件，这样他就能与临时政府首脑直接接触。埃里克·鲁塞尔写道："将军立即发现这位助手头脑清楚，思维严谨，很有见地。"[29]他们的关系变得密切起来。

乔治很快就树立起威望。克洛德对他们所选道路的正确性坚信不

---

1 埃里克·鲁塞尔（1951—），法学博士，政治史专家，作家兼记者。他所撰写的《乔治·蓬皮杜传记》（1984年和1994年）、《戴高乐将军传》（2002年）、《皮埃尔·孟戴斯传》（2007年）、《皮埃尔·布罗索莱特传》（2011年）和《弗朗索瓦·密特朗传》（2015年），使他名声大噪。2007年至2012年，他担任法国皮埃尔·孟戴斯－弗朗斯研究所所长，撰写了多部当代历史著作，可谓著作等身。

疑,给予他大力支持,他们的家庭生活幸福美满。虽然有人嫉妒不满,但乔治还是成了将军最亲密的助手,参与了各种政策的酝酿出台。

顾问的妻子

1945年9月,我父母应邀到将军在讷伊的家中做客。在那里,他们见到了莱昂·布鲁姆以及安德烈·马尔罗夫妇。戴高乐夫人尽量让各位陪同出席的夫人们感到舒适自在,这点给大家留下了深刻印象。她与克洛德第一次见面,发现两人在所接受的宗教教育以及责任心方面有许多共同点。克洛德写道:"不要伪装,坚持做自己,诚实地面对自己和他人。"[28]正因如此,她们之间惺惺相惜,相互尊重。当乔治担任安娜·戴高乐基金会[1]秘书长后,她们的关系也更加牢固。将军逝世后,她们始终保持着联系,经常通信。

克洛德对丈夫的事业鼎力支持。她很快体会到在家宴请丈夫同事的重要性,而且要营造出热情亲密的氛围。她亲自为客人准备晚餐,来宾当中有些是丈夫巴黎高师的老同学。

新生活开始了,克洛德发挥着重要作用,我也参与其中。我父母在

---

[1] 创立于1945年,由戴高乐将军与夫人伊冯娜·戴高乐倡议成立,旨在帮助患有精神疾病的贫困儿童。1946年,乔治·蓬皮杜担任秘书长,1954年任司库。协会是公共事业机构,以将军女儿安娜·戴高乐的名字命名,地点设在伊夫林省米隆拉夏贝尔市的绿心城堡内。协会经费来自戴高乐的作品版税。1996年前,协会由教会管理,后由一个非宗教协会接管,同时圣让的修女为基金会资助的患者提供精神慰藉。戴高乐夫人生前总是亲自过问和处理协会各种事务。

第一章 性格的养成：1912—1953

与勒内·布鲁耶、加斯东·帕莱夫斯基、让·多纳迪厄·德·瓦布莱斯[1]、克洛德·莫里亚克[2]等密友的通信中都证明了这一点。这些朋友后来都是将军身边的骨干力量。

在马赛的那段时光，克洛德的主要性格特点已开始显现。她具有批判精神，思想独立，人际交往能力强，对时尚和"漂亮衣裙"情有独钟。克洛德在经济能力允许的范围内，探索适合自己的着装风格。她是当地女裁缝拉佩勒特里夫人的常客，工作室的空气中弥漫着布料和丝带的气味，我经常要在那里等待很久，顺便饶有趣味地欣赏那些"灵巧的手"穿针引线。

一个与众不同的家庭

我对童年以后的生活有着清晰的记忆。乔治总是不知疲倦地工作，克洛德从不压抑自己的个性。我能感觉到我们家的地位不同寻常。

战争结束后，法国从长期紧绷的压抑状态中松弛下来，生活又一切

---

[1] 让·多纳迪厄·德·瓦布莱斯（1918—2009），出生于一个塞文基督教家庭，毕业于巴黎政治学院，获得法律学位。1944年8月25日进入法兰西共和国临时政府总理戴高乐办公厅，直到1946年1月。他和勒内·布鲁耶提议乔治·蓬皮杜担任法国最高行政法院审案官。1958年担任武装部皮埃尔·吉约马部长办公厅主任，1962年担任乔治·蓬皮杜总理办公厅主任。获得法国最高行政法院成员资格，1964年至1974年担任政府秘书长。

[2] 克洛德·莫里亚克（1914—1996），小说家、散文家、记者。弗朗索瓦·莫里亚克的长子。巴黎解放后，成为戴高乐将军的私人秘书，直到1948年。他创办了《自由精神》杂志（1949—1953），服务于戴高乐主义运动，后投身文学事业。1944年至1953年，他与乔治和克洛德交往密切[18]，并始终与他们保持着友好关系。

照旧。马车把牛奶和葡萄酒送到千家万户。白天,手拿摇铃的磨刀人和大声吆喝的玻璃安装工走街串巷。偶尔会有卡车出现,男人从车上卸下一袋袋煤和冰块,扛在背上挨家挨户地送。时不时还能听到由车顶长罐子里的液化气驱动的汽车减压时发出的爆裂声。

1947年,我5岁,进入萨克森大街蒙塔朗贝尔学校上学,学生中大部分是女生。我刻意和她们保持距离,尤其在我感觉到自己家的地位与众不同之后。将军隐退后不久,乔治进入法国最高行政法院担任审案官。距我家步行几分钟的地方有所"精英"学校,父亲自然会为让我进入这所学校而奔波。我被录取后不久,在那里接受了与同龄孩子不一样的教育。

戴高乐将军对"政治争斗"产生厌倦,回到科隆贝隐居,在那里开始撰写他的"回忆录"。他定期返回巴黎,每个星期三下午和星期四全天,都在佩鲁贾酒店与知名人士会面,保持与外界的联系。他习惯于军队组织严明的生活,不愿打破这个惯例,稍有调整都会打乱他的整体计划。

在一次由勒克莱尔主持的第二装甲师退伍军人纪念活动中,将军让乔治代表他出席。这是一种信任的体现。克洛德也应邀出席,她特意为活动准备了一套新装,长裙外搭一件外套,头戴一顶草帽,草帽上装饰着一圈"大麦穗"。将军派司机开着他的专车——一辆高档前驱雪铁龙(现陈列在戴高乐纪念馆)执行这项公务。由于家里没人照顾我,父母决定带我一同出席。

乔治穿一件白色衬衫,外面是深色西装。父母给我穿上我最漂亮的衣服。我们全家站在这辆每个部件都闪闪发光的汽车前,在我的印象中,这辆前驱雪铁龙非常庞大。我们像走入陵墓一样钻进这辆具有象征意义的汽车,父亲坐在前排的副驾驶位置,母亲和我坐在后排宽大的皮座椅上。当我们到达目的地时,勒克莱尔将军为我们举行了正式的欢迎仪式。他先向我的父亲致敬,然后向我的母亲致敬,随后转向我,我那时留着金色长卷发。他气宇轩昂地向我致敬:"你好,小姐。"这个场景令我终生难忘,并不是因为被弄错了性别,而是因为我和父母同样受到了将军的礼遇!

不知是因为小小年纪的虚荣心,还是出于本能,我意识到自己的社会地位非同一般。

我逐渐有了独立思想,过早地想要尝试权威的乐与苦,但被母亲及时纠正。那时我对附近店家的态度有些盛气凌人。人多的时候,我从来不去。我有个不正确的想法,认为因为家庭的缘故,我理应受到某种优待。有一天,我在附近一家乳品店里,很想得到一块"美味皮埃罗"棒棒糖,但是老板娘拒绝送给我。我使出浑身解数,甚至连哄带骗,但她坚持不给。于是我赌气说:"好吧,如果这样的话,我们家以后再也不来你这儿买东西了!"第二天,店主告状说我没有教养,家人把我狠狠地教训了一顿。母亲一进家门,放下包,把我叫到她旁边,非常严厉地踢了我屁股一脚!

这就是母亲的第一反应,由此可以看出她的性格。父亲则尽量淡化这件事,他还悄悄告诉我,他家里有人给克洛德起了个绰号叫"地动山摇"!我绝没有责怪母亲的意思。虽然她遗传了外祖父的性格,遇事有时会冲动,但她总是判断准确,加之胸怀坦荡,让人对她深信不疑,大家也就忘记了这个绰号。母亲会让人油然产生敬意和钦佩之情,我对此深有体会。

1946年,在勒内·布鲁耶和让·多纳迪厄·德·瓦布莱斯的努力下,乔治进入法国最高行政法院担任审案官。这虽然得益于他在戴高乐将军办公厅卓有成效的工作,但克洛德在他们的朋友面前所表现出的亲和力和热情态度也有一定作用。同年,他被任命为旅游署署长亨利·因格兰德的副手。

在这个岗位上,乔治·蓬皮杜与旺多姆管理委员会秘书长弗朗索瓦·卡斯泰结识,巴黎顶级珠宝商和香水商都是这个委员会的成员。弗朗索瓦·卡斯泰后来娶了我母亲的妹妹雅姬,生了两个女儿。他参加过卡西诺山战役,1940年战争结束后,他与米歇尔·若贝尔(与他一样出生在北非)、米歇尔·德·马朗什和安妮-玛丽·迪皮伊[1]成为朋友。在克洛德的建议下,乔治把这些朋友介绍给他的妹夫。他也是在旺多姆管理委员会结识的菲利普·德·克鲁瓦塞[2]。

1948年5月,伊丽莎白公主和菲利普亲王访问法国,出席"八个世纪以来巴黎的英国生活"庆祝活动,乔治·蓬皮杜直接参与了组织工作,其中包括在加列拉宫(Palais Galliera)[3]举办活动。

礼仪要求非常严格,女士须佩戴帽子,着装优雅。克洛德向住在家附近的那位女设计师订制了一套春装,又在经常光顾的女帽店"带料加

---

1 安妮-玛丽·迪皮伊(1920—2008),22岁参加自由法国军队(FFL),在北非、意大利、法国和德国的野战医院当过医生。1954年经乔治·蓬皮杜介绍进入罗斯柴尔德银行,1963年担任总理府办公厅主任,1969年担任蓬皮杜总统办公厅主任。[5]1972年进入法国最高行政法院。其后当选雷纳市长,担任市长期间(1982—1989),竖起一座由让-路易·卡齐厄创作的乔治·蓬皮杜半身像。1989年至1994年担任欧洲议员。

2 菲利普·德·克鲁瓦塞(1911—1965),曾参加自由法国运动,是一名出色的海军航空兵。他与富裕的美国人、现代艺术爱好者埃塞尔(原名伍德沃德)结婚,在纽约担任法国驻美国旅游办公室主任。1953年接管《嘉人》杂志,是新闻集团总裁让·普鲁沃的得力助手之一。他的父亲弗朗西斯菲·维纳·德·克鲁瓦塞(1876—1937)是一位作家(20世纪20年代成功的轻喜剧作家)。他的妻子是玛丽-洛尔·德·诺阿耶的堂妹。当我父亲在罗斯柴尔德银行开始新的职业生涯时,他成了我父母的朋友,并将他们带入巴黎上流社会。

3 位于塞尔维亚皮埃尔一世大街,1878年,法拉利亲王夫人把这座宅邸捐赠给国家,此后成为国家财产。1977年,此地成为巴黎时尚博物馆。

工"了一顶宽边软帽。活动当天,她穿着高贵优雅,还自己化了妆,她的形象让丈夫感到很自豪。当我看到她一手拿帽子,一手拎着包,同父亲上了一辆公务车时,我由衷地为她感到骄傲,同时也意识到这次为未来英国女王举行的仪式至关重要。

除了出席各种活动之外,父母每周都会在他们位于七区的小公寓里安排一两次晚宴。因为在将军身边,乔治的身份和地位特殊,其他人要与将军见面就绕不开他。

插曲

1946年戴高乐隐退后,乔治与将军经常保持联系。他认为将军不会很快返回政坛,除非情况紧急。法兰西人民联盟(RPF)的失败无可否认,将军与人民共和运动(MRP)在对待欧洲问题上存在分歧。安托万·比内就任总理后,在30多名戴高乐派议员的支持下,准备签署同意由北约指挥欧洲军队的条约。议会并不认可戴高乐坚持独立自主的观点,乔治眼看着他的良师益友与议员们分道扬镳。

1947年11月27日,将军在给乔治的信中写道:"未来目前不属于我们,不过一旦机会来临,我对您将有所重托,而且我对您是完全信任的。"[25-33]1948年4月23日圣乔治日这一天,将军让乔治以个人身份担任自己的办公室主任,克洛德很激动。但是如果丈夫接受这项任命,就得离开旅游署。幸而,在最高行政法院副院长勒内·卡森的支持下,乔治作为审案官和巴黎政治学院讲师的职位得以保留。我和母亲经常去位于圣纪尧姆街的学院找父亲,坐在大厅里等他下课。他对参加入学考试考生的文化修养感到震惊:口试时,一名女学生一道题也答不上,乔治绞尽脑汁地问道："小姐，那你知道《圣经》吗？"她还是答不出来，可能她只了解福音书……我和母亲对此感到不可思议。不过，这个班级也出了一位才华横溢的埃莱娜·卡雷尔·当科斯。

1946年1月20日，戴高乐将军辞职，之后便在政治舞台上消失，后来他意欲通过创建法兰西人民联盟重整旗鼓。尽管乔治做了大量动员工作，但1951年6月17日的议会选举仍然形势堪忧，反戴高乐派议员结成"第三势力"联盟，出现"政党统治"的回归迹象。1951年6月20日，克洛德写信给勒内·布鲁耶的妻子，信中她破天荒谈到政治："法兰西人民联盟的选举结果让我感到困惑。我经常提醒乔治不要过于乐观，但最后还是被他的乐观所感染，总觉得是自己不懂政治。不过我内心认为，我们的想法有点天真，相信天上会掉馅饼。选举结果基本属意料之中，舆论也一片叫好，只有知情人士才知道我们另有期待，只能遗憾地错失囊中之物。我明白渲染气氛的重要性，但结果是……我们不得不接受令人厌恶的议会政治。勒内大概会觉得我这些想法幼稚可笑，不过这些纯粹是我的个人观点，还没机会和乔治探讨。他不肯认输，这你是了解的！一想到这次失败带给他的打击，我就很难过！"[1]

1951年，我们一家三口来到阿尔卑斯滨海省欧龙市[2]度假，在那里，我们三人穿上带有粗糙滑雪鞋的木制滑雪板，这是我们第一次滑雪！从我们笨拙的动作一看便知……我们住在唐纳斯酒店的"寄宿公寓"，其他客人对我们投来怜悯的目光。阳光格外灿烂，克洛德很有运动天赋，她心情愉快，并不受此影响。我和父亲都在抱怨鞋子不舒服，

---

[1] 克洛德·蓬皮杜与诺埃勒·布鲁耶于1951年的私人通信。
[2] 法国的滑雪胜地。——译者注

并感觉浑身酸疼。在滑雪道终点，我们羡慕地看着那些住在勒瓦隆精致酒店的客人，他们是来自尼斯的富人家庭，经济宽裕。乔治是个高级公务员，虽然花钱不吝啬，但是没多少钱。1972年，我们再次回到这里时，已是另一番情景。这样的休闲时光对于父亲来说大有裨益，有助于摆脱失去戴高乐将军的政治舞台带给他的疲惫倦怠。

【第二章】

自我肯定：1953—1962

私营部门的吸引力

1953年,乔治停止在本子上记录他与将军的交谈,他打算进入私营部门工作。克洛德对政界风云的变幻无常感到失望,也鼓励他做新的尝试。

为了纪念这一转变,他认为有必要定格一下自己的形象,于是请人为他创作了一座半身像。勒内·布鲁耶与乔治·皮杜尔的办公厅副主任让·法莱兹一直保持着联系。让·法莱兹的妻子奥黛特·勃朗是位画家,她与匈牙利裔雕塑家艾蒂安·哈吉杜[1]有交往,后者的妻子也是位画家。

艾蒂安·哈吉杜亲手搭建了自己在班雅尔区的工作室。从第一次与艾蒂安·哈吉杜接触,我父母就很欣赏这位艺术家和他的作品。塑像的创作时间表确定之后,我和母亲在整个过程中持续关注。艺术家用小块黏土做出雏形,让我很着迷。有一天他告诉我们:"艺术品最初是这样

---

1 艾蒂安·哈吉杜(1907—1996),法籍匈牙利裔雕塑家。先后在奥匈帝国木材工业贸易学校和维也纳装饰艺术学院学习。1927年,在巴黎师从布德尔,研究费尔南·莱热的作品,与玛丽亚·埃莱娜·维埃拉·达·席尔瓦是朋友。他在希腊和克里特岛生活过一段时间,基克拉迪群岛的古代雕塑给他留下了深刻印象。他后来在塔拉斯孔附近一家铝厂和巴涅尔德比戈尔一家大理石厂工作,1953年为马赛中学创作了他的第一批铜浮雕。

的，最后才用材料完成。"我们目睹了模具的翻制过程。

在接下来的几个月里，在这种氛围的影响下，我也用黏土为全家和几个女性朋友分别制作了塑像。雕塑家的工作令我叹服，我的灵魂被彻底唤醒。我注意到在壁炉上摆放着的一幅油画，画刀的表现摄人心魄，笔触充满诗意和力量，那是尼古拉·德·斯塔尔的一幅小画。他是哈吉杜的朋友，1953年时还不出名。

黏土制作的雕塑需要用石膏脱模，然后在青铜溶液中熔化。克洛德对最终的铜像感到非常称心，乔治也很满意。他们决定把铜像摆放在马莱区公寓的客厅。有些朋友看到后大吃一惊，乔治就自嘲道："我要效仿那些历史伟人，让自己的头像永垂不朽。"克洛德认为丈夫的这一举动不仅源自他的文化修养，也是为了纪念人生迈入新阶段。她很认同这件作品，并在多年后圣弗卢尔市准备制作一座纪念碑时，建议用这个雕像。1984年，哈吉杜再次应邀创作一个半身像的复制品。雕像完成后，被摆放在庄严的布景中，后面是康塔尔山丘的景色。

乔治进私营部门工作的事情已经确定，克洛德支持这一决定，因为她认为这会是他们夫妇额外的快乐源泉，而且她惊喜地发现，他们的收入将显著增加。她当然不会忽略随之而来的经济上的宽裕。

克洛德催促乔治接受勒内·菲永[1]的提议。勒内·菲永是乔治的同事，拥有文学教师资格，担任法兰西人民联盟（RPF）司库和罗斯柴尔德银行代理人，他当时准备从政。

---

[1] 勒内·菲永（1904—1978），巴黎高师毕业生，获得文学教师资格，担任居伊·德·罗斯柴尔德的导师，被任命为银行代理人。他热衷政治，担任法兰西人民联盟司库，参加了选区竞选。乔治·蓬皮杜曾给予他大力支持。1955年至1959年，他以参议员的身份担任苏丹共和国顾问。克洛德与他的妻子是朋友，他们的儿子阿兰是我童年的小伙伴。

第二章 自我肯定：1953—1962

勒内·菲永是未来总理弗朗索瓦·菲永的叔叔，对人的命运充满好奇心。他曾是居伊·德·罗斯柴尔德的导师，两人关系密切，但是他对如何让对方接受自己的离开，感到很为难。他安排居伊男爵与乔治在银行见面，居伊男爵第一次见到乔治，就被将军这位助手的机智和敏锐所吸引。在与埃利和阿兰两位股东面谈后，乔治进银行的事情确定下来了，勒内·菲永松了一口气，他终于可以去当参议员了。

乔治写信向将军请辞，奥利维耶·吉夏尔接替了他。等银行的试用期结束后，乔治才从最高行政法院离职，正式加入罗斯柴尔德集团。

展现在我父母面前的是另一个全新的世界。1952年起，他们一直住在马莱区查理大帝街。克洛德经常对我提起，他们住的房子是路易十六时期检察官的住宅。

我开始在查理大帝中学上六年级，离开了被女生包围的环境。这是一所男校，我在那里度过了青春期。当我准备初领圣体礼时，克洛德向我传授了基督教教理，她是虔诚的信徒。母亲与一位共和国卫队卫兵的妻子布兰吉耶夫人很合得来，我和她儿子是最好的朋友。在这场标志着我们宗教生活里程碑的受礼仪式之后，她们的关系变得更加紧密了。她们多年间一直保持着联系。

由于经济上的宽裕，我们把公寓装修一新。我的房间采用最新风格，克洛德决定摆放现代风格的家具，采用让·普鲁韦和勒·柯布西耶的时尚"设计"。我房间的家具虽然不是他们设计的，但一眼就能看出是他们的设计理念……客厅摆放着一张宽大奢华的长沙发、几把路易十五风格的椅子和一张工艺精湛的果木书桌。

夫妇俩经常出入古董店，很有品位地挑选装饰品。建筑师兼装饰师让娜·洛朗设计的方案和图纸，引发了他们的热烈讨论。这位建筑大师选择了让·佩泽尔的灯具以搭配家具和饰品,她把整体方案一并交给他们。

克洛德把更多时间用于照顾家庭:仍在夏托贡蒂埃工作的父亲,妹妹雅姬和她的丈夫以及他们的两个女儿,通用大西洋公司前经理阿尔弗雷德·乌塞叔叔和他的妻子以及他妻子的妹妹,乔治的父亲以及他的妹妹马德莱娜(拥有教师资格,1946年与亨利·多梅尔[1]结婚,乔治入主总理府和总统府后,亨利·多梅尔担任他的助手),这些人都经常参加她组织的聚会。

过去经常到埃雷迪亚街做客的朋友和熟人现在跟随他们一起来到查理大帝街。蓬皮杜夫妇发出的邀请都经过了慎重考虑,由两人共同商定。克洛德有个帮佣,不过她还是经常亲自下厨。我总是提前吃晚饭,可以把各道美味食品尝个遍:装在小陶盅里的舒芙蕾奶酪蛋糕是我的专属,还有海鲜香菇馅酥饼,从奥弗涅直接送来的熟化奶酪……喝开胃酒的时候,我获准给大家端小点心,父母很乐意把他们深爱的儿子介绍给大家。我见到许多高级官员和政治家,还有埃米利安·阿莫里[2]、皮

---

1 亨利·多梅尔(1922—2015),出生于图卢兹地区,拥有教师资格,1946年与乔治·蓬皮杜的妹妹马德莱娜(1920—2014)结婚,她同样拥有教师资格。他们遵循家庭传统,育有两个孩子,让-保罗和弗朗索瓦丝,弗朗索瓦丝后来继承了蒙特布迪祖宅。亨利·多梅尔曾担任国民教育总督察,1962年至1968年在总理府负责教育事务,1969年至1974年担任总统府文化顾问。他积极参与未来蓬皮杜中心的筹备工作,并始终与我母亲共同守护着这个棘手且有争议的项目。从童年开始,我就与这些家人非常亲近,他们也格外关心和喜欢我。

2 埃米利安·阿莫里(1909—1977),媒体人,戴高乐派,乔治·蓬皮杜的心腹。创办《解放了的巴黎人报》《观点——全球图片》和《十字街头》周刊。

第二章 自我肯定：1953—1962

埃尔和埃莱娜·拉扎雷夫[1]等报社经理人。皮埃尔是《法兰西晚报》经理，埃莱娜是 Elle 杂志经理。不久之后，又有许多艺术家、画家和雕塑家加入其中，他们都很欣赏这两位宴会主人。

在乔治被任命为罗斯柴尔德银行总经理之前的这段时间里，我生活在父母身边，一家人其乐融融。乔治晚上回家时，手里抱着满满的文件资料，晚饭后他就躺在床上研究这些文件。他把文件堆成一摞，放在床边，然后一份接一份地阅读、做标注，最后又堆成一摞。他坦言"我从来没买过股票，也不知道同样都是'汇票'的两个词之间有何区别"[13]，但这并不影响他毫不费力就看懂了金融圈。

我继续按部就班上学。

幸福的时光总是不长久，我们沉浸在幸福的生活中，家里却突然发生了意外。我和母亲染上了当时被称为"黄疸"的疾病。由于身体虚弱，无法阅读，我们只能靠听收音机解闷。我们喜欢收听卢森堡电台（RTL）播出的扎比·马克斯的广播连续剧《要开锅了》（Ça va bouillir），还有由雅内·苏尔扎和雷蒙·苏普莱主持的栏目《坐在长椅上》（Sur le banc）。其余时间我们两人躺在一张床上休息，多么愉快温馨的回忆。患病并没有让我们闷闷不乐，反而很享受自由的感觉。克洛德身体痊愈后，生活又恢复了以往的节奏。

---

1 皮埃尔·拉扎雷夫（1907—1972），1944 年成为乔治·蓬皮杜的心腹，是媒体经理和电视制片人。他于 1945 年创办《法兰西晚报》，之后创办《星期日报》和《法兰西周日报》。1959 年创办第一个电视节目《头版五栏》。由于他在任何场合都打着背带，因此有"背带皮埃尔"的绰号。1939 年，他与女性周刊杂志 Elle 创办人埃莱娜·戈尔东（1909—1988）结婚。1945 年至 1973 年，埃莱娜·戈尔东负责经营管理 Elle。他们很快就得到巴黎上流社会的认可，周日中午定期在位于路维希恩市的寓所接待好友，蓬皮杜夫妇以及当时的一众名流都在受邀之列。

父母喜欢经常四处走走，于是决定买一辆车。对于多数法国人来说，汽车是社会地位的象征。乔治在马赛时有一辆雷诺汽车公司生产的普力马四缸车，他给自己的车起名"达利拉"，后来换成一辆雪铁龙前驱车，他经常去克洛德在夏托贡蒂埃的娘家，这辆动力强劲的车帮他节省了往返的时间。父亲那时还很年轻，担任代理人的职务，没有配公务车。他和克洛德看中了西姆卡福特汽车公司的最新车型"凡尔赛"，因为比这个车型更高档的"尚博尔"超出了他们的经济能力，更不用说"特里亚农"和"摄政"这些车型。乔治和克洛德并不想过于张扬，这一阶段的他们只是为了生活方便。

汽车交付当天，我们全家驾车到布洛涅森林卡斯卡德餐厅去喝开胃酒。我欢天喜地，克洛德觉得车很舒服。乔治后来把汽车当作礼物送给她，包括一辆"佛罗里达"和一辆白色敞篷"西姆卡"，还有1962年初购买的那辆著名的"保时捷356"，她也都很喜欢。

放假的时候，我到夏托贡蒂埃去陪外祖父，同他去医院上班，到乡下巡诊。下午结束后，我和我的朋友跟随他到附近村庄散步。他很喜欢阅读，除此之外，还喜欢在一间简易冲印室里冲洗照片，兴致很高。当时相机拍出的照片需要在光线幽暗的环境中冲洗。我也尝试过，感觉很神奇。玛丽对我疼爱有加，我闲来无事就骑着自行车在城里溜达。

父母每年都带我去布列塔尼海边待一个月。我们有时去莫尔加，但更常去的是拉博勒，住在一套租来的小房子里。我表姐妹一家住在那里，但克洛德并没有太麻烦他们。她每天早上骑车去市场，车架上绑着一个木筐……家里亲戚人来人往，克洛德很快就感到有些不胜其扰。乔治来休假的那几天，她就住进白帆酒店，暂时摆脱了外人的打扰，与乔治共享安静的二人世界。住在酒店，既能照顾家人，还可以与乔治充分

第二章　自我肯定：1953—1962

享受假期。

　　除了暑期外，每到星期日，巴黎的生活就有些单调枯燥。乔治打算另觅一处房子，并把这个想法告诉了身边的朋友。一位企业界的朋友，在乌当附近的奥维利埃、距离自己家几公里处发现一栋带花园的住宅。这是一个19世纪的驿站，曾是咖啡馆兼杂货铺。二战后，有个奥弗涅人买下这里，以奥弗涅的传统舞蹈"尤耶特"（Yoyette）命名。这栋房子需要彻底重新装修，乔治对此心动不已，克洛德开始构思如何布置房间。1954年5月7日，他们买下了这栋房子。这一天，法国在越南奠边府战役中落败，乔治和克洛德虽然为这个悲剧痛心疾首，但是这座乡间别墅成功地转移了他们的注意力。他们把外墙涂成白色，邻居称呼这座房子为"白宫"。这个名字何等贴切！当然父母那时还无法预见他们的未来。媒体没有报道过这个细节。

　　由于乔治刚买了辆"凡尔赛"，他没有足够的资金支付这套房产。他不愿向所在银行借款，于是接受了克洛德的叔叔阿尔弗雷德·乌塞的资助，借了一万法郎。作为答谢，他同意阿尔弗雷德·乌塞与他的妻子以及妻子的妹妹每个周末都过来住。同样，祖父、克洛德的妹妹一家也都可以来这里住。每个人负责整理和粉刷自己的房间，公共区域和室外环境则由大家一起动手。

　　家人（包括乔治）负责整修和粉刷房屋，克洛德忙着去乌当知名的时蔬杂货铺勒卡舍采购并准备饭菜，还要兼顾家具的协调和舒适性。人人参与其中，甚至连来做客的朋友也动手帮忙。

　　有一个星期天，埃塞尔带着她的长子来和我们一起吃午餐。她出生于美国，是菲利普·德·克鲁瓦塞的妻子。她很喜欢这个质朴而实用的地方，一整天都在粉刷花园的栅栏。我和她的长子皮埃尔从那天起也成了好朋友。

为了能多陪他们一会儿，我们乘坐他们的车，为他们送行。在行驶过程中一个车胎突然爆裂。这时天色已晚，埃塞尔·德·克鲁瓦塞走下她的豪华轿车，戴上雪白的小羊皮手套给司机帮忙，司机用千斤顶把车顶了起来。克洛德有点惊讶，提醒她注意保护手套。她随即回答道："克洛德，手套总得派上点用场吧！"看到这位优雅的美国夫人给司机帮忙，我们都感觉非常意外！

奥维利埃的住宅在加紧装修，每个星期天我们都会前往。父亲和叔叔各开一辆车，全家每个人都有自己的位置。去程风平浪静，但是晚餐结束后，欢乐的气氛就会演变成无休止的争论，每个人都想按照自己设计的返程路线走，克洛德尽量不插手。

乡间的住宅，舒适的轿车，巴黎玛黑区的时尚公寓，我们可谓物质富足，家庭圆满。可能克洛德在张罗这一切的过程中劳累过度，体内长了个囊肿，一位外科医生朋友给她做了紧急手术，挽救了她的生命。乔治的情绪几近崩溃，他低沉的声音在我耳边挥之不去。他对我说："我们差点儿就失去了你母亲，现在一切好转，我可以放心了。"他恢复了以往的心思敏锐和执着乐观，这也是他的两大性格特点。

克洛德在青少年时患过急性阑尾炎，情况危急，多亏手术及时。这是她第二次与死神擦肩而过，手术之后，她进入了漫长的康复期，身材消瘦，像变了个人似的。过了几个月她痊愈后，甚至比以前更有活力。正如她的外科医生所言，她的身体素质很好，生命力旺盛。

乔治工作繁忙，任务不断。以居伊为首的罗斯柴尔德集团三大股东，都很欣赏乔治的判断力和综合能力。乔治与将军继续保持着密切联系。1954年，看到曾经的助手进入私营部门工作，将军表示理解，他

第二章 自我肯定：1953—1962

们之间的关系也并未因此而疏远。

这可以从很多方面得到印证。1952年，将军起草了遗嘱，并把一号遗嘱委托乔治保管。乔治当时担任安娜·戴高乐基金会司库（戴高乐夫人写给克洛德的信中对此表达过喜悦之情）。将军把自己的《战争回忆录》（*Mémoires de guerre*）交给乔治审读，并让他负责与普隆出版社商谈版权事宜。将军在致乔治的两个签名题词中，都把他视作自己最亲密的朋友。在一张日期为1954年6月18日的照片上，将军写道："致乔治·蓬皮杜：与我并肩作战10年的同事，我的伙伴，我永远的朋友。"[25] 10月19日，在《战争回忆录》发布之际，将军在一本限量版书中题词："致乔治·蓬皮杜：以此纪念他在风雨飘摇的日子里与我们的精诚合作，同时表达我忠诚的友谊。"[25]

克洛德很激动，但也不无担心。她敏锐地察觉他们与将军的关系变得更加密切，但是她不想对此有任何期待。他们的生活已经翻开新的一页，离开了令她失望的政界。现在，集团三大合伙人居伊、埃利和阿兰以及他们的妻子成了她经常打交道的人。克洛德进入了一个新环境，发现了一个与她童年时代祖母的生活相似但奢华得多的圈子。她觉得跻身这样一个出类拔萃、优雅华丽、看似热情的圈子的机会千载难逢。她决心开始一种全新的生活，尽量不去想将军对乔治的倚重，以及委派他完成的那些任务。

乔治很快就熟悉了罗斯柴尔德集团的业务。他随居伊男爵去非洲出差，化解了潘那诺亚风波[1]，之后又成功解决了瑞士越洋钻探公司[2]的

---

1 潘那诺亚是一家冶金矿业公司，成立于1881年。1960年，在我父亲的推动下，这家公司进行了改组，分成多家公司。1988年，这些公司合并成一家新公司"欧洲金属公司"（Metaleurop），2003年关闭。

2 在乔治·蓬皮杜的提议下，这家公司于1953年成立，负责海上石油开采。

棘手问题。男爵和他的两个堂兄弟对我父亲的能力深信不疑。

1956年，乔治升任罗斯柴尔德银行总经理，生活也随之发生很大变化，人际交往范围更广，肩上的担子也更重。尤其值得注意的是，从乔治进银行的那天起，马德莱娜·内格雷尔就跟随在他身边，自1945年与乔治在将军办公厅共事起，她一直跟随其左右。此外，安妮-玛丽·迪皮伊也一直在他身边工作，乔治还是代理人的时候就很欣赏她的才华。

我当时只有14岁，对女孩开始产生兴趣。这让母亲很生气，担心我的学习受影响。她发现我不如以前那样专注，并为此感到惋惜。她把这件事告诉父亲，父亲只做了淡化处理。

父母的社会地位不断上升，这也算是对他们自由度降低的一种补偿。他们结识的人越来越多，身边都是一些有钱人。同时，克洛德与罗斯柴尔德夫妇也不仅限于工作关系。她和罗斯柴尔德夫人玛丽-埃莱娜变得熟稔。玛丽-埃莱娜被乔治的机敏所吸引，很高兴能有他陪伴，各种话题都愿意与他讨论，乔治的政治观点、兴趣爱好和性格特点很快就一一展露。

居伊·德·罗斯柴尔德在一部关于费里埃城堡的作品中写道：

"朋友们要作答普鲁斯特问卷，以此解闷。乔治·蓬皮杜在1959年的回答中展现出他的情怀，从中可以看出他质朴和自然的天性。他不玩文字游戏，不虚张声势，也不故意粉饰，但看得出他有一个丰富而深刻的灵魂：

——你最欣赏的美德是什么？

——谦虚。

——你最欣赏男性身上的哪种品质？

第二章 自我肯定：1953—1962

——高尚。

——你最欣赏女性身上的哪种品质？

——优雅。

——你最大的爱好是什么？

——阅读和音乐。

——你最大的特点是什么？

——固执。

——你认为幸福是什么？

——夜晚坐在炉火旁，有爱人陪伴。[31]"

克洛德对巴黎"政治圈"和"金融商务圈"的各种不同之处已经心中有数。她现在的身份是著名银行家的妻子，丈夫不仅有影响力，还受到一位大人物的器重，这为她在金钱和娱乐消遣方面提供了优越条件。"八卦"是这个圈子中人际交往的基本方式，每个人都在暗自观察，自我标榜，评头论足。克洛德在笔记本上写道："圈内人都不可救药地爱嚼舌头。没完没了地空谈在我看来是一种轻率和失礼的行为。"[22]

克洛德能够让人对她产生亲近感。即便那些爱挑剔和爱说风凉话的人也这样评价她："克洛德·蓬皮杜不漂亮，但她让人感觉很舒服！"……这是一种称赞，克洛德虽然并非"天生丽质"，但不招人烦。对克洛德来说，重要的是"融入其中"，拥有一席之地。虽然会有所约束，但她还是自然而然。在出席晚宴和招待会时，她鲜明的个性让人们忽略了她左右眼皮的略微不对称，这是她在童年时期玩槌球游戏时被木槌击中眼部留下的后遗症！克洛德不但是一位优秀银行家的妻子，其自身的智慧和修养也让她散发出无限魅力，使她成为一个不容忽视的人物。蓬皮杜夫妇在巴黎上流社会精英云集的戏剧和电影首映式、开幕式、晚宴、鸡尾酒会等场合,总是出双入对。

同席的宾客对他们好评如潮,邀约纷至沓来,而且他们总是同时受到邀请。邀请方从未考虑过只邀请其中一人,即便是短暂地将两人分开也未曾发生过,因为这是他们共有的默契。

与居伊和玛丽-埃莱娜的频繁交往有可能让克洛德变成一个赶时髦的人,她丈夫是厌恶这种习气的。不过,乔治是个聪明人,他不会随波逐流。他自主性极强,不会轻易中圈套。克洛德写道:"对我这样来自外省资产阶级家庭的人来说,就像遇到一个漩涡,说实话,我险些变成一个赶时髦的人。我丈夫则与其保持着一定距离,不为所动。"[24]居伊·德·罗斯柴尔德证实道:"在费里埃城堡,所有人都喜欢乔治。他虽然话不多,但人们都愿意听他讲话,对他的态度从将信将疑逐渐转变为完全信赖。每个周末总有一个小圈子的人等着他,就像等待一位知名教授。"[31]

克洛德渴望在这个新圈子中占据一席之地,人们也在观察她。她的性格稳重大方,为人坦诚直率,同时她出于骄傲和尊严,与人们刻意保持着一定距离,这让她显得与众不同。克洛德的出现为这个圈子带来了改变。她总是能自然而然地转到对方关心的话题上,总体而言,这些人只关心自己,对他人不感兴趣,除非批评和讽刺。这个圈子既刻薄又无情。

克洛德的父亲因过早地患上血管病而无法行走,再加上无节制地吸烟,加重了病情。他被迫中止工作,搬到奥维利埃,那里成了我们在夏托贡蒂埃之外的又一家庭聚所。外祖父喜欢自己卷烟,手里时常拿着一个小型金属鼻烟盒,一根接一根地续烟。在奥维利埃,他以阅读作为消遣,或是与我们年轻一代促膝长谈,并且从我开始。

克洛德和雅姬尽量陪在她们的父亲身边。我父亲、祖父、姑父、姑

第二章　自我肯定：1953—1962

姑和小姨要么在室内打台球、玩扑克牌、下象棋，要么在室外玩槌球和地滚球。

一位清洁女工协助玛丽分担家务，母亲在厨师的帮助下，按照父亲制定的菜单准备饭菜。

头几年房子还有些简陋，后来彻底整修，父亲亲自监工。他很喜欢与当地工匠交谈。

在巴黎查理大帝街的寓所，乔治和克洛德的社交生活日益频繁。原计划乔治用来当书房的房间被他们改成餐厅，用于接待宾客，当然，书房一天也没派上过用场。如果晚宴嘉宾地位显赫的话，家里还会额外雇一位或多位酒店专业人员服务。这是非常巴黎的生活方式，我们一家三口把这样的晚宴称作"大餐"。克洛德让每位来宾都感到舒适自在，人们围着乔治聊天。母亲不再指使我为大家端送小点心，而是让我参与谈话。我在晚餐开始前回到自己的房间，晚宴通常进行到很晚才结束。有时最后离开的宾客的告别声会把我吵醒，他们刻意晚些离开，尽可能延长相聚的美好时光。第二天，嘉宾纷纷来电，向克洛德表达谢意，赞赏她组织的晚宴圆满成功。从那时起，克洛德就喜欢上了接听电话。她认为电话是拉近自己与所尊重和喜爱的人之间距离的工具，她和乔治之间也经常通电话。

经过一段时间的寻寻觅觅，1959年，父母终于在圣路易岛贝蒂纳堤岸租到一套漂亮公寓，这让家中晚宴更加精彩纷呈。公寓楼的门厅令人赞叹，1642年，由勒沃为埃斯兰府邸修建的一道足以容纳马车进出的大门被推倒，赫莲娜·鲁宾斯坦将这里改造成一栋豪华公寓楼。我们第一次参观公寓时，欣喜不已。每一个房间都沐浴在阳光下，塞纳河在脚下流淌，房间里折射出水面的波光。克洛德为能找到这样一处美轮美奂的公寓而感到高兴。不过，入住前的准备是个大工程。几个月后，我们搬入了巴黎这处别具一格的住所中，它舒适豪华，显示出主人的品位。1960年

1月，乔治在给罗贝尔·皮若尔的一封信中写道："我希望你们能来看看我们的公寓，你们一定会心醉神迷。没有比圣路易岛更美的地方……"[29]

我在这套公寓里有自己的房间，在那里住了几年。我20岁时，父亲送给我一个小单间公寓，离他们的公寓很近。我的独立标志着从我进入这个家庭以来，一直亲密无间的一家三口要暂时分开了。

乔治和克洛德的宴请更加频繁，他们的名气也越来越大，巴黎各界人士纷至沓来。母亲是优秀的女主人，父亲懂得如何调动嘉宾的才智，人们都被他所吸引。大家在一起谈论时事，也经常谈论艺术和文化。

马尔罗：艺术圣人

1950年，父母与马尔罗成了朋友。1954年12月，乔治在给安德烈·马尔罗的信中写道："我们之间的友谊对我而言愈加不可或缺。我以此为傲，也倍感欣慰。"[29]

两人是在将军办公厅共事时结下的友谊，克洛德也同马尔罗及其妻子马德莱娜建立了密切的关系。父亲曾把为阿歇特出版社编辑一部马尔罗作品集的工作交给母亲，这是"沃布多勒经典系列"之一。[21] 克洛德阅读过马尔罗的《阿尔滕堡的胡桃树》（*Noyers de l'Altenburg*）、《人类的命运》（*La Condition humaine*）和《希望》（*L'Espoir*），对这位非凡人物敬仰有加。1954年离开将军办公厅后，乔治和马尔罗经常见面，在一起谈论艺术和文化，他们围绕"艺术本身"展开话题。神圣艺术盘踞在马尔罗的头脑中，他认为"唯一能够显现上帝灵光的地方便是艺术，无论人们如何为之冠名"。[16] 他们之间的交流热烈而深刻，如同奥

第二章　自我肯定：1953—1962

林匹斯众神的聚会，两位男主角高谈阔论。马德莱娜在一旁弹奏钢琴，演奏拉威尔、德彪西和巴托克的乐章。克洛德沉醉在这些近现代音乐先驱的作品中。他们愉快地谈论这些作曲家，也交换养育子女的心得。马德莱娜·马尔罗证实道："克洛德是一位温柔细心的母亲，阿兰被宠得像个小王子！"[36]

两家人经常聚会，克洛德也会不时地加入乔治和马尔罗之间的谈话。那段时间，马尔罗正在酝酿《艺术心理学》（*Psychologie de l'art*）[16]和《神的化身》（*Métamorphose des dieux*）[15]。库蒂里耶神父[1]也经常与他们一起交流，这位多米尼加神父是一位艺术家，对神圣艺术满腔热情。

克洛德是虔诚的信徒，她在与他们的交流中分享了自己的信仰观。"库蒂里耶神父对我和丈夫的影响很大。我们同他就宗教、艺术等进行过长时间交谈，他给我们留下了深刻印象。他对艺术的挚爱堪比他对信仰的热情与执着。他认为宗教建筑需要融入现代艺术，并为之不懈努力。他留下了非常中肯的话语，'对艺术的判断与鉴别并非靠才智，而是全凭感觉。更确切地说，要靠敏锐的直觉，而不是推理。因此，对于艺术，人们不是以思考，而是凭感觉来判断'。他称'基督教艺术与公众之间的隔阂是出于重大误解'，为此他深感惋惜……他与同时代艺术家熟稔，对日本、印度和非洲的艺术很入迷，将其称为'土著艺术'。他思想完全自由，因而绝对超脱。……像他这样的人以他们的思想和天

1　马里-阿兰·库蒂里耶（1897—1954），多米尼加神父，艺术家和艺术理论家。第二次世界大战期间，他是自由法国的坚定拥护者。二战后，成为神圣艺术在法国复兴的中坚力量。他是《神圣艺术》杂志的联合创办人。他在美国生活，与赞助人多米尼克·德·梅尼是朋友，并在其帮助下，结识了包括皮埃尔·博纳尔、费尔南·莱热、让·吕尔萨、热尔曼·里希埃、乔治·鲁奥、让·巴赞、亨利·马蒂斯、乔治·布拉克和马克·夏加尔在内的众多艺术家。1950年，他邀请这些艺术家装饰阿西高地的圣恩圣母院。

才在文明中留下了自己的印记。"[28]

蓬皮杜夫妇到马尔罗夫妇在圣让德吕兹租的一处漂亮别墅小住后，两家人的关系变得更加亲密。"我们一同去海滨游泳，我想能与马尔罗一起游泳的人恐怕不多！在别墅里，（他）高谈阔论，滔滔不绝地纵谈对历史、对艺术、对全球地理与各种文明的看法。他的讲话充满魅力，令人陶醉。我们有幸让十来岁的儿子同往，休假结束时，儿子兴奋地说自己'在头脑里开动了涡轮机'。"[28] 安德烈·马尔罗在一本《神的化身》[15]上为我题词，这也增进了我们之间的感情。他写道："几千年来，被遗忘的雕塑家在帝国传承中发出的声音，就如同母爱的呼唤一般，无可匹敌。"可谓一语中的。

母亲从马尔罗《阿尔滕堡的胡桃树》[14]中引用一句话送给我："人最有效的武器，是尽量摒弃装模作样。"这句话很触动她，特别是在父亲去世之后。

几年之后，我与安德烈·马尔罗的儿子樊尚和戈捷成为非常要好的朋友，我们一到周末就去奥维利埃，马尔罗的幼子阿兰不跟我们这群小大人一起离家出走。在奥维利埃，我一边听着喜欢的音乐，一边为樊尚和戈捷画素描、油画，也做雕塑。戈捷17岁，樊尚15岁，都在埃夫勒附近的奥诗学校就读，他们与自己父亲的关系很糟糕。在我母亲的帮助下，马德莱娜努力"打圆场"，但没有取得任何成效。我和他们兄弟还在圣特罗佩照过面。樊尚在那里遇到了法裔智利人克拉拉·圣，她是个孤儿，非常富有，过着自由不羁的生活。他们三人经常一起外出，饮酒玩乐。克拉拉·圣送给樊尚一辆大马力汽车。一次晚宴后，他们喝得酩酊大醉，三人死于车祸。飞来横祸让马尔罗和马德莱娜受到沉重打击，幸而他们忙于政治和文化事务，生活的繁忙淡化了这份痛苦。1961年，安德烈·马尔罗就任文化部部长，直至1969年。我与他们的幼子阿兰

第二章　自我肯定：1953—1962

虽然不经常见面，但始终保持着联系。我欣赏他的创造力、温暖的人性和对待友谊的态度。

虽然与马尔罗一家的关系如此密切，但父母对于当代艺术的探索永无止境，父亲更是以自己的传统文化修养对当代艺术进行了抽丝剥茧的研究。

20世纪50年代，父母经常光顾各大艺术画廊，在让娜·比谢艺术画廊发现了一位默默无闻的画家沙波瓦尔[1]。

沙波瓦尔在这段时期的作品与布拉克相似，色彩深沉，具有一种诗意的美。乔治和克洛德购买了沙波瓦尔的两幅画，并对这些作品始终情有独钟。我那时虽然还是个孩子，但很喜欢他的画作。因为这些作品完全符合我的想象力，直到现在我还珍藏着它们。父母花费了大量的时间流连在画廊里，他们同一群艺术爱好者和画廊主交上了朋友。

父母还结识了一些特立独行的人物，其中包括才华横溢的作家加尔兄弟[2]。兄弟俩性格开朗，感染力很强，克洛德让乔治邀请他们共进晚餐。

我常常独自一人在家，有一天我接到一个电话，听筒里传出神秘男声。对方语气坚定地说道："先生，我们很高兴接到令尊令堂的邀请

---

1 尤拉·沙波瓦尔（1919—1951），俄罗斯画家，巴黎画派，1949年获康定斯基奖。他赢得了同时代最伟大画家的广泛认可，但其作品缺乏个人风格。1951年12月，在蒙马特去世。2015年，他的作品目录全集经埃弗利娜和玛丽-洛尔·穆瓦塞编辑，由阿尔马特出版社出版。
2 加尔兄弟分别名为雅克和弗朗索瓦，他们酷爱旅行，曾完成两次环球旅行。1959年至1972年，他们每天为《法兰西晚报》连载漫画《希望街13号》撰稿，之后根据他们自己的经历出版了《环球旅行的受邀者》[7]和一系列通俗小说。雅克去世后，弗朗索瓦改行成为电视专题片制片人兼导演。他到世界各地拍摄，摄制的节目《不一样的火车》让我母亲感觉十分向往。

到贵府做客,但我得事先声明,我们没有燕尾服。"我不知该如何作答,只说我会转告他们,电话挂断了。我有点纳闷,在家里我从未见有人穿过燕尾服来赴晚宴,当时还没有这样的着装礼仪。

雷蒙·科尔迪耶[1]是我父母的朋友,在盖内戈街开了家画廊,并向我父母推荐了许多珍藏在内院两个房间的作品。继购买沙波瓦尔的作品之后,乔治和克洛德又以低廉的价格购买了这位艺术家的一些早期作品。

因为在罗斯柴尔德银行工作的收入丰厚,几年后的1958年,克洛德得以送给乔治一幅尼古拉·德·斯塔尔的小幅画作,这是画家于1952年创作的《巴黎的屋顶》(*Les Toits de Paris*)。这幅画的色彩极具张力,意境深邃,有强烈的感染力。早在1953年父亲让哈吉杜为自己创作半身像时,我就在哈吉杜那里注意到尼古拉·德·斯塔尔的画图技巧。这幅小画深深地吸引着我,触动了我敏锐的艺术神经。当父亲收到母亲的这份礼物时喜出望外,对此,我丝毫不觉意外。她与我分享这一创举,让我有种与母亲更加亲近的感觉。

不久之后,画廊主卡尔·弗兰克[2]也加入了父母的朋友圈。

他向我父母推荐了许多艺术家,包括弗兰提斯克·库普卡、索尼娅·德洛奈、拉·弗雷奈、比西埃、玛丽亚·埃莱娜·维埃拉·达·席

---

[1] 雷蒙·科尔迪耶,自学成才,出生于韦齐内市,父母经商。他开了一家艺术画廊,慧眼识珠,发掘了许多当代青年艺术家,包括阿尔曼、汉德瓦萨、马克雷奥、巴伊、图瓦扬和布罗。他同法国联合海运公司经理弗朗西斯·法布尔来往密切,于是成为"代理商行"装饰店经理,店铺开在马尔泽尔布大街,经营亚洲进口手工艺品。1965年,他在卡雅克附近买了一个磨坊,后来在驾车回家途中突然死亡。

[2] 卡尔·弗兰克在图尔农街经营着一家当代艺术画廊。他发掘了当时尚不出名的克里斯托和莫尼诺。他与克洛德关系密切,乔治去世后,他曾多次陪伴克洛德出国旅行。

第二章　自我肯定：1953—1962

尔瓦、丰塔纳、马歇尔·雷斯，还有伊夫·克莱因及其妻子罗特鲁。罗特鲁是位雕塑家，她后来同艺术爱好者达尼埃尔·莫凯[1]结为伴侣。

克洛德爱逛书店，经常去里沃里街加利尼亚尼书店，她会仔细浏览书店的珍稀书籍书目，为乔治搜集藏书。父亲17岁时用预科班奖学金在圣米歇尔大街第一次为自己购买了珍本——马克斯·恩斯特的《女子头像百图》(La Femme 100 têtes)。30年后，作者在这本原作上为他题词。[29]

乔治也经常在书目画册上寻找他喜欢的诗人、历史学家、公众人物和小说家作品的稀有版本。

艺术品和珍本与贝蒂纳堤岸寓所的室内装饰完美融合。熟悉古典艺术家的来宾无不感到震惊，被这些先人的作品所折服。简而言之，这是一个梦想博物馆的现实版，而我们就生活在其中。

银行家的妻子

父母的社会地位扶摇直上，这让有些人羡慕不已，他们也因此遭到嫉妒和诋毁。乔治处于真正的权力斗争中心，克洛德也参与其中，并习惯了奢华的生活。她写道："对于花钱，我们很快就习惯了……如此机

1　1968年，达尼埃尔·莫凯与画家京特·于克尔的妹妹、伊夫·克莱因（1962年去世）的遗孀罗特鲁·克莱因结婚。他们借助一家网络咨询公司共同管理伊夫·克莱因的文件档案。他担任克洛德·蓬皮杜基金会董事会成员，实现了当代艺术家作品的限量丝网印刷，所得收入大多捐献给基金会。他在巴黎和亚利桑那州两地居住。

会，岂会无动于衷？"[27]

然而，由于母亲与生俱来的质朴优雅，在这突如其来的富裕生活中，她丝毫没有炫耀之意。在与"最会穿衣的巴黎人"雅克利娜·德·里布这样精致、挑剔的女性交往时，她也毫不胆怯。母亲亲民的姿态吸引了许多大牌设计师。克里斯汀·迪奥、皮尔·卡丹和姬龙雪在她光临的时候都会亲自出面接待，与她共同挑选适合的款式，并搭配鞋、手套和手包。克洛德乐于担当模特，放手让设计师按照他们的想法为她设计。设计师对此心存感激，也想看看克洛德穿着这些服饰出席邀请会和各种活动时的效果。在这种场合，媒体总是对时尚格外关注。

最令人意想不到的是她与可可·香奈儿之间的交往。她们一个果断决绝、八面玲珑，一个意志坚定、谨言慎行，但都成长于宗教环境中，相处十分融洽。香奈儿小姐与我父亲同是奥弗涅人，但她极有涵养，从来不曾提起此事，以免在与自己尊重的女性的友情中掺杂政治因素。

她们第一次见面就给彼此留下了深刻印象。当天晚上，听完母亲的描述，父亲愉快地笑着，并且笑出了声。

母亲愿意与我分享她对时尚的喜爱，我也因此有机会与可可·香奈儿见过两回面。第一次见面前，母亲事先告知香奈儿小姐，我将随母亲一同前往。她对我这个处在青春期的小家伙很感兴趣，专程在楼上的会客厅等候我们。在会客厅，她可以通过拾梯而上的墙面镜子观察来客，欣赏时装展示，还可以了解工作室里的一举一动。克洛德被请到工作室旁的试衣间试衣，我则由香奈儿小姐的一位助手陪着。这位女士香气宜人，气质优雅。香奈儿小姐观察着我，说道："你好，小伙子。"然后她吩咐那位女士说："亲爱的，现在让我们单独待一会儿。"我紧张得涨红了脸。我们走进一间客厅，里面立着一扇乌木漆面屏风、两只铜鹿和各种纪念物品，还有一张巨大的沙发。她坐在沙发上，让我坐在旁边的一

第二章 自我肯定：1953—1962

把扶手椅上，这样可以更仔细地打量我。她像个审讯官，不过当我们四目相对时，我立即放松下来。"年轻人，你很幸运有这么优秀的母亲。"应该如何回答？于是，我评论了她的室内装饰，还有从杂志上看到她所设计的服装和裙子，说她是最完美的设计师。听完从一个"小孩"口中说出的评价后，她回答道："这是我的工作，我喜欢我的职业。"接着我谈到自己的爱好和感兴趣的领域，然后很快又把话题转向她。"我单打独斗，拼命工作，没有人理解我。"她总是不断推翻自己的设计，并精神"折磨"她的女助手，就像戏剧导演对待演员一样。我被她强烈的个性所吸引，也完全赞同她的观点，从她身上吸取了不少生活经验。

她告诉我，她的愿望是让人们在穿上她设计的衣服时感到舒适。她本人只穿经得起时间考验且制作精良的服装。她设计的服装手工精湛，面料高档，配以缎带和绳结装饰，帽子也不可或缺，这种设计风格经久不衰。我们不再光顾巴黎七区母亲以前定制裙子的裁缝店。香奈儿小姐非常笃定地告诉我，只有能让人在地上打滚的衣服才与身体服帖，这是让服装属于自己的唯一方式，并能以此判断衣服哪里需要再做修改。她说："服装是人的第二层皮肤。"我很吃惊，尤其看到母亲在家里穿着另一位设计师的服装，认真地遵照香奈儿教她的方法在地上打滚时更加惊讶。我意识到香奈儿就是为高级定制服装而生，她也乐此不疲。

克洛德回到一楼工作室，去确认衣服上的一处细节，我同香奈儿小姐的第一次单独谈话结束了。香奈儿一眼就能看出不足之处，她撕开针脚，有时甚至要彻底重新设计。她标记修改之处，用别针别上，动作轻盈得如同跳芭蕾。母亲像模特那样听从她的指挥，直到香奈儿对这套"高级定制"满意为止。

几周之后，我和香奈儿小姐已经很有默契。她悄声告诉我，员工的表现很让她失望，无论是款式还是裁剪，都不能很快领会她的意图。不过，她从不抱怨销售，认为销售人员都是经过精心挑选的，他们社会经验丰富，沟通能力强。"他们是品牌得以发展的保证。"她这样说道。她不随意赞美他人，除非在她眼里，此人确有才华和贡献。

克洛德向香奈儿学习穿衣技巧，训练优雅的走姿、坐姿和仪态。我感觉香奈儿的完美主义完全出自实践，这正是母亲所需要的。虽然母亲早已不是豆蔻年华，但在这方面还是"新手"，看到她的改变我也十分欣喜。母亲曾评价过这位谜一般的设计师："她极其优雅，注重细节，崇尚颠覆和挑衅，有时甚至话语刻薄。"后来，香奈儿受邀做客爱丽舍宫，说道："以前人家是不邀请商人的！……"[28]

母亲与香奈儿的交往，为她成为第一夫人后担任"法国时尚形象大使"奠定了基础。

难忘的旅行

克洛德喜欢旅行。在这方面，父母的爱好一致。他们对自然景观并不热衷，而是更倾心于探寻伟大艺术家的作品，追随杰出人物的足迹。马德里的普拉多博物馆、荷兰奥特洛市克勒勒·米勒博物馆的梵高展，还有阿姆斯特丹国立博物馆震撼人心的伦勃朗作品"夜巡"，都令他们着迷。

他们有过三次终生难忘的旅行，对于克洛德而言，更是刻骨铭心。

自1951年起，他们就被西班牙所深深吸引：格拉纳达的阿尔罕布拉宫、塞维利亚的阿尔卡萨宫、巴塞罗那的高迪建筑……那些崎岖不平、常常在维修的小路上留下了他们亲昵的身影，他们选择下榻在佛朗哥时代的古堡酒店，这些迷人的酒店都是历史建筑。

我那时年岁尚小，只是听他们对我讲述过这段有趣的探险之旅。

第二章　自我肯定：1953—1962

不过，我参加了令全家都刻骨铭心的希腊和威尼斯之旅。

1960年，我18岁。父亲曾获得过希腊语全国竞赛第一名，对古希腊了如指掌。我的两位好友卡罗勒·魏斯韦耶[1]和弗朗索瓦·罗沙[2]也与我们全家同行。

如果不是因为不堪忍受旅伴的拖拉，想要自己掌控时间，父母绝不愿独自旅行。我们几个年轻人既爱玩又很专注，乔治与我们分享他的爱好，克洛德重拾青年时期的体能锻炼。

我们从雅典出发，雇了司机和导游。这位不幸的导游法语说得很流利，他照本宣科地向我们介绍古迹，父亲经常打断他，为我们解释前因后果，并引经据典。我们屏息聆听，克洛德很高兴乔治能为我们讲解古希腊文化。他用深沉的嗓音把希腊神话故事向我们娓娓道来，仿佛众神和英雄在古老剧场中复活过来。至今，我的朋友对这次旅行仍然记忆犹新。整个旅程的气氛在母亲的调节下轻松愉快，我们都感到无拘无束，并对她心存感激。她和父亲则充分享受伯罗奔尼撒半岛的古迹和风景。不过，那位希腊导游永远也不会明白，一个法国人为何能够对希腊的古典文化如此熟悉。

在此前几年，也就是1957年，我们赴威尼斯旅行。那次旅行带给我们无与伦比的文化冲击、情绪感悟和人生体验。父亲当时担任罗斯柴

---

[1] 卡罗勒·魏斯韦耶，弗朗辛之女，出生于沃尔姆斯，是让·科克托的好友。她的丈夫亚历山大·魏斯韦耶，人称亚历克，是富有的银行家和壳牌公司总裁，爱好收藏画作，拥有赛马，是一位慷慨的亿万富翁。
[2] 弗朗索瓦·罗沙是埃莱娜和马塞尔·罗沙之子，国际知名的奢侈品牌香水师。他性格开朗，是名出色的猎人，我们经常在奥维利埃见面，他母亲的房子在我家隔壁。我很喜欢向他妹妹索菲及其女伴们"献殷勤"。

尔德银行总经理兼意大利忠利保险公司董事。我们甫一抵达，就登上一艘豪华摩托艇，驶入大运河。一艘宽大的贡多拉游船在等待我们，旁边还停靠着一艘小船放我们的行李。这是公司总裁的船组人员，只负责接待贵宾。

乔治事先并未通知对方行程，但有人已经安排好了一切。我们住在顶级酒店格瑞提皇宫酒店的两间套房。

我和母亲计划停留一个星期，父亲因为工作的原因只能待三天。我们受到了大人物般的接待，克洛德欣然接受，态度很淡定。我们体验了这座豪华酒店的礼宾服务：放下电话，门铃立即响起，对待客人的要求，总是回复"马上"。酒店服务十分周到，客房服务员会为客人打开行李，摆放妥当。我们的第一顿晚餐是在酒店露台享用的，运河在我们面前静静流淌，我们的身边是迷恋威尼斯的亿万富翁，其中不乏威尼斯贵族，他们向父亲低调地致意。

第二天，克洛德在圣马可广场上的夸德里露台愉快地欣赏乐团演奏，体验当地美好的氛围。下午，她前往探访位于"圣乔治德利河岸大道学校"的卡巴乔故居，在那里感叹不已。"非常现代！"母亲这样写道。由于经常与安德烈·马尔罗交流，她的思想总是在近几百年的世界中自由穿梭。

我们在穆拉诺岛欣赏马赛克艺术，放弃了观看玻璃吹制工的现场演示，转而乘坐私人小船驶往圣弗朗西斯科德塞托。这是一个游客罕至的小岛，岛上可以看到方济各会修士和牝鹿。

晚上，克洛德与我们分享了全家一起出游的幸福心情。父亲必须先行离开，我和母亲则继续我们朋友般的愉快旅程。

次日，我们在格瑞提皇宫酒店洒满阳光的露台上喝着开胃酒，突然出现的一个场景令母亲难以忘怀。酒店对面紧挨着安康圣母教堂处有一

第二章 自我肯定：1953—1962

座小公馆，占地面积不大，低矮的外墙掩映在经过精心修剪的树木下，大门十分隐蔽。我们看到一位夫人走出来，旁边是穿制服的管家。她身材高挑，举止优雅，穿着一条色彩明快的罗纱裙，戴一顶宽边软帽，黑色太阳镜遮住了面庞。一艘贡多拉船在迎候她。她的那艘船比我们的更加宽敞舒适，只见她纤细的身影上了船，负责安保的快艇紧随其后。这个场景非比寻常，既有趣，又不可思议，我们觉得就像见到了"幻象"。

克洛德很清楚威尼斯各大公馆的主人都是意大利上流社会人士，然而这位神秘优雅的夫人究竟是谁？

母亲在潜意识里受到了外祖母的影响，她相信这样的场景一定有所寓意。她好奇地询问这位夫人的尊姓大名，得到的答复是："这是古根海姆[1]夫人！她是著名的艺术品收藏家，每年都会在这里住上一段时间。"

克洛德当时绝对想不到，自己日后会在古根海姆的建议下，担任威尼斯古根海姆基金会主席和纽约古根海姆博物馆理事会理事。

对于母亲来说，旅行是一种乐趣。优美的风景和历史遗迹激发着她的想象力，把她带入了第四维空间。

---

[1] 玛格丽特·古根海姆（人称佩姬），1898年出生于纽约。她父亲是一位富有的银行家，但钱财都被挥霍殆尽。她的几个叔叔重整旗鼓，祖父又给了她一笔遗产，她得以变成艺术赞助人。她自学成才，热爱马塞尔·普鲁斯特和莎士比亚的作品。师从杜尚、康斯坦丁·布朗库西和让·科克托，学习现代艺术。1938年，她在伦敦创立了古根海姆青年画廊，举办了阿尔普、摩尔、卡尔德和康定斯基作品展。战争期间，她曾借助自己的声望以及美国人的身份，营救过安德烈·布勒东和马克斯·恩斯特等许多艺术家，并为他们伪造证件。后来，她与马克斯·恩斯特结为伴侣。她在威尼斯大运河上的利奥尼宫创办了一家博物馆，以自己的名字命名。威尼斯佩姬·古根海姆基金会是最漂亮的当代艺术博物馆之一。1979年，她在帕多瓦附近去世。在纽约所罗门·R.古根海姆基金会的推动下，威尼斯基金会的影响力不断扩大。

一对有影响力的夫妻

暑假期间，我们去海边度假，住在布列塔尼、拉波勒或者莫尔加的酒店里。去南部度假时，我们在圣拉斐尔附近的泰晤勒和卡瓦莱尔，租的是"亲水"别墅，全家人欢聚一堂，几位至交也来助兴。

父亲有位堂兄是拉富市"鱼雷工厂"的电子工程师，在圣特罗佩有栋用石头和金属管装饰而成的房子，现代感十足。房子周围的葡萄园一直绵延至布伊拉贝塞湖海滩。为了避免与名人、明星扎堆，从1953年开始，父母每年夏天都会在这栋房子停留几周。期间，他们会到拉蓬什小码头的一所住宅聚餐，那是法兰西人民联盟（RPF）司库罗歇·弗赖[1]租住的房子。

房主有些与众不同，经常受邀参加聚会。他与罗歇·弗赖以"你"相称，仿佛他们是认识多年的老朋友。他们在一起漫无边际地闲谈，但多为泛泛之谈。母亲在回家的路上评价这个房主是一个"肚子里没货的渔民"！

与此相比，在卡马拉之角卡米耶餐馆的葡萄藤下，品尝鲜美的普罗旺斯鱼则有趣得多。那时，圣特罗佩虽然早已不是画家笔下的模样，但还没有明星云集。它拥有朴实宁静的港口，舒适宜人的环境，在防御要塞和圣安娜礼拜堂附近遍布葡萄园。散步、骑马两相宜，生活简单而美好。我在居住的房子后面用芦苇床搭建了一间小屋，享受真正的悠闲假

---

[1] 罗歇·弗赖（1913—1997），1947年加入法兰西人民联盟，担任司库。他是1958年戴高乐将军重返政权的推动者之一。1959年1月至1960年2月担任新闻部部长。1961年至1967年担任内政部部长。1967年至1972年成为国务部部长。1974年2月23日，乔治·蓬皮杜去世前一个月，他接替加斯东·帕莱夫斯基，担任宪法委员会主席。

第二章　自我肯定：1953—1962

期。父亲只能与我们相聚几日，母亲在那几天装扮得典雅美丽。我记得她穿着一条亮白色曳地抹胸裙，搭配一件合体的外套。看着她袅袅走下楼梯，我感觉无比愉悦。罗贝尔·皮若尔是父母的好友，摄影技术高超，用相机记录了这个美妙时刻。这也成为我少年时代的一段美好回忆。

三年后，父亲升任银行经理。在"罗斯柴尔德时代"，圣特罗佩成了时尚之城，巴黎上流社会趋之若鹜。

父母与昂蒂布之角酒店建立了联系。在酒店的埃当·罗克餐厅，他们经常与老朋友菲利普·德·克鲁瓦塞[1]共进午餐。

菲利普活跃于巴黎上流社会，整日周旋于亲王夫人和漂亮女人之间。他娶了美国富豪埃塞尔。有一次，埃塞尔从奥维利埃返程途中，曾戴着白羊皮手套帮司机换轮胎。她热爱当代艺术，与库蒂里耶神父交情甚笃。菲利普是马尔罗的朋友，言辞幽默犀利。正因如此，在他们离婚后，乔治和克洛德与他们二人还一直保持着交往。菲利普也是罗斯柴尔德家族的至交，他把乔治带入了电影和时尚界，并且与媒体关系良好。《法兰西晚报》经理、知名人士皮埃尔·拉扎雷夫是业界大鳄，他的妻子埃莱娜是 *Elle* 杂志的创始人和经理。早在乔治担任戴高乐将军办公厅官员时，他和克洛德就与拉扎雷夫夫妇打过交道。

在格拉斯克鲁瓦塞别墅小住几次后，蓬皮杜夫妇已经对圣特罗佩的各种圈子轻车熟路，完全融入其中。乔治的身份是罗斯柴尔德银行经理，他和克洛德很快就被这个薄情寡义的富人阶层所接纳。这些人喜欢说风凉话，目空一切，无忧无虑。

---

[1] 1922 年，菲利普·德·克鲁瓦塞的母亲把家搬到格拉斯克鲁瓦塞别墅，菲利普拥有一栋配楼，他按照自己的喜好把它装修得既奢华又低调。我曾多次与他的儿子皮埃尔和夏尔在那里共度假期。皮埃尔后来成为银行家。

这个小圈子有独特的生存法则,父母是新来者,他们的处事机敏虽然引来一些闲言碎语,但也因此受到了广泛欢迎。他们有强烈的求知欲,人们与之相处感到愉快。在这个与教育、机关、政治完全不同的圈子里,他们同样如鱼得水。这样的生活持续了几年,他们也乐在其中。乔治很享受这种今朝有酒今朝醉的状态,心甘情愿地沉醉其中。

我看到在这个吸引父母的圈子中有形形色色的人,作家、艺术家、画廊主、演员、记者,不胜枚举。奥弗涅堂兄的房子已经无法满足宴客需求,需要另觅一处宽敞优雅的别墅方可接待宾客,而且地理位置要优越。父母想求助于房产中介。弗朗索瓦丝·萨冈和雅克·沙佐[1]向克洛德推荐了大名鼎鼎的苏珊·佩莱。

苏珊·佩莱是位同性恋者,与她的母亲常年生活在法国南部,后定居于圣特罗佩。乔治和克洛德成为她的朋友。她活力四射,善于交际,判断准确,不容置疑,这些特质使她成为行业里绕不开的人物。晚宴和聚会上只要有她的身影出现,她那悦耳的南部口音总能为聊天增添热闹的气氛。克洛德欣赏她坦率自然的性格,她们经常在一起交流对生活的

---

[1] 雅克·沙佐(1928—1993),法国演艺界极具天赋的常青树。1947年,他进入巴黎歌剧院芭蕾舞学校。1956年加入喜歌剧院。同年出版《玛丽–尚塔尔的狗》,书中对势利小人进行了惟妙惟肖的描绘。他是克洛德·蓬皮杜的朋友,身为巴黎高师毕业生的乔治·蓬皮杜很欣赏他诙谐的戏谑和辛辣的嘲弄。1960年出版《苏菲·里帕耶》。1975年出版《沙佐·雅克》。他与弗朗索瓦丝·萨冈是好友,蒂埃里·勒吕龙是他最亲密的朋友。他在巴黎社交圈十分活跃,占有一席之地。他总是妙语连珠,进退自如。他热衷慈善活动,担任克洛德·蓬皮杜基金会老年俱乐部主持人工作,还免费为巴黎市政府定期举办"资深人士"舞蹈班,他是这些人当中唯一会芭蕾舞"绷脚尖"动作的男性舞者。他在属于让–克洛德·布里亚利的蒙蒂永城堡逝世。在他去世后,皮埃尔·贝尔热实现了他的夙愿,在浪漫生活博物馆举办了他的作品和纪念品展。我和母亲都与他建立了良好的关系。他以朋友的身份送给我一幅他的收藏品——格朗维尔的《花样女人》。

第二章　自我肯定：1953—1962

感受。

苏珊·佩莱接受了委托，帮助我父母寻找一处海边的舒适别墅。卡诺贝尔斯海湾"养鸭塘"有两大优势：毗邻海滩，靠近城镇。乔治在那里住了几日，白天可以在埃皮岛海滩俱乐部消遣，到拉马蒂埃尔镇玩地滚球；晚上如果还想继续娱乐的话，可以去埃斯基纳德俱乐部，朱利埃特·格雷科在那里营造出与二战后圣日耳曼德佩酒窖极其相似的氛围，让人悠然自在。不过乔治并不是夜猫子，他更喜欢租一艘当时最时髦的丽娃快艇，乘坐游艇迅速抵达小湾和人迹罕至的海滩，与克洛德安静地泡海水浴。晚上，我们到位于港口尽头的莱·慕斯卡丹餐厅用餐，老板费利克斯对我们礼遇有加，态度亲切自然。

当没有预备晚餐时，克洛德会在招待会开始之前邀请有空的工作人员一起到露台上先喝一杯。她的关怀体贴和细心周到受到朋友们的赞赏。

在这个新环境中，我从18岁至20岁一直过着"黄金男孩"的生活。用竹子搭建小屋已经无法引起我的兴趣，我向母亲借来西姆卡敞篷车，开到圣特罗佩港口，引得路人纷纷侧目。我接上朋友，一起去参加在格里耶举行的通宵派对，那里停靠着许多豪华游艇。派对上名人云集，我也飘飘然起来。

在乔治和克洛德举办的晚宴上，经常可以见到名望很高的法国贵族和意大利上流人士。其他嘉宾包括：当红影星弗朗索瓦丝·阿努尔和她的丈夫乔治·克拉韦纳，他是巴黎重要派对的组织者；萨夏·迪斯特和居伊·贝亚尔，蓬皮杜夫妇曾在西岱岛鸽子餐厅听过他们的演唱；还有古灵精怪的吉兰，她是圣特罗佩晚会疯狂的主持人，在1959年7月31日的《法兰西晚报》"八卦"栏目中，卡芒·泰西耶曾这样描述："在圣特罗佩吉兰酒吧，乔治·蓬皮杜和乔治·克拉韦纳与亲王夫人翩翩起舞……之后他们绅士地回到自己妻子身旁……乔治·克拉韦纳在蓬皮杜先生的耳边低声说，'刚才我们是与亲王夫人共舞，现在要和我们的女王共舞了'。"……

乔治在埃斯基纳德俱乐部拍过几张照片，还有几张是他晚上在沙滩上与巴黎各界名流跳法兰多拉舞的照片，这些照片从未公开过。或许这些照片会让人有些震惊，不过从中恰恰可以看出，爱"揶揄"的巴黎高师人所具有的冒险精神。然而，将军身边还是不乏打小报告的人。

乔治喜欢开快车，弗朗索瓦丝·萨冈出手大方，送给他一辆大马力的英国跑车"布里斯托"。乔治把车交给了一个经验不足的司机，发生了一场重大事故，车报废了。

这个圈子极端排外，雷吉娜和碧姬·芭铎以及她们的家庭都始终未被接纳。

卡诺贝尔斯海湾附近的别墅普遍都有葡萄园，其中最令人心驰神往的是一座名为"星辰"的别墅，位于一段狭长小路的尽头。克洛德很想买下它，但是乔治并未回应。此外，梅萨德利埃农场等也在备选之列。他们每次挑选房子都会邀请朋友一同前往，大家在一起顺便散散心，分享彼此对美好生活的憧憬。

除了夏天在圣特罗佩度假外，他们还会去瑞士格施塔德做冬季运动，希腊航运大亨巴西尔·古朗德里和其妻子、艺术赞助人埃莉斯与他们同行；或是到演员吉恩·凯利在克洛斯特斯的家中做客。这些人同样也是罗斯柴尔德家族的朋友。

尽管阿尔及利亚的难题摆在面前，但是法国经济发展良好，很多人收入可观，可以尽情享受梦幻假期。

第二章　自我肯定：1953—1962

在这个多元、活跃、不受限制的圈子里，母亲感到惬意自在。她展示着自己的魅力，让人们感到愉悦，并且引领着大家。她态度自然大方，经济上的自由让她可以无所顾虑。

父母与罗斯柴尔德夫妇的关系十分密切，他们的儿子大卫是我的朋友。现在，才华横溢的大卫继承了家族银行的事业。

1960年，居伊男爵向乔治提议成为集团合伙人，这意味着可观的经济收入，但乔治拒绝了这个提议。他希望保持个人独立，而且也不愿与将军彻底断了联系，克洛德对此没有丝毫怨言。这件事说明居伊·德·罗斯柴尔德与乔治之间的关系已经非常紧密和稳固。罗斯柴尔德很高兴能发现这样一位不同凡响的人物，对乔治的文化素养和敏捷思维赞不绝口。乔治也很感谢这份职业带给自己的全新视野。埃格蒙·冯·路易伦[1]之女玛丽-埃莱娜·德·罗斯柴尔德也深深折服于乔治的人格魅力。

罗斯柴尔德夫妇去德哈尔城堡，我们全家应邀一同前往。这座中世纪的堡垒经过精心整修，内部装饰尽显贵族气派。我发现每天晚上，城堡走廊里都有大群蝙蝠光顾，但我对此并不感到奇怪。只不过在我们打牌或聊天时，有时会被它们分散注意力。

居伊·德·罗斯柴尔德男爵对夫人玛丽-埃莱娜言听计从。他按照夫人的意见，翻修了位于诺曼底主教桥附近的莫特里庄园。负责庄园赛马活动的骑师身穿蓝色外衣，头戴黄色软帽。玛丽-埃莱娜还亲自参与了家族的费里埃城堡修复的大工程，这是19世纪最豪华的城堡之一。

---

[1] 埃格蒙·冯·路易伦（1890—1960），比利时外交官，出生于荷兰的一个名门望族。他在开罗与埃及女子玛格丽特·纳泰玛拉（昵称"玛吉"）相识并结婚。去世后与家人葬在荷兰德哈尔城堡教堂地下墓室。

1855 年，雅姆·德·罗斯柴尔德买下城堡，拿破仑三世为它剪彩。在那里曾举办过众多豪华庆典。战争期间，城堡遭到洗劫和破坏，需要重新整修，工程持续数年才宣告结束。紧接着，他们又重新装修了位于圣路易岛岬角的朗贝尔公馆，这是罗斯柴尔德家族在巴黎最豪华的住宅。

1959 年，费里埃城堡举行了一场以"睡美人"为主题的舞会，场面令人叹为观止。嘉宾个个华服登场，克洛德也不例外。我当时在场，看到湖面上出现一艘"精灵船"，简直美轮美奂。1970 年的舞会主题是"普鲁斯特"，之后萨尔瓦多·达利还在此设计了一场主题为"超现实主义者"的舞会。

此外，我还参加了狩猎派对，派对要求穿着高尔夫球裤和英国斜纹软呢外套。每位客人不仅有自己的单独卧室，还有专属服务人员，负责收拾和摆放行李，并服侍客人穿晚礼服。女士着及地长裙，男士穿无尾礼服，衬衫的胸衬上别着白金或钻石胸针。

乔治自己没有英国顶级珠宝品牌的"奢华饰品"，但圣诞节会收到这样的礼物。克洛德在这些场合中，通常白天穿舒适的高级时装、定制服装或套装，晚上穿长晚礼服，佩戴香奈儿设计的首饰。她从未买过顶级珠宝品牌的珠宝，只有一条乔治送给她的珍珠项链，陪伴了她一生。

乔治的谈吐充满魅力，吸引了无数漂亮女性，年轻时的维克托·德·加奈、尊贵的克罗伊公主、格雷丝·凯利和奥黛丽·赫本都为他所倾倒。弗朗索瓦丝·德·朗格拉德[1]朝气蓬勃、性格外向，克洛德对她颇为欣赏，她们成了好朋友。

---

1 弗朗索瓦丝·德·朗格拉德（1921—1983），她父亲经营着波尔多一家保险公司，她曾担任 Vogue 时尚杂志的编辑，1977 年与奥斯卡·德拉伦塔结婚。

第二章　自我肯定：1953—1962

玛丽-埃莱娜的母亲玛吉·冯·路易伦是位聪明过人、精力旺盛的女性，她与埃尔韦·米勒（《巴黎竞赛画报》经理）经常通宵打牌。

总之，费里埃城堡的一切都无比奢华完美。

尽管如此，克洛德还是喜欢在家里宴请宾客。去别人家做客总有种束缚感，也不能完全发挥自己的主动性。虽然与玛丽-埃莱娜的关系亲密无间，但她总觉得缺了点什么。

这些应酬虽然令人愉快，却没有任何实际的用处。在克洛德眼中，这一切逐渐演变成一种繁文缛节，让人疲惫。她开始有选择地接受邀请，然而邀约依旧十分频繁。如何拒绝也很棘手，为了无须找借口，她干脆经常去奥维利埃，在那里与家人聚会。

然而，我父母与罗斯柴尔德男爵夫妇之间发生了一场风波，由此可以看出，即便在他们私人关系的蜜月期，他们的相处也是需要分寸的。

那时，乔治只有一次前往大西洋彼岸的经历，那次是代表戴高乐将军出访加拿大。他还带回一件海狸鼠大衣，克洛德很喜欢，有这件大衣就可以抵御冬季的严寒。1960年之前，他们从未到访过美国。

由于同罗斯柴尔德夫妇的良好关系，同时也是工作上的需要，两家人决定一起赴纽约旅行。

我父亲对新世界并不是很感兴趣，一直犹豫是否要去这个遥远且自己对其历史和文化知之甚少的国家。与乔治不同的是，居伊·德·罗斯柴尔德小时候的家庭教师是英国人，因此对伦敦社会了如指掌。况且，纽约还有他的家人和朋友，那里是他的避风港。他的夫人玛丽-埃莱娜在纽约出生，并在这座城市度过了青少年时期。

对预先安排好的日程和外出活动，克洛德直觉上担心太受约束。不过，因为罗斯柴尔德夫妇的缘故，她见到了一位非比寻常的人物——多米尼克·德·梅尼[1]，这位富甲天下的施伦贝格家族女继承人是当代艺术赞助人，与库蒂里耶神父关系密切，还是马尔罗一家以及许多画家的朋友。

纽约深深吸引着克洛德，但她还是希望有一定的独立空间，不愿被过于密集的社交活动左右。然而，该发生的事情还是发生了。

一天傍晚，乔治的公务活动刚刚结束，离晚餐还有一段时间。此前，克洛德已经陪玛丽-埃莱娜与她的朋友待了很久，本来应该各自去休息，但最终大家还是决定打桥牌。母亲不情愿地留下打牌，打得很糟糕。玛丽-埃莱娜受家庭遗传影响，打得非常专业。乔治和罗斯柴尔德男爵在旁观战，但他们没有注意到男爵夫人对克洛德的心不在焉怒火中烧。在她的搭档屡次出错后，玛丽-埃莱娜开始埋怨她。克洛德早已疲惫不堪，失去理智，把牌一下扔到她的脸上！

克洛德的脸因愤怒而涨得通红，玛丽-埃莱娜则气得面色煞白。场面陷入尴尬，牌桌上其他人起身离开。乔治先让妻子恢复冷静，然后向居伊·德·罗斯柴尔德表示歉意。他用幽默的方式为玛丽-埃莱娜解围，对方也欣然接受。但是，两位夫人之间曾经建立的默契荡然无存，但这对于两位如此强势的女性来说也不足为奇。

在后来的相处中，她们都尽量克制自己的脾气。母亲自然要努力修复两人之间的关系，但是玛丽-埃莱娜因为欣赏我父亲的才华，反而与

---

[1] 多米尼克·德·梅尼（1908—1997），美籍法国人，艺术收藏家，纽约梅尼基金会和休斯顿梅尼收藏博物馆创办人。库蒂里耶神父对她产生了深远的影响，把她带入当代艺术和原始艺术的世界。她与我母亲有着共同的爱好，双方保持着密切联系，她们之间有过短暂不和。多米尼克·德·梅尼把未来蓬皮杜当代艺术基金会带入了正轨（但她坚持采用"波布尔基金会"这个名称），让-弗朗索瓦·德·康希后来化解了这一分歧，她们之间的友谊也未因此造成损伤。她们都是充满智慧、有真知灼见的女性。

第二章　自我肯定：1953—1962

他的关系更加亲近。

我们搬到贝蒂纳堤岸的公寓后，生活环境发生了彻底改变。每天都可以欣赏塞纳河畔的美丽景色，看着塞纳河上川流不息的船只，在阳光的照射下，船只的光影通过水面反射到天花板上，仿若身处威尼斯一般。

这一时期，尽管父亲从事着新的工作，但是戴高乐将军并没有忘记我们一家。克洛德从各种迹象中感觉到，将军与乔治之间的交情依旧深厚。1954年，戴高乐多次向她的丈夫表达信任之情，这也重新燃起乔治对政治的热情。母亲还得知将军给夏尔·弗拉帕尔[1]写过一封信：

"……我认为，十年以来，法国从未像现在这样更有可能解决海外问题和阿尔及利亚问题，只要法国的政治制度能够体现其经济和人口活力。不幸的是，我们现在距离崛起还很遥远。在厉害且一致的政客的合谋下，我们国家放弃了让一位在海外有着巨大威望和国际影响力的人物发挥作用，这让我感到困惑。"[29]

乔治没有直接参与将军重返政坛的幕后策划，但他清楚事情的进展，克洛德也知道有人在谋划大事。1958年6月15日，将军重出江湖，随即任命乔治担任总理之职，这出乎所有人的意料。

克洛德情愿相信这次任命只是将军的权宜之计，而且认为乔治并不愿与新结交的朋友断绝联系。对这个突如其来的插曲，她从内心深处甚至有些高兴。她丈夫借此机会可以与其他戴派朋友重叙旧情，回到将军身边工作，并且未来的工作与银行又毫无瓜葛。这项任命也让她至少可以暂时摆脱束缚，无须为那些身不由己的应酬而烦恼。

---

1 夏尔·弗拉帕尔，社会党人罗贝尔·拉科斯特的民事办公厅副主任，1956年2月，居伊·摩勒任命他为常驻阿尔及利亚外交代表。

这一时期，第四共和国的元老仍然占据着议会绝大多数席位。将军身边的一批亲信在米歇尔·德勃雷[1]的牵头下运筹帷幄，起草宪法。乔治有在法国最高行政法院的工作经验，因此他密切地参与了宪法的制定，作为制宪委员会成员，负责修改宪法文本。与此同时，他还成功地实施了一项重建国家外汇储备的财政政策。他深得将军信任，全方位参与政府工作，很快就成为不可或缺的人物。

"实际上，1958年下半年，乔治·蓬皮杜已经成为法国的主人。"[38] 罗贝尔·舒曼的前助手雅克·德·波旁-比塞如是说。[29-33]

尽管总理的工作繁忙，但我父母并没有中断与巴黎各界的社交关系。在权力的光环下，费里埃城堡向他们发出的邀约更加频繁，猎奇者、商业精英和时尚达人纷至沓来。

在拉扎雷夫家的周日午宴上，除了被莫尼克·博洛雷[2]形容为"酱底"的几位常客外，许多热门人物都会出现，借机与人结识，交流观点。

拉扎雷夫夫妇在来宾中穿梭，与要客问候寒暄。在那个年代，新闻都是以"手写纸条"或者电话的形式传递。作为《法兰西晚报》的经理，皮埃尔·拉扎雷夫经常收到最新消息，宾客随即展开评论。他把纸条和电报塞在上衣口袋里，外套都被坠得变了形，像两个褡裢一样垂着。在卢韦斯内奇城堡花费的这些午餐时间会对乔治很有帮助，可以及

---

1 米歇尔·德勃雷于1959年1月8日至1962年4月14日担任法国总理。
2 莫尼克·博洛雷是米歇尔·博洛雷（1922—1997）的妻子，布列塔尼人，最早的戴高乐派分子。她的父亲以OCB阻燃卷烟纸发家，为七星文库提供精美的印刷纸张。她的儿子樊尚在布列塔尼开发了膨胀型聚丙烯，这种轻薄耐用的材料可用于加工茶包袋，还可以加工电动汽车的高性能低电阻电池，目前已在全世界范围内得以广泛应用。

第二章　自我肯定：1953—1962

时掌握人们对政府刚出台的政策的态度，为次日的会议纪要提供素材。因此，这些聚会都有不可替代的重要性。

克洛德被快乐所包围。她甚至变得积极主动起来，尤其喜欢那些与银行和政治无关的活动，每次交流都能带给她精神上的升华。埃莱娜·拉扎雷夫及其朋友也成了我母亲的朋友。

我父亲越来越忙，经常无法出席活动。克洛德身边有了固定的朋友圈，这些朋友都很欣赏她的个人魅力，欣赏她的坦率直言和批判精神。她也变得更加自信，成为一位举足轻重的人物。但与我在一起时，她又是温柔慈爱的，我们彼此谁都离不开谁。

六个月倏忽而过，戴高乐当选法兰西第五共和国第一任总统。按照与将军达成的协议，乔治重返银行，虽然略感遗憾，但仍然兑现了自己的诺言。

作为新任国家元首，在与勒内·科蒂进行权力交接之日，戴高乐将军来到凯旋门下，点燃无名战士墓的火焰，然后登上敞篷公务车，驶过香榭丽舍大街。我和母亲守在黑白电视机前观看这一历史性的时刻。乔治陪同将军结束凯旋门的活动后，准备乘坐后面的车辆。但是，只见他身边出现了一阵骚动，随后他登上了一辆敞篷车，并排坐在新任共和国总统的旁边，我们感到惊愕不已。母亲对我说："快看。"她对这位自由法国的领导人的行事方式已经观察了近15年，直觉告诉她，这绝不是单纯对父亲所做贡献的一种感谢（将军可以通过信函或其他私下方式表达感谢）。在这个庄严的时刻，这位伟人希望聚集在香榭丽舍大街上的人们，以及守在电视机前的法国人，都能注意到自己最亲密的伙伴。就这样，乔治·蓬皮杜在没有丝毫准备的情况下，具有象征意义地承担起国家的命运。

父亲回到罗斯柴尔德银行后，仍然与将军保持着密切联系。由于政治局势的影响，他们之间的关系变得更加紧密。1960年，阿尔及利亚的战争还没有结束。要求维持现状的人行动起来，一年后创建了秘密军队组织（OAS）[1]。

1960年2月13日，乔治在给朋友罗贝尔·皮若尔的信中写道："由于政治原因，我们不时会收到一些恐吓信。"[29] 多么轻描淡写！事实上，我和母亲已经上了绑架名单。出于安全的考虑，安保人员经常把我们带到陌生的地方。我们每人都持有一本姓氏为"波米耶"（Pommier，意为苹果树）的假护照。

有一次，我们被带到布列塔尼地区富埃南市的"斯唐庄园"。每天晚上，父亲都会打来电话。母亲把自己关在电话亭里，听到有人喊"波米耶夫人"，她才从里面出来。在离开酒店时，她接到通知，要求她填写一份警察局的记录档案，但是酒店忘记给她了。她对烦琐的安保措施不胜其烦，等终于填完表格后，她签下大名——"普瓦耶"（Poirier，意为梨树）！经理吃了一惊，告诉她签错了。克洛德回答道："这个完全不重要。"对方继续说道："但是，夫人，这些资料要交给坎佩尔市警察局。""不用担心，警察局知道该怎么办！"母亲背好包，带着我上车，离开了酒店。面对这种特殊情况，她仍然保持着云淡风轻的态度！

克洛德感觉被政治的枷锁紧紧束缚，喘不过气来。她只有沉浸在阅读中，流连在艺术画廊里，或是逛百货商店，或与时装设计师见面时，心情才能得到短暂的慰藉。

1　1961年2月成立的地下机构，随后爆发将军政变（4月21日）。该组织一直持续到1962年阿尔及利亚独立为止。

第二章　自我肯定：1953—1962

阿尔及利亚战争造成惨重的损失。米歇尔·德勃雷坚决反对阿尔及利亚独立，但是将军赞成与阿尔及利亚民族解放阵线（FLN）[1]进行谈判。

将军委托乔治·蓬皮杜与阿尔及利亚共和国临时政府（GPRA）[29]进行非正式接触。

父亲收到一份详细的谈判指令，外交部高级官员布鲁诺·德·勒斯也收到一份同样的指令。父亲两次前往瑞士。1961年2月20日，在卢塞恩参加两国会谈；3月8日，在纳沙泰尔参加两国会谈。这两次任务都是绝密行动，乔治用的是假护照。由于他的辨识度很高，为了不让人认出，他还特意做了伪装，贴了假胡子，戴了一顶宽边帽。在火车上，他恰巧遇到出差的米歇尔·博洛雷。显然，后者认出了他，想与他打招呼，于是走入车厢与他说话。乔治藏在帽子和报纸后面，一声未吭。米歇尔·博洛雷没有纠缠不休，但是他第二天还特地向克洛德确认。然而，母亲对这一切并不知情……

几个月后，1961年4月，阿尔及利亚爆发军事将领们的叛乱。母亲得知法国秘密军队组织打算"除掉"不承认阿尔及利亚属于法国的戴高乐将军的密使。秘密军队组织在奥维利埃教堂策划了一场暗杀，但以失败告终，因为那个星期天我父母去了附近市镇的教堂做弥撒。安保人员在忏悔室里发现了一名携带步枪的激进分子，立即把他控制起来。

克洛德很清楚丈夫与将军之间的关系比以往任何时候都更加紧密。她发现乔治对银行事务越来越不感兴趣，不过他还是回绝了担任国民教育部部长和财政部部长的提议。

1　阿尔及利亚的一个政党，成立于1954年，目前为该国执政党。——编者注

1960年12月27日,他给朋友罗贝尔·皮若尔写信道:"我有时候也会厌倦。我很清楚这没有解决办法,经验证明,在平静的家庭生活和新处境所带来的无法回避的震荡生活之间没有平衡之道。"[29]

他并不打算离开银行,这既是出于对罗斯柴尔德家族的忠诚,同时也有物质方面的考虑。为了保持思想的锐利,1960年,他开始编撰一部法国诗歌选集,这也成为属于他的个人标签。

一年后,这部作品出版。他在序言中详细阐述了自己选择诗歌的标准,以及入选诗歌对他个人产生的影响。[22-29]

虽然乔治让克洛德参与了马尔罗作品集的编撰,但是这部诗歌选集却是由他独自完成的,其中所选的都是他自己最为熟悉的诗歌。

1960年5月3日,戴高乐将军与夫人应邀在贝蒂纳堤岸出席我们的家庭晚宴。

将军同每个人逐一交谈。他对周围的环境并不在意,对在场的人更感兴趣。我当时还是个年轻大学生,他这样问我:"医生,医学进展如何?"那时候,还没有人叫我"医生"。我先是一愣,然后窘迫地介绍了我的职业,我的回答只能勉强让他满意……

母亲在一个崭新的皮面金边笔记本中记录了这个难忘的时刻。晚宴结束后,每位来宾都签名留念。我们只有两次家宴设过签名环节,另一次是宴请著名艺术家和社会名流时。事后,戴高乐夫人给克洛德发来一封热情洋溢的信,感谢"与您的家人度过了一个愉快的夜晚"。

这些资料都珍藏在我们的家庭档案中。

克洛德更加注重保持自我独立性,这是她过去多年总结的经验。她在巴黎社交圈愈加如鱼得水,结交了大批朋友。她过着极度舒适的生活,化着精致的妆容,频繁出入高级时装屋。

第二章 自我肯定：1953—1962

克洛德从香奈儿身上学会了如何选择适合自己的服装，而且知道该怎样配合时装设计师。她每周都需要出席多场宴会，因此经常去理发店做发型，逐渐成了帕特里克·阿莱斯——一个自学成才的青年企业家的常客。他把自己研制的植物洗发水装在手工玻璃瓶中，他的做法激发了我母亲对植物产品的热情。克洛德劝说我和父亲使用这种产品，为了让头发变得更强健！父亲不愿去时髦理发店里剪发，但理发师提供上门服务，他也不再抗拒。我则把所有希望都寄托在这些洗发液上，虽然对我来说洗发液的香气过浓，但确实对我的早秃有治疗功效。经过50年的实践创新，帕特里克·阿莱斯白手起家，创建了蜚声国际的发朵公司（Phyto）。如今，阿莱斯集团已经研发和生产出全套美容产品。

克洛德对店里另一位才华横溢、性格开朗的年轻员工诺贝尔·奥塔加也颇有好感。她与自己的这位专属理发师成了朋友。诺贝尔·奥塔加为母亲做出的发型，既适合她的脸型，又能展现出她的个性。虽然有时候克洛德会戴着墨镜，避免被人认出，但其实店里人人都认得出她。

父亲希望母亲少去理发店，这并非对母亲的苛责，而是担心她听到太多他不愿让她知道的事情，尤其是一些批评的文章。父亲深知母亲极度敏感，因此想尽量保护她。

当时，乔治身兼三种身份，自然会被人攻击。他是"时尚的"银行家；他是文化名人，由他主编的《法兰西诗选》大获成功；他还是权力核心的政治顾问。1958年，他是总理办公厅主任，回到罗斯柴尔德银行后又担任重要职位，这必然引起别人的嫉妒，流言蜚语在巴黎坊间传开，人们甚至对他的社交圈也冷嘲热讽。然而，克洛德想要了解的正是政界和无情的巴黎上流社会的真相。因此，她努力做到知情，但对于传闻中他们可能就任的官职却不放在心上。

1961年底，发生了一件令人失望的事情。父母租住的贝蒂纳堤岸公寓要出售，价格并非高不可攀，他们完全有机会买下来。然而乔治拒绝向自己任职的罗斯柴尔德银行贷款。他那时已经了解将军的意图，于是态度坚决地告诉克洛德："一个要当总理的人不能买房子！"[28]真是此一时，彼一时。母亲在自己的回忆录中换了一种说法："在政不言商！"其实父亲的原话就很好。她的担心得到了证实。我们之间无话不谈，她曾对我吐露心声，很遗憾最终没能拥有这套自己倾注极大心血的房子。但直到今天，我仍然对父亲的决定感到骄傲。

乔治被正式任命已成定局。在此之前，克洛德更有理由充分享受为时不久的自由。1962年2月17日，乔治送给她一辆保时捷356。

他们到圣特罗佩度假，出席罗斯柴尔德家族举办的宴会，参加拉扎雷夫家的午宴。他们是马塞尔·布勒斯坦－布朗谢[1]的座上宾，在阳狮集团与巴黎各界名流一起观看内部放映，其中包括前警察局长安德烈-路易·杜布瓦与其女伴——人称"长舌妇"的卡芒·泰西埃。卡芒·泰西埃在《法兰西晚报》写专栏，作品以辛辣而闻名，但她认为我父母很特别，对他们的态度一直很谨慎。

在签署埃维昂协议后，将军与米歇尔·德勃雷之间再也无法达成共识。米歇尔·德勃雷虽然忠实可靠，但过于坚持自己的立场，大家都清楚，政府重组势在必行。

---

1 马塞尔·布勒斯坦－布朗谢（1906—1996），1926年创建阳狮传播集团（Publicis Groupe，法国最大的广告与传播集团）。参加过抵抗运动，后以布朗谢的化名加入自由法国部队（FFL），获得二战十字勋章（1939—1945），其法国荣誉军团勋章晋升至高级军官勋位。1960年创建职业基金会。

【第三章】

义无反顾——
任重道远与无可奈何：1962—1969

总理：使命感

1962年3月，将军召见我父亲，让他担任总理职务。

当晚，我在家里旁听了一场热闹的、几乎是激烈的辩论。我们在贝蒂纳堤岸的客厅里，那里的春日落得很慢。父亲宣布："将军告诉我，他打算委任我担任总理一职。"这是克洛德一直不愿听到的消息，现在却成为事实，犹如高悬的断头台铡刀终于落下，她的面色顿时变得苍白。乔治几天以来异常忙碌，面露疲惫之色。他处于两难境地，既想让妻子享受舒适愉快的生活，又想投身国事，助将军一臂之力。对他而言，最大的苦恼在于妻子将勉为其难地承担许多责任。母亲默不作声，似乎有点喘不过气来。

乔治在客厅里踱来踱去，手扶在家具上，好像这样能更好地分析当下和未来的形势。

"我们该怎么办？"克洛德不知所措地问道。

"我还在犹豫。这既是荣誉，也是责任。"父亲低声说道，语气里有着无法掩饰的焦虑。

克洛德回顾了他们在马赛和普罗旺斯的幸福时光，在奥维利埃的家庭生活，以及搬入贝蒂纳堤岸寓所带给他们的成就感和快乐。她从内心深处认为，只要夫妻志趣相投，一家三口生活在一起，无论遇到怎样的挫折都无所畏惧。她从不以离婚相威胁。而我当时已经20岁，在医学院学业优秀，也不会成为她的牵绊。巴黎的上流生活纵然愉快惬意，但是她并不为其表面现象所蒙蔽。不过，这些都不是症结所在。虽然她具有强烈的责任感，但这个责任对她而言过于重大。

这真是戏剧性的一幕。面对如此难得的机遇，父亲的内心却矛盾重重。他当时因出版极具个人风格的《法兰西诗选》一书而名声大震，渴望在政治之外的领域一展身手。

他对兴趣爱好和舒适生活的追求，以及对妻子的爱恋，甚至要比向将军效忠更为重要。因此，他必须找到一个能让自己下定决心的理由。他温柔地注视着克洛德，压抑着内心的慌乱，以一种坚定的口吻说道："我们不能拒绝将军的任何要求。"这个理由让人无可辩驳。乔治·蓬皮杜就像古典悲剧中那些人物一样，听从了命运之神的安排。

母亲眼前浮现出将军伟岸的身影，这是她仰慕了近二十年的伟人。戴高乐夫人的形象一瞬间也闪现出来。她写道："我只能自己适应。我始终对丈夫绝对信任，从不质疑他的选择或决定，即便我并非心甘情愿。"[28]。

她只得赞同丈夫，但附加了一个条件："你说得对，即便我要做出牺牲，我们也必须接受。不过，我们不搬家，还是住在贝蒂纳堤岸。"这件事易如反掌，还可以合理兼顾工作和生活。父亲以前和我提到部长官邸时就说过："我可绝不住办公室。"

我经常看他们遇事时共同商量，但这次的曲折程度还是出乎我的意料，让我很震惊。他们的质朴真诚给巴黎上流社会留下了深刻印象，现在突然要告别这一切了。克洛德后来也毫不掩饰对政治的厌恶："我向来都厌恶政治。从政的人有时会遭人憎恨，还身不由己地要与他人斗争和竞争……"[13]然而，她的丈夫毅然走上了这条不归路。1962年4月4日，乔治·蓬皮杜成为法兰西第五共和国第二任总理。

第三章 义无反顾——任重道远与无可奈何：1962—1969

马提尼翁宫的新做派

戴高乐将军得偿所愿，政府和内阁很快完成重组。

米歇尔·若贝尔[1]接替弗朗索瓦-格扎维埃·奥尔托利担任将军办公厅主任。爱德华·巴拉迪尔[2]负责社会事务。马德莱娜·内格雷尔（1945年起担任乔治·蓬皮杜的秘书）和若塞特·伊里戈扬（与贝尔纳·德·马丁尼结婚，退休后与丈夫生活在比亚里茨）负责日程管理。安娜-玛丽·迪皮伊由父亲招入银行，准备做他的接班人，1963

---

[1] 米歇尔·若贝尔（1921—2002），毕业于巴黎政治学院和国家行政学院，外交官兼政治家。他1942年应征入伍，随后与弗朗索瓦·卡斯泰（乔治·蓬皮杜的妹夫）共同参加意大利战役，1944年8月在普罗旺斯登陆。之后担任审计法院助理稽核，1971年晋升为稽核长。1952年至1956年担任皮埃尔·孟戴斯-弗朗斯的助手。1966年1月至1968年6月担任乔治·蓬皮杜总理办公厅主任，随乔治·蓬皮杜暂时避退到位于拉图尔-莫堡大街的办公室。1969年6月担任总统府秘书长。1973年至1974年担任外交部部长。1974年，瓦莱里·吉斯卡尔·德斯坦当选总统后，创立了民主运动党。在1981年的总统选举中，支持弗朗索瓦·密特朗。之后担任外贸部部长，1983年辞职，退出政界。1979年至1999年出版多部政治著作和个人回忆录。

[2] 爱德华·巴拉迪尔，生于1929年5月2日，毕业于巴黎政治学院（1950年）和国家行政学院，曾担任国家行政法院委员，1964年进入乔治·蓬皮杜总理内阁，负责社会事务。1968年6月，与雅克·希拉克共同牵头格勒内尔谈判。他深得乔治·蓬皮杜欣赏，1968年9月至1969年5月，随乔治·蓬皮杜暂时避退到拉图尔-莫堡大街。他在乔治·蓬皮杜1969年6月的总统竞选中发挥了积极作用，选举结束后，担任爱丽舍宫副秘书长，成为米歇尔·若贝尔的助手。1973年4月，米歇尔·若贝尔被任命为外交部部长，他随即成为总统府秘书长。乔治·蓬皮杜总统对他倍加信任，他们之间建立了密切的私人关系。作为乔治·蓬皮杜生前最后两年最重要的亲信，他把这段经历写入了自传《权力的悲剧》[2]。他对乔治·蓬皮杜总统格外忠诚，对我母亲也始终如此。1989年，为纪念我父亲，在他的提议下，乔治·蓬皮杜协会成立。在他担任总理期间，我成为内阁成员，并于1993年3月29日至1995年5月11日期间担任科学顾问。

年，担任总理办公厅主任。西蒙娜·塞尔韦负责与媒体打交道。我叔叔亨利·多梅尔担任教育总督察，负责教育事务。

各种挑战随即扑面而来。乔治在国民议会发表的政策演讲效果不佳，重重困难凸显出来。克洛德这时会想到戴高乐夫人："她在履行义务方面比我态度积极，是一位具有责任心的女性，但不会刨根究底。她教会我如何观察别人，看清他们的为人。她还建议我戴帽子！……"[28]

马提尼翁宫对礼宾做了相应安排。母亲与官邸总管进行沟通，以便能够兼顾公务活动和私人生活。她有专职司机和警卫，告诉他们自己日常住在贝蒂纳堤岸。

母亲决心接受命运的安排，不过她还是会每周在家中举行一两次晚宴，并尽可能前往奥维利埃度过周末。到了狩猎季节，我和父亲会在尚博尔、朗布耶或者马利这些全法最美的城堡领地愉快地会合。克洛德对这项"运动"并不热衷，因为这让她联想到政治！

他们在1962年2月购买的那辆保时捷平时停放在贝蒂纳堤岸，去奥维利埃时他们就开这辆车。每周五晚上，母亲开车到马提尼翁宫去接父亲。他们会为谁当司机争执一番，不过最后还是由乔治决定。那时，公路没有限速，随行的警卫车经常追不上他们。他们该换车了！

星期六，司机和警卫用公务车把总理批示过的文件带回巴黎，然后再把当天上午助手们提交的待批件送到奥维利埃。星期天是休息日，不论打台球，还是下棋，克洛德都会积极响应。

父亲入主马提尼翁宫几个月后，我的外祖父突然去世。克洛德和妹妹雅姬悲痛万分，不过她们身上的担子也减轻了。自从1961年玛丽离世后，她们再也找不到一位既工作称职，又能容忍"暴政"老人的护工了。

第三章　义无反顾——任重道远与无可奈何：1962—1969

我对外祖父怀有特殊感情，选择医学也是受到他的影响。外祖父的葬礼在夏托贡蒂埃市中心的圣雷米教堂举行，我一直护送他的灵车到那里。许多人前往葬礼现场，有的人是为了表达对卡乌尔医生的谢意，有的人是出于对总理的好奇。葬礼规格很高，当地重要人物纷纷出席。中殿挂着的绣银色丝线的黑色横幅，给我留下了深刻的印象。母亲和小姨身穿孝服，黑色面纱遮面，这是当时的葬礼风俗。

我很伤感，克洛德对此完全理解。她温柔地劝解我，努力抚慰我的哀伤，自己却不让别人安慰。我那时才意识到，我在外祖父身边度过了多么快乐的童年，在他的关爱呵护下，我得以自由自在、无忧无虑地成长。

在葬礼仪式上，人们对逝者极尽溢美之词，这让姐妹俩深感欣慰。她们的父亲为这座城市鞠躬尽瘁，但她们却离开了这里。

回到巴黎，母亲投身于各种公务活动。与此同时，在她和乔治的共同努力下，马提尼翁宫的私人公寓和会客厅终于变成了她的风格。国家动产局负责为总理府搜寻当代艺术家的作品，其效率是乔治和克洛德以个人身份所无法企及的。总理办公室挂上了皮埃尔·苏拉热的巨幅画作，取代了之前一幅18世纪的肖像画。这幅由深深浅浅的黑色构成的绘画丰富灵动、异乎寻常，访客纷纷驻足欣赏，陷入无限遐想。有些人瞠目结舌，不过这就是"蓬皮杜风格"。

我和父母挑选了马克斯·恩斯特和尼古拉·德·斯塔尔的两幅大作。我们私人公寓里原来那些不舒服的家具让位于现代风格的扶手椅和沙发，旁边摆放着一张由伊夫·克莱因设计的有机玻璃矮桌，里面装饰着金箔。在明快的背景衬托下，书架和壁炉上的精美古籍显得熠熠生辉，地板石材闪闪发光。马提尼翁宫用了六个月的时间焕然一新，对于新的装修风格，人们评价不一，可谓毁誉参半。尽管如此，克洛德却信心十足，竭尽所能地扮演好女主人的角色。

卡雅克：愉快的体验

我们在凯尔西地区洛特省卡雅克市买了一处房产，这座位于广袤的喀斯高原上的偏僻农庄改变了我们的生活。

克洛德与弗朗索瓦丝·萨冈的妹妹苏珊成了朋友。苏珊的丈夫是家乐福集团创始人雅克·德福雷，在赴美国考察后，率先在法国开设"超市"。我父亲大力推动法国消费社会的逐步形成，而雅克·德福雷是积极参与者之一。

卡雅克市是萨冈姐妹的家乡，她们的母亲在当地有土地，舅舅保罗·洛巴尔德·巴拉斯克[1]在邻近的苏扎克市也有一处庄园，位于洛特省的边界。一天，苏珊终于让克洛德下定决心，去保罗舅舅家做客。画廊主雷蒙·科尔迪耶是克洛德的至交，受邀同行。我母亲很喜欢这些官方活动之外的社交，只有与最亲密的朋友在一起，她才能无拘无束地展现真性情。他们下榻在保罗·洛巴尔德的庄园，这座宅院的壁画由让·苏韦比所创作，他是伟大的学院派画家、法兰西学院院士让－保罗·劳伦斯的学生！管家身穿制服，在大门外迎候来宾，主人随后现身。保罗·洛巴尔德的妻子莉莲是位出色的骑手，经营着一个马术中心，负

---

[1] 保罗·洛巴尔德·巴拉斯克（1899—1987），弗朗索瓦丝·萨冈的舅舅，创办了一家运输企业。在乔治·蓬皮杜的支持下，他担任了巴黎商会会长（1971—1977）。我和他儿子布鲁诺是朋友。

第三章 义无反顾——任重道远与无可奈何：1962—1969

责安排当地的骑马游览活动。那时从巴黎开往图卢兹的卡皮托利号还在运行，他们乘坐这列火车抵达卡奥尔车站后，受到她热情周到的接待。

他们随即讨论第二天的行程。克洛德一直记得1960年12月乔治写给朋友罗贝尔·皮若尔的一封信："我正在考虑买个小农场，在那里可以给鸡撒谷子，给奶牛喂干草，可以吃到不带鱼腥味的鸡蛋、不打激素的鸡肉、纯天然的黄油和牛奶，等等。以后要想像1850年的小农场主那样生活，都会是种奢侈！"[29]

为了投石问路，克洛德随口建议："我们何不去看看房子？"

于是，行程就这样确定下来。他们约公证人阿尔芒·鲁次日一起喝咖啡。阿尔芒·鲁从业多年，认识当地每个人，他性格幽默，很有见地，带他们参观了当地所有漂亮的农庄。

母亲兴致勃勃地参观了许多令她产生无限遐想的房子，她思绪万千，心里做着各种规划。"我喜欢房子，（梦想）在法国各地都有自己选中的房子。"[27] 她这样写道。父母在这方面志趣相同，我也继承了他们的"癖好"。

晚上，他们在一起边喝开胃酒边聊天。克洛德听完每个人的意见后，借用她丈夫的话说道："我想找一个古朴的农场，在里面有马厩，可以养鸡，还能牧羊。"大家一时间陷入了沉默，直言不讳的雷蒙·科尔迪耶用其有穿透力的嗓音说道："公证员先生，您是不是以为蓬皮杜夫人要找的是豪华别墅，还要有猎兔狗看家护院！其实不然，她的要求很简单，她只是想摆脱巴黎的纷扰！"

第二天，他们开车走上一条几乎无法通行的道路，到达一处山口时，展现在眼前的是一望无际的喀斯高原景观，绵延至康塔尔峰，简直就是世外桃源，还可以看到媲美希腊的蓝色天空。克洛德被这个地方深深吸引，这里让她自然而然联想到乔治。他是康塔尔的农家子弟，阿卡迪亚[1]的牧羊人,喜欢朗诵希腊诗人的作品,在罗斯柴尔德家做普鲁斯特问卷时,他曾回答,幸福就是"夜晚坐在炉火旁,有爱人陪伴"[31]。

公证人带母亲看了两处条件简陋的房子,一处破败不堪,另一处可以勉强居住。房主用古老的大钥匙打开房门。农场始建于1850年,以前住在这里的是贫苦的农民、牧羊人和贫瘠牧场的养护者。地面碎石凌乱,田间混杂着薰衣草和几株葡萄藤。农场整体占地约一百公顷,按照"每公顷养一只羊"的理念设计。克洛德喜出望外,马上询问农场价格,房主要价一万五千法郎。她把公证人拉到一边,对他说道:"先生,我很满意,想把这两个农场都买下来。我先给您一张支票作为定金,然后让我丈夫来看看。他一定会喜欢的。"她已经开始计划新的度假生活……

星期天晚上,母亲返回贝蒂纳堤岸,我和父亲都在家。我来向他汇报自己的学业情况,只见母亲冲我们飞吻后,去房间放行李。不一会儿,她回到我们身边,容光焕发:"乔治,这个周末真是太棒了!洛特省美不胜收,天然质朴,风景秀美,还有希腊的阳光……你肯定会喜欢。"她接着说道:"我买了两个农场,还有农场附近的土地……"

父亲大吃一惊:"不用我看看房子再定?"

"没关系,我和你一起去。价格很低,而且,阿兰也可以有自己的房子了!"

"交通如何?"

"我不清楚。那儿没有公路,都是土路,墙是用石块砌成的,视野极好,能看到喀斯高原,在洛特省的山谷上,一切都是我们喜欢的。"

"定个时间,让阿兰和我们一起去看看。"他回答道。

父亲明白,既然妻子如此喜欢那里,那什么都无法阻挡她。

---

1 在西方的传说中,"阿卡迪亚"是一处世外桃源式的乐土。——译者注

第三章 义无反顾——任重道远与无可奈何：1962—1969

其实，乔治内心觉得自己亏欠了妻子。在接受总理职务这件事上，克洛德虽然表示同意，但却要为此承担种种束缚，克服重重困难。父亲希望求得母亲的谅解。

第一次踏足农场，乔治就被彻底征服。那里的阳光的确如同希腊的一般，依稀还能看到康塔尔峰，田野里可以放羊、养鸡，能够吃到新鲜鸡蛋……房子很质朴，但可以修葺。屋内有一阶石梯，客厅中有石凳和大壁炉，还有一间带阁楼的客房。对一家人度假来说，空间绰绰有余。屋子的对面是一个斜屋顶的大鸽舍，鸽舍的后面，爬上一条小坡路就是磷矿山。这里广袤深邃，有时让人惴惴不安，据说"卡雅克之狮"曾隐身此地，自然历史博物馆收藏了这座矿山的化石。

父亲的手搭在我肩上，与我分享他的快乐。克洛德与苏珊·德福雷忙完后来到我们身边，共同商量房屋整修计划。我们迈着一致的步伐，经过一条不成路的路，走了几百米就能看到另一座废弃的农舍，视线丝毫不受遮挡。我们走进屋内，房主在等候我们，他带我们参观了一个大房间以及对面的两间卧室，卧室里配有胡桃木床，上面铺着"玉米苞"制成的床垫。房间里没有生活设施，也没有铺设电线，只有一个旧陶瓷灯泡凄凄惨惨地吊在灯罩下。壁炉前有张桌子，上面摆着一个放面包片的木架子。过去人们会把面包片泡在汤里，然后用挂在壁炉上的炖锅加热。这种简单朴素而真实的内部陈设让我们如获至宝。克洛德的眼神热切、坚定且温柔，我们的目光交织在一起。克洛德说道："这个房子给阿兰。""这给他再合适不过。"乔治紧接着补充道。他对能让我体验他的祖父、父亲以及他儿时的成长环境而感到高兴，这里与康塔尔省几十公里外的莫尔相似。我也难掩喜悦之色，似乎已经看到自己与伙伴们一起来到喀斯的土地上，过着当地农民的生活，远离了城市和学业……我继承了母亲那种"不忘本"的性格。[27]

签完购买合同后，我们返回保罗舅舅的农庄，他妻子莉莲已经让人用自家农场的产品做好晚餐，甜点是当地的一种有茴香味的千层糕，配酒是优质的卡奥尔红葡萄酒。

第二天，我们乘坐卡皮托利号列车回到巴黎。司机和警卫员开车返回首都，总理购买这处简朴的房子让他们感到费解。

乔治在应对变幻莫测的政治风云和各种挑战的同时，开始着手房屋的整修工作。该项工程由卡雅克当地建筑师雅克·普雷沃承担。他对喀斯了如指掌，尤其钟爱石头砌成的墙体，他制定了废旧农场及其附属建筑的改造方案。根据他的方案，谷仓被改为客房；鸽舍被改成音乐室，里面摆放一张大长桌，配以长凳，可容纳15人共进晚餐；蓄水池被改造成游泳池，庭院中央留作露台，猪圈的空间被充分利用，面包烤炉也重新投入使用。家具和内饰都来自当地，鲁埃格自由城的古董商苏珊·比阿尔心直口快，她帮了我们很大忙……一次，乔治想和她讨价还价，她直截了当地回答："总理先生，如果您都买不起，还有谁能买得起呢？"父母陆续搜罗了一系列路易十三风格的家具，并做了精心布局。

我们需要找一对夫妇当看门人，还要找一个牧羊人照管羊群。公证人为我们物色了一个经验丰富的农民，他的妻子精力旺盛，会做家务。我与母亲商定，此事交由我负责。我面试了一对曾遭受佛朗哥政权迫害的西班牙难民，他们原先住在洛特山谷，但喀斯的环境对他们来说也不难适应，而且他们愿意承担看门人兼牧羊人的工作。他们住到与主建筑相连的配楼里，另一座附属建筑用作马厩，摩洛哥国王赠送的骏马从奥维利埃被运送到这里。农庄的外围有一个谷仓，被改造成把守总理乡间别墅的宪兵队营地。现在，这栋房子包括谷仓都交由保罗舅舅管理。

第三章 义无反顾——任重道远与无可奈何：1962—1969

我们一家三口对这处新住宅都很满意。过去几乎无法通行的道路也得到改善，铺上了俗称"灰岩"的黏土石。

卡雅克成了闻名遐迩的地方。

1965年，父亲当选该市议员，决定在当地建立一所综合学校，并为当地"水面"改造融资，以使其满足举办国际快艇比赛的条件。比赛期间，全城名流云集，吸引了大量体育爱好者和民众前去观赛。克洛德为获奖者颁发奖杯，媒体记者的"镁光灯"闪烁不停。

"瓦雷纳街"夫妇

卡雅克的这段插曲过后，马提尼翁宫的主旋律再次弥漫在日常生活中。

克洛德对政治向来抱有成见，但这并不妨碍她热情大方地履职尽责，施展自己的才华。"我很快就意识到，这里充斥着嫉妒、谎言、阴谋诡计和个人利益的争夺。"[28]她有这种看法也属意料之中。对她而言，"政治"意味着乔治的工作，仅此而已。她既保持独立，但又能够为丈夫的事业做出必要的妥协。晚餐时，他们经常讨论各种事情，从国家大事到无关紧要的小事，无所不谈。母亲的直觉很准，可以提醒乔治为困难做好准备。这种直觉有时会变成"麻烦"，甚至成为强迫症，克洛德尽量置之不理。然而，她的直觉之准确和预见性之强令人称奇！1963年11月，在约翰·肯尼迪被刺杀前不久，她就预感到了此事，并告诉了父亲。"马上忘掉这种没影的事。"父亲说道。当从电视屏幕上看到自己的梦魇成真时，她惊呆了。父母再未提过此事，即便他们料到了又能怎样？这件事让我想起，克洛德从小就有"通灵"的特异功能，这点众所周知，她的性格也因此显得与众不同，这种"雷达"潜质使她避免了许多不必要的弯路。

母亲很重视作为总理夫人的个人形象。穿品牌时装也有了更重要的意义，甚至是外交礼仪的需求，接待外宾时，她必须代表法国的时尚水准。克洛德完美地履行着自己的职责。她接受香奈儿在步履仪态方面对她的指导，还学习化妆，在镜头前配合媒体拍照，以满足读者对她的期待。曾有媒体专门报道过他们在贝蒂纳堤岸的公寓，她向他们展示了她与丈夫共同收集的家具和艺术品。

不过，她还是更喜欢每晚在贝蒂纳堤岸的"二人世界"，与"她的"乔治待在一起，为第二天的活动做准备。她常常阅读到深夜。"我喜欢阅读，每天晚上都要阅读或者重温佳作，尤其喜爱普鲁斯特和克洛岱尔的作品，他们截然不同……"[49] 上午十点起床，一边吃早餐，一边听英国广播公司。她只听 BBC，一方面是为了提高英语水平，但更重要的是那种似懂非懂的感觉让她能够从容不迫。"我不会认真听广播的内容，也很少看电视。"[27] 她尽可能远离政治，不看电视新闻和报道，生活在自己的世界里。从上午开始，接听电话就占据了她的很多时间。她性格低调，不愿"打扰"别人，因此很少主动给人打电话，但只要有电话打来，她总是立即接听。给她打电话的人越来越多，朋友都知道她是热心肠。如果没有特殊安排，她会独自用午餐，有时会邀请自己欣赏的睿智幽默、有个性的作家、导演和音乐家。她不喜欢与那些爱谈论"八卦"的女性为伴，她认为奉承简直就是浪费时间。"她们太多闲言碎语，谈话中过度关注他人的私生活，我不想参与其中。"[27] 她这样说道。

第三章 义无反顾——任重道远与无可奈何：1962—1969

官方访问和私人度假

母亲爱好旅行。即便是官方访问，她也乐在其中。无论是在法国境内旅行还是出国访问，她都会做充分准备。她通常不干涉日程安排，但会提前了解在公务间隙参观某个地方或博物馆的可能性，询问那里有何独特之处。出国访问时，她会在行李中放一个乡村面包、一根干香肠和一瓶上好的葡萄酒，以便闲暇时拿出来招待身边的人。这是她的生活方式，绝不暮气沉沉，也彰显出其独树一帜。她总会随身带一本喜欢的书或是一卷七星丛书。

1963年，她随同丈夫访问土耳其，1964年访问日本，两次官方访问充分展示出她的个人魅力。她着装得体，举止优雅，善于设身处地为他人着想，这也拉近了她与东道主之间的距离，使会谈得以顺利进行。在以弗所废墟和迪迪玛遗址上，乔治对远古这一伟大时期的追忆，也给对方留下了深刻印象。在东京，他们到访法国驻日本大使馆，这座富丽堂皇的大使馆是前大使保罗·克洛岱尔在任时所购买的。法国总理夫人克洛德的光临，如同她以往的各地访问，赢得了人们一致的赞美和敬佩。

他们私人度假时不便再去圣特罗佩。将军认为法国民众不能接受总理的生活过于安逸，要求他们必须适应新生活。

夏季，他们前往布列塔尼地区富埃南市或者菲尼斯泰尔省南部度假，小长假则在卡雅克度过。

普拉茹[1]的农庄成了克洛德最喜欢的住宅。她让人建造了一个带有

---

[1] 位于喀斯高原的小村庄。——译者注

大遮阳篷的羊圈，采用的是"胶合层压"技术。复活节时，有八十只母羊要分娩。我们的西班牙牧羊人把羊群视若珍宝，怜爱地抚摸它们。母亲和朋友们在喀斯高原上一起骑马驰骋，有时会连续几天。她年少时喜欢在马延河畔嬉戏，现在在洛特省可以划皮划艇，重拾自己的冒险精神。这项运动更具挑战，需要逆流通过水坝，有时还要借助斧头开辟通道。

乔治想在这里栽种胡桃树，还想种植栗树用来制作冰糖栗子！他把这件事交给塞尔河畔比阿尔市的一位做生意的朋友雷米·布瓦。

工作人员效率很高，四周充满欢乐祥和的气氛。父亲在林间散步和阅读，妻子的灿烂笑容让他感到由衷的幸福。母亲在当地很少外出，不愿卷入是非，只参加由维吉耶神父主持的弥撒。人们期待在教堂与总理夫妇见面，向他们致敬。他们没有按事先安排好的位置就座，而是与善男信女坐在一起。卡雅克的弥撒随即成为星期天的一大盛事，尤其是乔治当选市议员后，会特意在现代酒店逗留，人人都可以与他攀谈。这种时候，克洛德总是自己返回普拉茹农庄，看看家里是否安排妥当，然后准备好下午外出要骑的马匹。在晚宴开始前，大家聚集在旧鸽舍中欣赏音乐，音响设备是由他们的朋友让·韦策尔安装调试的，音效很好。让·韦策尔是声学专家，获得过世界口琴比赛冠军，曾为电影《金钱不要碰》[1]配乐。

我在学业上的成功为这段愉快的时光锦上添花。我的努力得到了一

---

[1] 导演雅克·贝克尔于1954年创作的作品，主演让·加潘、利诺·文图拉和让娜·莫罗。让·韦策尔用口琴演奏的影片主题曲曾风靡全世界。

第三章　义无反顾——任重道远与无可奈何：1962—1969

位单身"导师"的垂青，自从贝尔托·施拉姆[1]教授知道我和他在圣特罗佩追逐的是同一位年轻姑娘后，就对我格外抬爱。我们把他视作家庭成员，"贝尔蒂"[2]买了一处房子，与我家只有几分钟距离。他是我事业发展路上的伯乐，我们在一起共事30年，他对我以"你"相称，我对他则以"您"相称。母亲除了欣赏他的睿智，感谢他对我的帮助之外，还被他的牌技、朝气、体贴和冷幽默所吸引。她有时会随他到附近饭店就餐，尝试用炭火精心烹调的传统美食。

克洛德是个聪明女人，放手让我自行安排和大学同学以及女性朋友的活动……她还为我出谋划策，对我关怀备至，我们之间很有默契。

我和母亲在许多方面都能志趣相投。她来自城市资产阶级家庭，对乡村生活充满好奇心。我从小陪外祖父到农庄给人看病，那时就被乡村所吸引，后来自己也跻身于医学精英阶层。

无论政治生涯如何坎坷，我们这种田园般的夏日假期还是持续了多年。

1965年至1967年，乔治·蓬皮杜逐渐羽翼丰满，深得人心，将军开始刻意与他的总理保持距离。埃里克·鲁塞尔这样评论他们之间的关系："在1967年的议会选举中，即将期满的多数派所占席位已寥寥

---

[1] 贝尔托·施拉姆（1919—1994），来自罗马尼亚，青少年时期由一个姑妈收养，被带到巴黎。他是女人爱慕的男性类型，但由于幼年受到的心灵创伤，导致他不愿与自己没有把握的女性厮守。他5岁获得国际象棋冠军，但其母亲以他学习不努力为由，把他引以为傲的国际象棋扔进火中，这件事成了他一生挥之不去的阴影，不过并未影响他后来成为医学教授，建立自己的"学派"，我是他最器重的学生之一。
[2] Bertie，贝尔托·施拉姆的昵称。——译者注

无几。乔治·蓬皮杜面临双重困难。瓦莱里·吉斯卡尔·德斯坦离开了内阁，急于表现自己，不断向政府发难，不久之后他揭露'政府一意孤行'。由于总理越来越像未来的继承者，国家元首与总理之间的关系也变得更加错综复杂。'参与制'对于戴高乐将军来说非常重要，但在蓬皮杜看来却是个模糊的概念，有可能因此而削弱企业管理层的权威。"[29]

1968年五月风暴标志着他们之间关系的短暂决裂，我和母亲从旁见证了这一变化历程。

1968年五月风暴：十字路口

接到大学生举行抗议活动的消息时，父母正在伊朗访问。乔治对此并不感到突然，早在与克洛德观看让–吕克·戈达尔导演的电影《中国姑娘》[1]专场放映后，他就察觉到年轻人的烦恼。克洛德还提醒乔治关注南泰尔校园出现的躁动，这是她从奥利维耶·吉夏尔[2]的妻子那里得到的信息，因为他们的女儿就是这个学院的学生。乔治持乐观态度，认为校长和教育部能够平息事态，这不过是星星之火。

---

1 影片《中国姑娘》（1967年8月）讲述了巴黎西部一个"土生土长"的女子的故事，她在激进的南泰尔大学学习哲学，那里知识分子与工人住宅区融合在一起，成为1968年五月风暴发酵的地方。安妮·维亚泽姆斯基是弗朗索瓦·莫里亚克的孙女、让–吕克·戈达尔的伴侣，她在这部电影中担任主角。导演在这部电影中通过几位主角之间的对话，展现了年轻人当时的处境。这部影片传递出的时代气息给我父母留下了深刻印象。

2 奥利维耶·吉夏尔，时任工业部部长（1967—1968），后担任国土整治和规划部部长（1968—1969）。

第三章 义无反顾——任重道远与无可奈何：1962—1969

然而，在外访问期间，来自巴黎的消息越来越令人担忧。1968年5月10日星期五，在结束阿富汗巴米扬大佛的参观之后，父亲接到米歇尔·若贝尔[1]的通知，情况已经失控：街上筑起路障，许多汽车被焚毁。

为了恢复社会秩序，将军下令关闭索邦大学，那里是抗议者的集结地。父母乘坐一架小型军用飞机前往阿富汗首都喀布尔。在飞行途中，他们遭遇了一场暴风雨，加上国内情况愈加令人担忧，克洛德一直为此揪心，因此，虽然飞行员技术高超，她还是有些受惊。爱丽舍宫的倾向是镇压，但由于总理不在，没人能做决定。他们乘坐格南快帆飞机，经过一夜颠簸，终于见到前来迎接的部长，大家个个神色凝重，六神无主。克洛德心情焦虑，不知道丈夫能否扭转局势。他们交谈几句后各自离开。母亲返回贝蒂纳堤岸，父亲同米歇尔·若贝尔、爱德华·巴拉迪尔[55]以及国民教育部部长阿兰·佩雷菲特一起赶往马提尼翁宫。

形势极其严峻，克洛德也行动起来。她不再排斥电视，白天一直守在电视机前，关注示威活动报道，不再借助BBC逃避现实。乔治已介入，但结果尚不明朗，母亲希望每小时都能获得最新消息。

总理决定违背将军的指令，重新开放索邦大学。5月11日，在他抵达巴黎的当晚，于23:15发表了广播讲话，但是没有取得预期效果，抗议事件演变为暴动。大学生的意志越来越坚定，一部分"知识分子"也加入其中。

骚乱的区域不断扩大。由于这场危机空前严峻，总理和夫人必须暂时住在马提尼翁宫，克洛德随身带了些他们的私人物品。事实上，父亲

---

[1] 当时米歇尔·若贝尔担任乔治·蓬皮杜总理办公厅主任，爱德华·巴拉迪尔担任社会事务顾问。

必须留在指挥中心。

巴黎行政长官莫里斯·格里莫[1]给予了父亲莫大支持,父亲知道军队可以信赖,可以帮助维持社会秩序。部队人员装备精良,却不适合巷战,他们接到了命令,对抗议进行干预,但禁止开枪。尽管将军要求他们向空中开枪,但部队并没有这么做。骚乱进一步升级,街头巷尾打起了游击战。抗议者通过欧洲一台能够及时获悉共和国保安队(CRS)和骑兵的位置,总是把警察打个措手不及。他们配备了大马力的摩托车,出现在无人防守之处,从背后攻击严阵以待的警察。

母亲准备全力以赴支持父亲,并认为我也应该参与进来,于是要求我陪在她身边。我把这件事告诉未婚妻索菲的父亲,由于我们的婚期已近,他同意我把索菲带入马提尼翁宫留宿。米歇尔·若贝尔在《既非上帝,也非魔鬼》(*Ni dieu, ni diable*)[11]一书中声称,我父亲有让我们避往国外的打算。然而,据我所知,父亲从未有过这种想法。母亲也强烈否认:"这些话毫无根据,纯属子虚乌有。那段时期,我一直陪在丈夫身边,这种说法完全背离了我丈夫的态度。"[28]

5月28日,戴高乐夫人的座驾遭到激进示威者袭击。翌日上午,情况更加危急,总理命令坦克部队到萨托里待命,以防从当费尔-罗

---

1 莫里斯·格里莫(1913—2009),与乔治·蓬皮杜一样是文学学士,他喜欢纪德、普鲁斯特、吉罗杜和瓦莱里。他曾在摩洛哥总督府任职,后担任外交顾问。在结束外交生涯后,于1966年至1971年担任巴黎警察局局长。在1968年五月风暴中,他竭尽全力避免了一场血腥屠杀。虽然有数百人在学生和警察的冲突中受伤,但没有直接导致任何人员死亡。他承认是左翼青年一往无前的精神和乔治·蓬皮杜的魄力,让他对事件有了实质性理解。由于他与总理的务实态度以及他个人的努力,使得政府得以避免升级镇压行动。他在两部著作中讲述了自己的从政经历:《随心所欲的五月》,斯托克出版社,1977;《生于1968年5月——回忆和笔记:1934—1992》,塔扬迪耶出版社,2007。

第三章 义无反顾——任重道远与无可奈何：1962—1969

什罗广场出发的示威队伍发动对巴黎市政厅的围攻。这次游行的规模很大，反对党和抗议学生人数众多，不能排除示威人群发生类似1848年2月市政厅攻击事件的可能性，有必要采取预防措施。

我、索菲与母亲三人在马提尼翁宫关注着事态发展，不知道冲突将如何演变，我的未婚妻中间离开了几小时。总理三天三夜没有睡觉，与助手们坚守在办公室。"我看到丈夫身心疲惫，忧心忡忡，却绝不气馁。"[53]克洛德回忆道。

我们待在父亲办公室隔壁的会客厅，桌子上摆放着一些食品。突然，门打开了，父亲走了进来。他脸色苍白，除了嘴里叼着的那支烟外，其他的都已经不是我们所熟悉的父亲的样子了。克洛德十分担心，因为她第一次看到丈夫面色如此难看。

"发生什么事了？你不舒服吗？坐下来喝杯咖啡。"她说道。

"这么干不行……"他回答道。除此之外，默然无语。

几秒钟后，但在我们看来却像过了一个世纪，他一字一顿地说道："将军失联了。"

总统在离开巴黎前告诉总理，他要乘直升机前往科隆贝，戴高乐夫人和拉朗德将军[1]随行。他最后还说了一句："我拥抱您。"[2]两架直升机朝拉布瓦瑟里方向飞去，但据武装部部长皮埃尔·梅斯梅尔报告，雷达探测不到飞机的踪迹。

父亲只能独自应对危机，并临时承担起爱丽舍宫的职责。在这种情

---

1 安德烈·拉朗德将军（1913—1995），加入自由法国力量军，参加过印度支那和阿尔及利亚战争，1966年7月成为共和国总统参谋长。
2 此处原文为"Je vous embrasse"，在法国文化中，这句话为写信或打电话时，用语言文字代替面对面问好或告别时的贴面礼。在中文语境中为"祝好"之意。——编者注

况下，理应由参议院议长代理总统之职。不过，加斯东·莫内维尔[1]素与戴高乐将军政见不同，与乔治·蓬皮杜的观点更是相差甚远。

克洛德的目光坚定勇敢，并已做好接受任何结果的准备，乔治·蓬皮杜从妻子那里得到了一丝慰藉。丈夫来回穿梭于办公室和公寓之间，过了几个小时，他回来说道："我们已经找到了将军直升机的踪迹，他们降落在巴登巴登的马絮将军[2]那里。"

拉朗德当时也在场，证实戴高乐将军同马絮交谈了很久，戴高乐夫人则与马絮夫人在一起闲谈。[32]其间，雅克·马絮多次走出办公室，显得精疲力竭。一个多小时后，第五共和国缔造者终于再次斗志昂扬，宣布返回巴黎，向全体法国人民发表广播讲话。[17-32]

我的父母如释重负，这次策划周密的出走事件的结局令人宽慰。然而，如果没有总理的运筹帷幄，没有军队的忠于职守，没有巴黎行政长官的锲而不舍，示威运动很有可能演变成一场革命。

事后，将军向我父亲承认了自己的"失职"。其实，在这次临时出走过程中，将军已经决心重新掌控局势。他先到科隆贝拿了些衣物，以备不时之需，然后决定去巴登巴登找马絮将军。在马絮将军的劝导下，戴高乐权衡利弊，最终决定继续留任总统，返回巴黎。将军意外出走的秘密，当时只有乔治知道……

克洛德随即敏锐地察觉到丈夫和国家元首之间的互补性。乔治成功地化解了危机，并且多亏了执法部门的冷静应对，才避免了一场动乱。

---

1 加斯东·莫内维尔（1897—1991），抵抗运动者，参议院议长（1958年10月—1968年10月）。1962年反对共和国总统由直接普选产生；指责总理犯有"渎职罪"；反对将军提出的参议院改革，1969年4月27日，该改革议案被公民投票否决，这次失败导致戴高乐辞职，乔治·蓬皮杜随后参加总统竞选并当选共和国总统。

2 雅克·马絮将军（1908—2002），参加过解放战争，在非洲响应戴高乐将军的号召加入自由法国。在越南和阿尔及利亚驻军多年后，1966年被任命为驻德法军总司令。[17]

第三章　义无反顾——任重道远与无可奈何：1962—1969

5月29日，将军发表广播讲话。5月30日，亲政府人士在香榭丽舍大街举行游行活动支持国家元首。为了避免游行失控，总理殚精竭虑。幸而，危机没有演变成革命。

国民议会解散，总理被再度任命，戴高乐派在议会选举中"获得压倒性胜利"。

这次出走是将军第一次在没有事先通知乔治的情况下做出的重大决定，更重要的是他还离开了法国，这让父亲感到很失落。他认为从将军的失责行为可以看出，这位自己服务了近25年且对自己一向器重的伟人，对自己出现了信任危机。

1968年五月风暴之后，父亲感到疲惫不堪。他渴望休息，于是告知将军，希望不再担任总理职务。

克洛德理解乔治的心情，不过担心就此离职会被视作对将军的谴责，勒内·布鲁耶等身边人员也劝他三思。[29] 总理意识到自己的错误，但为时已晚，他的辞职申请已获得批准。将军任命了外交部部长莫里斯·顾夫·德姆维尔担任总理。

父母虽然内心苦闷，但他们能够化挑战为机遇。克洛德写道："经过多年思考和承担重任，1968年五月风暴可能是对我丈夫的一次有启示意义的考验。"[28]

为共和国做好准备

母亲没有被接连不断的考验所击垮。她与布列塔尼的朋友联系，在卡纳克租了一处住宅与家人聚会。她的组织能力很强，只用几天就把一切安排妥当。7月，父亲在布列塔尼度过了三周长假，除接待过几位强烈要求采访的记者之外，基本没有邀请朋友。他们在海滩闲庭信步，前往参观巨石阵和附近的教堂。同以往一样，乔治负责定菜单，克洛德张罗打牌。他们不听广播，也很少看电视。

唯一美中不足的是，父亲感觉自己的牙龈变得异常脆弱。我从医生的角度建议他验血，检查结果显示，他的血小板数量急剧减少。母亲让我联系我的血液学教授让·贝尔纳[1]，医生为他开了可的松，父亲的身体恢复正常。

这件事媒体并未曝光，但是内政部部长雷蒙·马塞兰[2]似乎获悉了父亲的验血结果……消息来源竟然是当地药剂师——血液分析实验室负责人！

中途回巴黎时，父亲为重新再战政界做好了准备，在拉图莫布大街成立了办公室，这是由雷蒙·马塞兰领导的协会所租的办公地点。

他们继续无忧无虑地在卡雅克度假，接待亲友。平时照管马匹和羊群，修葺农庄，游览观光，并重游了孔克修道院和圣福伊瑰宝。

9月，父亲回归政界。1968年7月11日，他当选康塔尔省新任议员，受到戴高乐派同事的热烈欢呼。这是一个重要时刻。"我在议员席上，议会全体多数派对我报以长时间的掌声以示欢迎。……我不否认那

---

1 让·贝尔纳教授（1907—2006），著名血液学专家，师从罗贝尔·德勃雷教授，是治疗儿童白血病的先驱。他喜欢保罗·瓦莱里的作品，是一位皈依天主教的信徒。他乐于助人，具有人道主义精神，口碑很好，1975年当选法兰西学院院士。
2 雷蒙·马塞兰（1914—2004），独立共和党人，1965年至1977年当选为瓦纳市市长，1964年至1998年担任莫尔比昂省议长。他还担任过乔治·蓬皮杜内阁工业部部长，1968年5月30日被任命为内政部部长，1974年2月负责农业事务，担任莫尔比昂省参议员，1978年至1986年担任布列塔尼大区议长。

第三章　义无反顾——任重道远与无可奈何：1962—1969

一刻让我深深为之动容。总之，我感到很欣慰，政界朋友们的这个举动对我来说是种褒奖。"[25]

鉴于乔治在政府所担任过的官职，克洛德认为丈夫理应享有与之匹配的政治地位。将军让他的这位前助手游历四方，与人交往，尤其还建议他们去罗马觐见教皇，她对此不胜感激。

1969年1月，法国驻罗马教廷大使勒内·布鲁耶为他们安排了会晤。母亲头上戴着一块黑色头纱，保罗六世的非凡气度给她留下了深刻印象。当降福弥撒结束时，她仍然激动得不能自已。

1980年，克洛德再度觐见教皇，见到若望·保禄二世时，她的感受依然如故。难道是因为她在重大场合容易紧张？"寻常之事都会被淡忘，唯有那些格外庄严的时刻才能够留在记忆中。"[28]她这样写道。无论如何，乔治全然了解克洛德对特殊环境的极度敏感性，以及她从儿时起就根深蒂固的宗教信仰。

在这次访问中，法国驻意大利大使安排他们与意大利总统朱塞佩·萨拉盖特在奎里纳尔宫会晤。1月17日，他们拜会了参议院主席阿明托雷·范范尼。会谈结束后，法新社记者罗贝尔·芒然穷追不舍，让我父亲对自己是否会成为总统候选人表态。父亲对这个问题并没有在意，回答道："如果戴高乐将军隐退的话，我会成为继任者候选人。"消息传回巴黎，《巴黎快报》主任皮埃尔·沙尔皮立即转载。一篇《如果将军隐退》的文章在戴高乐派内部掀起一场风暴，将军甚至在内阁会议后发表严正声明："我有履行总统职责的责任和意愿，直至任届期满。"

后来，克洛德对那些歪曲丈夫言论的报道进行了驳斥。[28]不知是她不谙世事，还是深谋远虑？事实上，"时机一旦成熟"，乔治成为总统候选人这件事早已众人皆知。在去罗马之前，他曾对美国驻法大使如此陈述。之后，2月13日，他在日内瓦重申了这一态度。

这次，克洛德第一个提出丈夫不应浪费自己在1968年5月的事件中赢得的民心资本。虽然她一想到爱丽舍宫就不寒而栗，但还是认为乔治应该做好接班的准备，况且将军也曾这样暗示过他。克洛德清楚地意识到，父亲在1968年危机中之所以能够赢得如此声望，是因为他具有一种不可多得的能力，那就是能抓住事情的要害。正是这种能力使得乔治如同那些古典悲剧中的英雄一般，欣然接受了命运的安排。母亲愿意陪伴父亲一同"穿越荒漠"，然而困难之大远远超出她对总统竞选的想象。那些企图击败戴高乐将军的这位天然继承者的人，对克洛德发起了人身攻击。

马尔科维奇事件爆发

关于马尔科维奇事件，父亲有过这样的阐述："1968年9月底，有人在伊夫林省一个垃圾场发现一具尸体，该男子是被谋杀身亡。经鉴定，此人名叫斯特凡·马尔科维奇，是演员阿兰·德隆的前任保镖和朋友……没有人和我提起这件事，我很快就忘记了。况且，我还有很多自己的事情要忙……一天，我被告知以前在内阁给我担任过助手的让-吕克·雅瓦尔想要问候我，并且有话对我说。他是巴黎各种晚宴的座上宾，消息灵通……他鼓足勇气对我说了这席话：'您应该知道，没有人敢告诉您，大家口中关于马尔科维奇事件的"一位前部长的妻子"是指您夫人。实话实说，现在外面的晚宴和媒体编辑部都在议论这件事。'这太荒谬了！无论如何，我得去看看。"[25]

这个消息不仅得到了证实，而且由于案件突然反转，预审法官帕塔

第三章 义无反顾——任重道远与无可奈何：1962—1969

尔要求蓬皮杜夫妇出席听证会……父亲写道："可以想象我的反应，简直是义愤填膺。事实上，我从未考虑过这件事对自己政治生涯的影响，而是为妻子担心。我能体会她的痛苦，承认害怕发生最坏的结果。这是我绝无仅有的绝望时刻……有位朋友出于好意，建议让我妻子了解情况。我们决定予以回击，不断外出参加活动，并邀请朋友来做客。我们会主动谈起这个话题，看看这件事给我们造成的影响有多大，并以此区分哪些人才是我们真正的朋友。我要指出的是，那些真正了解我们的朋友几乎没有人背信弃义，他们中相当一部分人勇气可嘉。"[25]

母亲虽然遭此厄运，但对爱人却更为关心："面对'阴谋'，我丈夫甚至比我受到的伤害更大。"[28] 她写道。

乔治开始反击。他决定背水一战，在拉图莫布大街办公室继续追随他的助手们给了他坚定的支持，这些助手包括米歇尔·若贝尔、爱德华·巴拉迪尔、安妮-玛丽·迪皮伊，以及与此事关系密切的新闻官西蒙娜·塞尔韦。雅克·希拉克[1]负责对外事务。他当时担任经济财政部国务秘书，经常到拉图莫布大街办公室了解事件进展。他关注相关的新闻报道，以便在必要时出手干预。有一次，他在车里听到欧洲一台新

---

1 雅克·希拉克（1932—），他的祖父和外祖父都担任过小学教师和校长。他的父亲是银行雇员，后担任航空公司子公司董事。他出生于科雷兹市，就读于圣费雷奥勒公立小学，之后到巴黎上学。1951年考入巴黎政治学院，在那里与贝尔纳黛特·肖德龙·德·库塞尔相遇，1956年结婚。1959年毕业于国家行政学院。他曾加入法国共产党，但为时不长。在部队服役后，1958年成为一名戴高乐派。1962年6月，他在政府秘书处短暂任职后，进入总理办公厅。1965年步入政界，1967年当选议员，当时国民议会多数派尚能统一发声。同年，他担任就业国务秘书，在格勒内尔谈判中发挥了关键作用。在乔治·蓬皮杜任总统期间，他担任过多个部门的部长职务。乔治·蓬皮杜的离世让他十分伤感，他对总统的忠诚令人敬佩，在总统遗孀遇到困难时总是伸出援手。克洛德和贝尔纳黛特·希拉克关系密切，她们相互尊重，十分默契。

闻中出现误导性的评论，于是立即联系《13点新闻》办公室，要求他们停止断章取义地"搬弄是非"。他的行事做派务实高效，1967年，乔治·蓬皮杜送他一个绰号——"推土机"，这个绰号一直伴随着他，由此可以看出他们之间如同父子般的亲密关系。

法官玛丽-弗朗斯·加罗以前曾担任司法部部长让·法耶和路易·若克斯的专员，她承担了这起案件的法律事务。皮埃尔·朱耶担任政策顾问，负责铲除各种针对乔治·蓬皮杜的阴谋活动。

显然，这次事件由一起普通的刑事案件逐渐演变成一场政治阴谋，其目的就是要击垮这位前总理。

我对这种卑鄙行径气愤难平，准备动员几位莫逆之交帮忙助阵。有的朋友提议克洛德在报纸专栏上撰文，为自己辩解。但母亲一如既往地淡定，显示出她的成熟，并劝阻我们说，任何回应都只会扩大这件事的影响，令亲者痛，仇者快。虽说如此，雅克·沙佐和居伊·贝亚尔等许多朋友还是以自己的方式，努力扭转局势。在大家的共同努力下，形势发生了一定转变。

事实上，受身边一些敌视蓬皮杜的亲信的影响，将军对此事始终持观望态度。他没有出手扭转乾坤，只是静待真相水落石出。将军同自己的前总理碰过几次面，并在爱丽舍宫宴请了蓬皮杜夫妇和德勃雷夫妇，但是整个晚宴上他都没有表现出任何"关怀之举"。乔治和克洛德没能从将军那里得到应有的支持，感觉格外孤立无助。

幸而，记者相信未来的总统候选人及其夫人无可指摘，舆论开始倒向蓬皮杜夫妇。法国民众纷纷猜测这次诽谤事件的意图，不接受任何企图动摇这位在1968年五月风暴中以坚定的意志赢得民心的政治家地位的阴谋。

第三章　义无反顾——任重道远与无可奈何：1962—1969

在克洛德的支持下，乔治挺身而出，毫不畏惧。历史可以为之证明。

将军感觉个人威望有所削弱，决定就权力下放和参议院改革举行公民投票。乔治·蓬皮杜出于对将军的忠诚和信念，发动大家投"赞成票"。

投票结果众所周知，53％是"反对票"。1969年4月27日当晚，将军宣布辞职。78岁的将军与夫人伊冯娜·戴高乐出访爱尔兰，他的副官海军上将弗洛伊克随行。他对爱尔兰总统埃蒙·德·瓦莱拉说道："在这里可以审视自我，这就是我一直以来的追求。"[32]

4月29日，乔治·蓬皮杜宣布参加总统竞选。

经过与参议院议长兼代理国家元首阿兰·波埃的对决，1969年6月15日，乔治·蓬皮杜当选最高元首，获得超过58％的选票。

马尔科维奇事件对我们全家来说都是致命一击，不过也为父亲增加了数万张选票，他的民意支持率打破了总统竞选人有史以来的记录。

蓬皮杜夫妇并未打击报复诽谤者。克洛德这样写道："这个'马尔科维奇事件'毒化我们的生活达数月之久……至今提起它，我的心还会隐隐作痛。"[28]她虽然对政界没有好感，但仍然做好了履行新职责的准备。一个金丝笼摆在她的面前。

【第四章】

摆脱孤独：1969—1971

初入爱丽舍宫

父亲竞选获胜后,父母便无法继续住在贝蒂纳堤岸了。乔治·蓬皮杜认为,住在总统府是种义务,这是对职位的尊重。克洛德接受了这个安排。她后来写道:"入主爱丽舍宫,让我有一种高处不胜寒的感觉。每次经过爱丽舍宫的门厅时,我都会转移视线。虽然这种行为有些幼稚,但是种本能。"[28]

第一次走进爱丽舍宫私人公寓时,父母还是感到很震惊。他们习惯于自己舒适的寓所,却发现将军和夫人在此居住时只占用了几个房间,并且房间布置得极其简单,餐厅装饰也毫无特色,客厅的扶手椅陈旧过时。这些家庭中的"细节"对于前国家元首戴高乐来说无关紧要。

虽然将军的公寓如此简朴,但其中所承载的历史分量令乔治和克洛德肃然起敬。"沉甸甸的历史让我们挥之不去。"母亲在回忆录中这样写道。他们必须翻开新的一页,他们决定重新装修公寓。

在此之前,许多任务摆在新任第一夫人的面前,包括建立与职责匹配的后勤队伍,这支队伍通常由隶属于海军的军人构成。克洛德约见爱丽舍宫总管,两人一同到厨房为乔治制定了简单、清淡、美味的菜单,并对后勤人员做了分工,以满足日常生活和公务接待的需要。居伊·埃内坎总管是海军军士,训练有素,很快就领会了新任总统夫妇的需求。

总统府秘书长米歇尔·若贝尔和副秘书长爱德华·巴拉迪尔负责组

建总统办公厅,安妮-玛丽·迪皮伊担任办公厅主任,马德莱娜·内格雷尔与助手若塞特·伊里戈扬在私人秘书处任职,负责处理每天接收到的上百封信件。

克洛德需要回复大量私人信件,来信的往往是家庭困难人士或是精神病患者,有时言语充满挑衅,但多数情况下信件内容令人感动。尽管日程繁忙,她还是抽时间经常回贝蒂纳堤岸看看。她效仿戴高乐夫人的做法,没有成立自己的办公厅,只设立了一个私人秘书处,由丹妮丝·埃斯努[1]和吉尔贝·帕里斯[2]负责。她们雷厉风行,与母亲成了关系亲密的朋友。

丹妮丝·埃斯努把克洛德的公务活动安排得井井有条,并写道:"乔治·蓬皮杜与夫人都不拘礼节,喜欢轻松的生活方式。……入主爱丽舍宫后,他建议她不看不说不听,希望各种流言蜚语和办公室谣言都与她绝缘。对他来说,夫人那里就是他的避风港。"[13] 吉尔贝·帕里斯负责确保总统夫人的私人活动与公务活动完美衔接,并符合礼宾要求,还要处理好与媒体的关系。

---

1 丹妮丝·埃斯努(1918—2011),1962年从巴黎警察局调入乔治·蓬皮杜办公厅,负责私人秘书处的工作。1969年出任总统办公厅副主任。1974年进入雅克·希拉克总理办公厅。1977年担任巴黎市长。她与蓬皮杜夫妇以及希拉克关系密切,后担任克洛德·蓬皮杜基金会董事会副秘书长。
2 吉尔贝·帕里斯(1925—2011),曾在哈瓦斯集团供职,负责克洛德·蓬皮杜的对外联络。她为人热情,工作高效,负责母亲的日常活动安排,始终对母亲赤胆忠心。她的朋友塞尔日·库尔特-帕里斯(1940—)是位画家兼雕塑家,后来也加入团队,他们与母亲的关系非常密切。他为乔治·蓬皮杜国家艺术文化中心绘制的一幅钢笔画激发了阿兰·布里奥泰的灵感,后者创作出乔治·蓬皮杜100周年诞辰纪念邮票。母亲欣赏他的刚正不阿和谦逊为人,与他保持着密切关系,并与他分享自己的心事,尤其是在父亲去世后,曾向他袒露过自己的孤独感。母亲委托他创作了一张贺卡,这张卡片一直摆放在贝蒂纳堤岸寓所的蓬皮杜中心模型旁边。

第四章 摆脱孤独：1969—1971

母亲认真履行自己的职责，满足摄影师拍照和记者采访的请求。

丈夫上任后，媒体在爱丽舍宫对他们进行的第一次报道对克洛德来说是个考验。虽然她早已习惯香奈儿的舒适时装，但私人公寓变成了摄影棚，镁光灯闪个不停，这让她感觉很不自在。在这种环境下，要做到言谈举止坦然自若确实有难度。

乔治担任总理时已经见惯了这种场面，但是克洛德面对如此多的镜头，如芒在背。她坐在沙发上，为了故作轻松，从乔治的烟盒中取出一支香烟，坐在身边的乔治立即递上打火机，看上去两人准备交谈。然而，母亲专注于自己的举止，显然有些走神。乔治招呼她，"喂，麋鹿"，并点着打火机以引起她的注意。她侧身向他，但因为不经常吸烟，把烟放到了一边。这个场景被拍摄下来，但是声音不清晰，很多人把"喂，麋鹿"（Dis, Biche）听成了"Bibiche"（音译：比比克）。《分钟报》等各大媒体纷纷报道，总统私下对夫人的昵称是"比比克"。这段轶事被流传下来，且不止一次被人提起。

乔治之所以称呼克洛德为"麋鹿"，源于玛丽-卡特琳·多努瓦所著的17世纪的童话故事《森林里的麋鹿》（*La Biche au bois*），由居斯塔夫·多雷插图。这个故事讲述的是一只白色的麋鹿不知不觉被推上了舞台。父亲由此联想到被猎人和猎犬"逼入绝境的麋鹿"，并为这样的诗情画意而震撼。他似乎看到了妻子的影子，美丽的爱人就像故事中这头麋鹿，被人胁迫，是受害者。"比比克"这个昵称很特别，一直被人沿用。但是在家中，我们都习惯地称呼她"麋鹿"，这个绰号对她再合适不过。

在拍摄过程中，母亲竭力保持镇静。有了这次突破，她从此能够优雅地面对镜头了。这段视频保存在国家档案馆，现在还经常在许多节目中重复播出，让人们得以了解总统夫妇初入爱丽舍宫的样子。

礼仪的藩篱与自然天性的冲突

除了履行职责外,乔治尽量避免给妻子增加不必要的负担。克洛德则希望通过"家庭欢乐"[28]减轻父亲的压力,我与妻子索菲在家庭中的地位举足轻重。母亲不图虚名,恰如其分、不卑不亢地承担起第一夫人的职责。她与工作人员保持着适当距离,既不过于亲密,也不拒人千里,与他们建立起相互信任的关系。她处事低调,是个卓尔不群的女主人。

团队内部整体运转顺畅,工作人员对礼宾规定驾轻就熟,并且随叫随到,恪尽职守。表面上似乎看不出他们的重要性,事实上,在官方仪式、国家元首招待会、慈善晚会、歌剧院晚会和其他活动中,管家和服务人员需要处理包括总统着装以及与第一夫人的各项公务活动有关的一切细节。

每逢圣诞节,爱丽舍宫都会为工作人员的子女举行专场招待会,以表达总统对他们的祝福。5月1日这一天还会举行一项传统仪式,由几位"大力士"抬着一大篮铃兰献给国家元首。

阿兰·布里奥泰[1]负责礼宾事务,为第一夫人参加国内外各种公务活动提供了莫大帮助。

---

1 阿兰·布里奥泰,1970年5月担任驻安卡拉大使馆秘书,随即被任命为爱丽舍宫礼宾官员,在雅克·塞纳尔手下工作。10月,总统让他专门负责克洛德·蓬皮杜的礼宾事务。1973年5月加入米歇尔·若贝尔内阁,担任外交部部长。之后,在外交部机关多个职位任职,担任过多位外交部部长的助手。后开始驻外,先后担任波士顿总领事,驻仰光、赫尔辛基和达卡大使等职。2006年至2014年担任乔治·蓬皮杜协会秘书长,这个协会由爱德华·巴拉迪尔创建。2011年,在乔治·蓬皮杜100周年诞辰之际,受塞尔日·库尔特-帕里斯创作的一幅蓬皮杜中心版画启发,发行了纪念邮票。出版过两部作品:《波士顿的冬季如此短暂》,罗谢出版社,2007年;《遥遥无期:波美拉尼亚的格罗斯邦》,伊拉多尔出版社,2016年。

第四章 摆脱孤独：1969—1971

工作之余，克洛德还要兼顾家庭生活，并维系与朋友之间的关系。此外，作为总统夫人，她理应为人们排忧解难，即便他们提出的请求不尽合理。

记得有一次，我星期六上午回到贝蒂纳堤岸的家中，电话响了。原来是姆斯季斯拉夫·罗斯特罗波维奇[1]的护照有问题，被挡在法国边防，但当晚他要在普勒耶尔音乐厅演出。于是，母亲整个上午不停地与相关人员联络，关注事情的进展。

克洛德在爱丽舍宫愉快地接待了他们的朋友罗贝尔·皮若尔，因健康问题，他只待了一天。母亲后来为他的女儿——才华横溢的钢琴家弗朗索瓦丝在总统府举办了一场音乐会，许多朋友到场，演出大获成功。由于在这次演出中崭露头角，过了几年，应贝尔纳黛特·希拉克邀请，这位年轻的钢琴家在巴黎市政府进行了演出。

家人经常在总统府欢聚一堂，共同回忆美好往事。乔治和克洛德虽然公务缠身，但也会参与家庭聚会计划的制定。

我只要有时间就会去爱丽舍宫，享受与母亲的亲密时光，与她聊聊我的家庭和工作情况。

母亲常去设计师那里试衣，以满足各项活动特殊的着装要求。裙装、帽子、鞋、手套和手提包都要进行搭配。那些定制服装被暂时存入

---

[1] 姆斯季斯拉夫·罗斯特罗波维奇（1927—2007），20世纪最著名的大提琴家兼作曲家、钢琴家、指挥家。从4岁起与他的母亲一起学习钢琴，10岁时与他的父亲一起学习大提琴。他最喜欢的乐器是大提琴。1942年，他15岁，举办了第一场个人音乐会，从此开始了飞黄腾达的职业生涯。1955年与著名女高音加利纳·维什涅夫斯卡亚结婚。由于与异见人士索尔仁尼琴之间的友谊，他被迫背井离乡，离开苏联，1974年被剥夺苏联国籍，移居美国，指挥华盛顿国家交响乐团。在柏林墙倒塌的几个小时后，他在柏林举行了演出，引起全世界关注。1990年恢复苏联国籍。2007年，这位受人爱戴、享誉全球的艺术家在莫斯科去世。

私人衣柜，由服务人员保管，待新款出炉后，需要归还之前的服饰。这件事貌似无足轻重，实则意义重大。克洛德气质优雅，大气端庄，成为法国时尚的形象大使。设计师做客爱丽舍宫时，乔治会借此机会向他们表达谢意，有时还会提些建议。当丈夫逝世后，克洛德·蓬皮杜继续保留了几套服饰，以备不时之需。这些服饰在她离世后全部捐赠给了装饰艺术博物馆，那里存放着自18世纪以来的数千件服装，由当代时尚专业人士帕梅拉·戈尔班列了一份明细清单。

第一夫人的枷锁

为了应对1970年3月的美国访问，克洛德准备了皮尔·卡丹、姬龙雪、克里斯汀·迪奥、伊夫·圣罗兰和香奈儿品牌的32种香水[19]，以及由巴黎最著名的女帽店"波莱特"制作的8顶帽子。此外，还随身带着乡村面包、传统香肠、卡雅克小奶酪和卡奥尔葡萄酒这些长途旅行必备品。

在接受Look杂志采访时，她指出自己的服装是"借来的"："法国人民可不希望我花他们的钱打扮自己。"[28]吉尔贝·帕里斯收集了美国媒体配有第一夫人照片的各种报道，这些杂志都在头版头条详细分析了克洛德着装的每个细节。

在美国国家美术馆中，镁光灯闪个不停，摄影师们争相拍照，克洛德不便在一幅作品前过多停留。她已经无法再像五六十年代时，在马德里、阿姆斯特丹、伦敦和纽约那样不引人瞩目地到处参观了！

虽然法国总统夫人受到美国时尚杂志热捧，但这并不足以缓解两国间紧张的政治气氛。法国将幻影战机出售给利比亚，这一决策伤害了美

第四章 摆脱孤独：1969—1971

国的犹太族群。

芝加哥警方对此未能有足够警觉。在帕尔马酒店大堂，乔治和克洛德遭到犹太裔大学生围堵，巴黎的政策令他们无法接受。"蓬皮杜，我们为你感到羞耻。"抗议者高喊着，把酒店围得水泄不通，人一直堵到电梯口。安保人员费力地为法国总统夫妇开道，有人向总统夫人吐唾沫。母亲被人推搡着，衣服也被弄脏。

她受到了极大的冒犯和伤害。一回到房间，她就要求立即回国，法国驻美国大使随即将此消息通知了白宫。理查德·尼克松[1]总统发来一封急电，代表国家向他们致以歉意，并且做出一项决定：同女儿特里西娅赶往纽约华尔道夫酒店，为法国贵宾举行盛大的欢迎晚宴。这在美国是史无前例的。

尼克松总统给予法国应有的尊重和地位，这让克洛德收回了之前的决定，而这场特别的宴会也深深地留在了她的记忆中。

这场风波展示出克洛德的政治影响力。经过这次访问，蓬皮杜夫妇和尼克松家庭之间建立了密切的联系。多年后，在保罗-路易·韦耶少将——一战期间低空航拍先锋人物、福煦元帅前副官——举办的一次宴会上，克洛德与这位美国前总统久别重逢，他们在巴黎愉快地重续友情。

同年，在法国元首首次访问莫斯科期间，克洛德以一种截然不同的方式彰显了她的影响力。

两位元首相信，他们之间可以直接商讨国际事务（只有翻译在场）。列昂尼德·勃列日涅夫[2]的热情直率感染着宾客。

克洛德听说勃列日涅夫对法棍情有独钟。在一次正式会谈前，她胳

---

[1] 理查德·尼克松（1913—1994），1969年至1974年担任美国总统。
[2] 列昂尼德·勃列日涅夫（1906—1982），1964年至1982年担任苏联共产党总书记。

膊下夹着一根用铝箔纸包好的法国传统面包，送给勃列日涅夫。对方非常高兴，这一举动有助于增进彼此的信任。母亲的"自然随性"获得了对方的好感，虽然也让他们大吃一惊！

总统夫妇国事访问频繁，特别是对非洲进行访问时，他们受到了友善热情的欢迎。塞内加尔总统列奥波尔德·塞达·桑戈尔[1]是乔治读文科预备班时的同窗，接待老同学时他格外动情。他们在一起共叙青春时光，畅谈共同喜爱的诗歌。这位诗人总统后来为乔治创作了一首"挽歌"，表达对青春时光的缅怀之情。这首诗后增补入乔治1961年出版的《法兰西诗选》。虽然私人关系甚好，但这并不影响他们以官方身份共商法国与非洲法语国家之间关系的未来发展计划。

有时，对方的安排让总统盛情难却。在尼日尔，克洛德受到单独款待，牧民为她献上一碗他们引以为傲的新鲜骆驼奶，她必须一饮而尽，不能拒绝对方的一番好意。

在公务访问期间，父母总是想方设法抽出几个小时，参观当地的著名博物馆和值得一去的地方。虽然无法做到轻车简行，但他们已经心满意足了。晚上两人独处时，他们还会继续交流感受。

基金会：奉献爱心

克洛德在履职尽责的同时，还常常与英国人斯奇比尼纳夫人来往，练习英文。这位夫人为人热情，她耗尽家财，参加了纽约一个慈善基金

---

[1] 列奥波尔德·塞达·桑戈尔（1906—2001），1960年至1980年担任塞内加尔共和国总统，诗人兼作家，与乔治·蓬皮杜是文科预备班同窗，1983年6月2日当选法兰西学院院士。

第四章 摆脱孤独：1969—1971

会，为残疾人提供志愿服务。母亲由此产生了为老人和残障儿童成立一个协会，并为其提供志愿服务的想法，这在当时是非常前卫的理念。

"我想做点实事，我成立了自己的基金会。在我丈夫当选后，我就决定不能只满足于出席政府活动。我相信众志成城的力量，也希望发挥自己的作用。我在思考，到底哪些人是真正的弱势群体？我自己认为是老年人和残障人士。因此，我效仿纽约的做法，在法国医院成立了志愿服务处，为有需要的人提供帮助，这很重要。作为总统夫人，我可以筹集资金。基金会给了我很大的满足感，因为我看到基金会成效显著。"[28]

正如将军当初安排乔治·蓬皮杜在戴高乐夫人的基金会任职一样，新总统任命雅克·希拉克担任克洛德·蓬皮杜基金会司库。审计法院法官亨利·埃卡尔担任基金会主席，直到1974年为止。志愿者服务作为试点项目，首要目标是为住院患者提供帮助，但遭到医护人员工会的抗议。因此，身着"黄罩衫"的基金会志愿者不参与患者的护理工作，只专注于为那些孤身一人或者行动不便的患者办理手续，给予他们安慰。

这项计划独树一帜，行之有效，意义深远。克洛德基金会为重度残疾儿童建立了一个机构"巴尔埃奥"（Barr Héol），这个名称的意思是"阳光"，位于莫尔比昂省布雷昂－卢代阿克市蒂马德克修道院附近。预定1972年10月1日举行揭幕仪式。当蓬皮杜总统看到这里少人问津，患者的处境如此凄凉冷清时，感到很震惊。他认为这是一件足以引起媒体关注的重大事件，于是让人联系法国广播电视局（ORTF）一台，希望该台派记者做现场报道。爱丽舍宫新闻处收到他们的回复传真："一台关注的是突发事件。"母亲看了之后义愤填膺，在笔记本上写道："媒体喜欢扭曲事实，无中生有。"[27]多年以后，我在电视台Canal＋介绍父亲的通信手札时，米歇尔·德尼佐告诉我，这是他当年还是实习生时起草的传真，他至今仍懊悔不已！

有了这次经历，即便后来基金会捷报频传，克洛德依然虚怀若谷。戴高乐夫人在一封亲笔信中对她表示了鼓励和支持。

将军逝世

1970年11月9日深夜，戴高乐将军突然逝世。

由于情况不明，当总统和总理抵达科隆贝双教堂小镇时，将军已经入棺。他们向戴高乐夫人及其家人表达了哀悼之情，返回巴黎后，在巴黎圣母院为戴高乐将军举行了国葬。

几天后，克洛德来到拉布瓦瑟里。她这样写道："戴高乐将军逝世后，我前往科隆贝慰问。我心情沉痛，几乎无法自控。……戴高乐夫人在院子里迎接我，无论情绪如何，她从不忘记保持尊严。我与她相对无言。……随后，我们进入屋内，她给我详细地述说将军的去世，前前后后所有细节都讲了，尤其指给我看了将军倒下的地方。当时，我心慌意乱，不知如何告辞。还是她，仍像平素那样帮我，对我特来看望深表谢意。我觉得，她对此很感动。"克洛德还写道："她很欣赏我丈夫，对我也是如此。我对她有强烈的好感，尤其让我敬佩的是，她的命运如此不同寻常，却能每时每刻都做到保持自我。"[28] 克洛德还在个人回忆录中追忆了戴高乐将军："从圣西尔到波尔多，再从伦敦到巴黎，始终是他动员大家的力量，鼓舞大家的斗志，广泛集合更多具有信念的人。……他有天才，也有发挥天才的勇气。……自1944年9月以来，我丈夫一直为他服务。我们整个人生都打上了将军的印记……"[28] 她还写道："通过一则轶事可以说明将军对我们夫妻的影响无处不在。在布列塔尼，乔治犹豫要不要下水游泳时朝我们大声喊道，'将军万岁！'"[28] 她喜

第四章 摆脱孤独：1969—1971

欢以幽默的方式回忆那些令人动容的往事。戴高乐将军的女儿伊丽莎白及其丈夫阿兰·德·布瓦西厄[1]与克洛德始终保持着亲密友好的关系。

日常生活中的艺术："改造"爱丽舍宫

我之前提到，在总统任期伊始，父母着手爱丽舍宫私人公寓的修复计划，希望能有所创新。施工区域划定在爱丽舍宫东翼二层的"朱尔·格雷维厅"。国家动产局局长让·库拉尔[2]接受了这项任务。他从1963年就同我母亲在马提尼翁宫打过交道，双方已经非常熟悉。按照设计图纸，门厅后是书房兼吸烟室，之后就是餐厅，里面用当代艺术作品作装饰。

尽管外界有不少批评，工程还是如期进行。这并非政治家的心血来潮，而是一场大变革。装修不能破坏墙壁，因此墙面上覆盖了一层可拆

---

1 阿兰·德·布瓦西厄（1914—2006），法国解放勋章获得者，戴高乐将军的女婿。1940年，在一场剑拔弩张的战役中，他指挥骑兵攻击德军，战败被俘，后从波兰逃出，前往苏联。苏联对德宣战后，他加入自由法国，参加了解放斗争。他对将军十分忠诚，1946年1月12日与将军的女儿伊丽莎白结婚。在帕蒂－克拉马对戴高乐的刺杀事件中，他要求将军弯腰以躲避子弹，使将军躲过一劫。1975年2月15日被任命为法国荣誉勋位管理会总管，1981年5月11日辞职，原因是他拒绝向新当选的国家元首弗朗索瓦·密特朗授予军团长勋章项链。他与蓬皮杜夫妇关系密切，双方自1945年起一直保持着书信往来。他很关心我，第一次见面时对我说："年轻人，叫我阿兰就行，我们同属'阿兰'俱乐部。"[3]他的个人档案也有这段记载。
2 让·库拉尔（1925—2001），毕业于档案学院，先后担任凡尔赛博物院院长（1954—1963）、国家动产局局长（1963—1991）和法国艺术品修复研究院院长。1963年，克洛德在马提尼翁宫第一次接见他，随后，他们建立了密切友好的关系。1974年，克洛德参观戈贝兰国家织造厂，他们之间的关系也更加牢固。他的荣誉军团勋章被晋升为指挥官级。他的妻子继承了丈夫遗志，继续从事艺术修复工作。

卸的保护层，方便日后拆除。

室内设计师皮埃尔·保兰不出意料地受到了邀请。他在现代家具的设计中运用几何图形和前卫材料，用"弹力织物"装饰墙面和自己设计的家具。法国国家广播电台艺术家活动中心和大阪世博会法国馆都出自他之手。1984年，他为弗朗索瓦·密特朗总统设计了办公室。

动态艺术家亚科夫·阿加姆负责设计私人公寓的走廊，雷蒙·科尔迪耶向克洛德推荐了这位才华横溢的艺术家。他在走廊一端设计了一个六面体空间，墙面、天花板和地板采用规则的几何图形，呈现出独特的色彩效果。1972年，英国女王对法国进行国事访问时，这个空间给她留下了深刻印象。对当代艺术满腔热忱的蓬皮杜总统打破王室礼仪禁忌，搀扶着女王的手臂，带领她参观。在晚宴开始之前，英国首相爱德华·希思在白色钢琴上即兴演奏了肖邦的奏鸣曲。乔治和克洛德本来就喜欢这种"非正式"的随意，他们的宾客也被这种周到而不刻意的"轻松"氛围所吸引。

在克洛德的坚持和未来文化部部长让-雅克·阿亚贡[1]的推动下，这个前卫的动感空间现在成为乔治·蓬皮杜国家艺术文化中心的永久展品。

这段时间，我被自己的婚姻搞得焦头烂额，工作也十分忙碌，但仍然保持了与父亲在爱丽舍宫每周共进一次早餐的习惯。母亲会抽空到贝蒂纳堤岸的家中看看，每次与她见面都让我感到格外幸福，我们一起聊

---

1 让-雅克·阿亚贡（1946—），历史地理学教授，曾从事教师和文化领域多项工作，1993年担任巴黎市政府文化局局长，后被任命为乔治·蓬皮杜国家艺术文化中心主席（1996—2002）。在让-皮埃尔·拉法兰的第一、二届内阁中担任文化宣传部部长（2002年5月7日至2004年3月31日），其前任是卡特琳·塔斯卡，继任者是雷诺·多纳迪厄·德·瓦布莱斯。2004年担任法国五台国际频道总监，2007年至2011年担任凡尔赛城堡、博物院和国家园林公共管理机构主席。

第四章 摆脱孤独：1969—1971

聊各自的生活，气氛既亲近又随意。

她给我讲过一桩在"宫里"生活的有趣经历。一天晚上，她参加完歌剧院的晚会，回家后在新装修的浴室沐浴。由于巴黎那几日连降暴雨，浴室顶部开始漏雨。克洛德想找个容器接雨水，但没有找到。于是她按了一下铃，本以为那是召唤女服务员的按钮。几秒钟之后，她面前出现了手持武器的共和国卫队小分队——原来她拉响了警报！她穿着浴袍，在身着制服的卫队护卫下，一起到楼下厨房去拿工具，然后回到浴室。就在这个时候，暴雨骤停，浴室不再漏水！她向卫队致谢后回到自己的房间。第二天，渗水的地方得到修复。虽然这件事她一笑了之，却仍然感觉不如生活在自己家那般自在。

此外，在爱丽舍宫也不能临时宴请朋友，这真是令人大开眼界。她写道："我们入住爱丽舍宫的第一天，对这一点就深有感触。那天我邀请路经巴黎的美国朋友——服装设计师奥斯卡·德拉伦塔和他的夫人弗朗索瓦丝·德·朗格拉德共进晚餐，可我一时疏忽，没有提前通知爱丽舍宫总管。客人到达时，厨房里什么也没有准备，我们只能以一盘沙拉和一片火腿充饥。这可真是简朴到家了，主客笑得前仰后合，至今令人难以忘怀。"[28] 母亲总是以幽默的态度战胜坏心情。

给壁炉加柴点火的事情必须交给工作人员，训练家里那只屡教不改啃噬地毯的猎兔狗"沙安"（阿富汗国王赠送的礼物）则必须求助驯狗师，这些都让独立性很强的她心里不舒服。虽然这些对自由的限制让她感到懊恼，但是她没有离开"城堡"的想法，因为不能抛下自己的丈夫。

结束一天的辛苦工作后，乔治回到家中，有时几乎筋疲力尽。克洛德会邀请六至八位好友共进晚餐，尽量分散乔治的注意力。她喜欢这种"家庭式"小范围聚餐，轻松、简朴、愉快。无需邀请函，只要提前两三天打电话通知有关人员就行，来宾也无需着正装。"我们给壁炉添柴，还经常把座椅挪到更舒服的地方,整个房间里充满了愉快欢乐的气氛。"[13]

1969年12月,父亲写信给朋友罗贝尔·皮若尔:"我们现在的生活非常疲累,这点无须解释。国家元首的生活简直就是囚犯的生活,总是受到各种约束。理论上,克洛德比我受到的束缚少,情况应该略好。但实际上,我因为工作繁忙,顾不上考虑其他,反而没她那么烦恼。我已经不再独自外出,不去剧场和影院,不去餐馆,很少与朋友聚会,即便见面,气氛也很客套,也没有时间去读书。我们希望情况能有所改变,并尽了最大努力,但效果不佳。然而从礼宾的角度来看,我们已经算是有很大的突破了。"[29] 乔治很享受驾驶自己那辆1962年初购买的保时捷,在前往奥维利埃的路上,总统最大的乐趣就是甩掉警卫车……但这种尝试徒劳无功,警卫车随即提高了马力。

艺术探索

总统夫妇除了在种满玫瑰的花园中散步外,大部分时间都留在室内。他们爱好文化类的消遣,克洛德不仅阅读和重温自己心仪的作品,还喜欢与乔治分享有创意的思想。总统在辛勤工作之余,依然保持着强烈的求知欲,敏锐地捕捉着形势的变化,并与妻子分享自己的感受。"(他能)紧跟时代发展,并且高瞻远瞩。……我们的艺术探险虽然有历史方面的相关考虑,但主要还是基于个人的爱好。"克洛德写道。

探访画家巴尔蒂斯的经历令他们难忘。1961年,巴尔塔扎·克洛索夫斯基[1]被安德烈·马尔罗任命为罗马美第奇别墅负责人,尔后一直

---

1 巴尔蒂斯的原名。——译者注

第四章 摆脱孤独：1969—1971

生活在那里，直到 1977 年。他当时身陷性丑闻漩涡，如今，他的作品得到了世人的认可。

1965 年，由莫里斯·贝雅执导的伊戈尔·斯特拉文斯基的芭蕾舞剧《春之祭》(Sacre du printemps) 在巴黎上演，给他们留下了深刻印象。母亲写道："贝雅决定在体育宫上演《春之祭》，目的是让社会各阶层都能了解这部针对文化精英的剧目。……这场演出在音乐和舞蹈两方面，的确是一场革命。"[28]

他们在爱丽舍宫履职期间经常出席文化活动，克洛德这样描述自己的感受："我和丈夫对音乐和戏剧有着同样的爱好。我们常去看拉辛、博马舍和莎士比亚的剧作演出，我尤其爱听莎士比亚戏剧中铿锵有力的英语。晚上，我们常在爱丽舍宫听音乐。丈夫特别喜欢莫扎特，我则偏爱巴赫。但事实上，从伟大的经典曲目到当代音乐作品，我们什么都听。我负责挑选和换放唱片。"[28]

克洛德还发掘了作曲家兼指挥家罗尔夫·利伯曼，当时他还在汉堡歌剧院当院长。克洛德说服法国时任文化部部长雅克·杜亚美任命他为巴黎歌剧院院长。之后，编舞莫里斯·贝雅和卡洛琳·卡尔森被他纳入麾下。

选择门厅和私人客厅的装饰作品对父母来说是一种乐趣。他们委托让·库拉尔从现代艺术博物馆的藏品中挑选出他们所欣赏的艺术家作品，给予艺术家在总统府展示作品的殊荣，被选中的艺术家包括：弗兰提斯克·库普卡、弗朗索瓦-格扎维埃、克洛德·拉兰纳夫妇、索尼亚·德洛奈、阿尔曼、尼古拉·德·斯塔尔、布拉克、比西埃、苏拉热、哈同、克里斯托等。作品送来以后，由他们决定悬挂的位置，对这项工作他们感到乐此不疲。

晚上，终于从工作中解脱出来之后，他们一边享受两人独处的时光，一边挪动画作并后退端详，他们经过热烈讨论，在对新的布局达成一致意见后，第二天由爱丽舍宫的木工负责悬挂这些作品。这给了他们一种在自己家的感觉，克洛德对这种忙中偷闲回味无穷。她对乔治说过的一句话始终深有同感："艺术是至尊天使之剑，能够直刺我们的内心。"[29]

第一夫人不仅以最现代的风格装饰私人公寓，还调用了国家动产局最精美的藏品来修复18世纪风格的客厅。

克洛德邀请艺术家共进晚餐，与他们成为朋友，妮娜·康定斯基就是其中之一。1971年至1974年，乔治与她一直保持着书信往来，并授予她荣誉军团勋章。她把自己名下丈夫的全部作品都赠予法国，难道政府不该向她致以谢意？

父母无法再像过去那样经常出入画廊，但他们喜欢与艺术家接触和交流。有时，艺术家在宴会过后会以自己的作品回赠他们，并送到爱丽舍宫，以表达感谢之情。作品在运送的过程中也常有意外发生：萨尔瓦多·达利创作的一尊真金雕像被送去让艺术家本人签名，作品返回时却变成了一尊鎏金铜质雕像！还有一次意外与保加利亚艺术家克里斯托的作品有关。克里斯托和他的妻子让娜-克劳德艺术天赋极高，他们用布料和细绳把自然景观、建筑以及物品模型包裹起来，并把其中一件包裹物送给了我父母。但当作品送到后，母亲的私人秘书处却把包装裁开了，太可惜了！

这是一起令人遗憾的事故。为此，在克里斯托完成对柏林联邦议院以及美国许多地方和建筑的包裹之后，克洛德说服雅克·希拉克，批准了艺术家包裹巴黎新桥的申请。

第四章 摆脱孤独：1969—1971

创建大型文化中心

蓬皮杜总统一上任，就开始筹建后来的乔治·蓬皮杜国家艺术文化中心。自1960年起，父亲就已经产生这个构想。一天，他和克洛德从位于拉斐特街的罗斯柴尔德银行办公室回家，途经波布尔区，那里当时一片荒芜，乔治满腔热忱地描绘着在那里建设一个大型文化中心的蓝图。母亲回忆道："这是我们把理想和现实合二为一的机会。"[28] 然而，1962年，戴高乐将军和安德烈·马尔罗认为总理的想法过于前卫，没有接受他的这项提议。

父亲就任总统后，于1969年12月11日召开小范围内阁会议，决定实施塞巴斯蒂安·洛斯特[1]的提案。

此外，还需要确定一名项目协调人。1970年，内阁会议决定任命罗贝尔·博尔达[2]为"波布尔中心建设委员会主任"。他是一位开放包容、有影响力的管理者，具有雄辩的口才和高超的外交手段。在他的努

---

1 塞巴斯蒂安·洛斯特（1936—1985），毕业于巴黎高等师范学院，1969年进入埃德蒙·德·米什莱内阁，担任文化国务秘书。12月13日，他收到蓬皮杜总统的来信，信中详细阐述了总统夫妇对该项目的构想。[29] 离开法国博物馆管理局后，他进入莫里斯·德吕翁内阁，担任文化部部长。1971年至1976年担任罗贝尔·博尔达的专员。1971年，他成立了国际建筑师大赛秘书处，为未来文化中心选定了设计方案。1972年担任最高行政法院审案官。
2 罗贝尔·博尔达（1908—1996），文学学士，法学博士，毕业于巴黎政治学院。第二次世界大战期间，在阿尔及尔投入戴高乐将军麾下。1948年至1951年担任城市规划部部长欧仁·克洛迪乌–珀蒂的办公厅主任，与勒·柯布西耶相识。1958年被任命为行政法院法官，1962年担任法国广播电视公司（RTF）总经理，1970年被任命为"波布尔中心建设委员会主任"，1974年担任波布尔中心公共机构主席，负责建设后来的乔治·蓬皮杜国家艺术文化中心，并在1976年至1977年担任中心首任主席。

力下，一个集现代艺术博物馆、公共信息图书馆（BPI）、工业创新中心（CCI）和声学与音乐研究所（Ircam）为一体的跨领域项目计划应运而生。声学与音乐研究所希冀成为法国音乐创作的摇篮，法国在这方面还远远落后。[4-20-28-29]

作曲家兼指挥家皮埃尔·布列兹被任命为声学与音乐研究所所长，法兰西美术院院士、作曲家马塞尔·兰多夫斯基[1]对此持保留意见。应总统之邀，皮埃尔·布列兹专程从美国返回法国领导这个项目。对利伯曼的任命也是源于母亲的推荐……

与此同时，1971年举办的国际建筑师大赛结果揭晓，理查德·罗杰斯、伦佐·皮亚诺与朋友詹弗拉诺·弗兰基尼联合提交的设计方案摘得桂冠。[20]他们的设计极具争议性，蓬杜·于尔丹[2]和皮埃尔·布列兹这两位前卫设计师分别对博物馆和声学与音乐研究所的设计有所贡献。

为了确保艺术中心的顺利筹备和日后发展，专门成立了一个富有才

---

1 马塞尔·兰多夫斯基（1915—1999），作曲家，被安德烈·马尔罗任命为文化部音乐艺术舞蹈局局长（1966—1975）。他还担任过音乐总督察（1975年），巴黎市政府文化局局长（1977—1979），法兰西美术院院士和终身秘书（1975年），法兰西学院院长。
2 卡尔·冈纳·蓬杜·于尔丹（1924—2006），青少年时期受到马塞尔·杜尚的深刻影响。1954年，他与瑞士具有达达主义精神的艺术家让·丁格利相识并成为朋友，让·丁格利的妻子妮基·德·圣法尔是一位法裔美籍艺术家。1959年，蓬杜·于尔丹担任斯德哥尔摩现代博物馆馆长。在第一次访问纽约之后，蓬杜·于尔丹在欧洲举办了波普艺术早期作品展，1962年举办了罗伯特·劳森伯格和贾斯珀·约翰斯作品展，1964年举办了安迪·沃霍尔作品展。乔治和克洛德·蓬皮杜在斯德哥尔摩正式访问期间注意到他，1970年，邀请他担任未来乔治·蓬皮杜国家艺术文化中心艺术总监，1977年至1981年担任主席。

第四章 摆脱孤独：1969—1971

华的年轻团队，阿尔弗雷德·帕克芒[1]和让－弗朗索瓦·德·康希[2]这些年轻的管理者都在其中。让－弗朗索瓦·德·康希现在被人笑称为"小蓬皮杜"。主管文化事务的亨利·多梅尔是总统的妹夫，负责定期追踪项目进展情况。在巴黎和奥维利埃的家庭聚会上，他向我父母报告项目进展情况，我也多次参与家庭内部讨论。克洛德也会亲自过问，因此，她在建筑设计和人员任命方面都能与丈夫进行实质性交流。

母亲在幕后发挥着关键作用。她能够安定人心，调动大家的积极性，保持项目进程的协调与衔接。1973年3月20日，部际委员会任命罗贝尔·博尔达为波布尔中心公共机构筹委会主任。克洛德·莫拉尔[3]任其助手，负责"文化工程合同"，参与未来乔治·蓬皮杜国家艺术文化中心的设计、建造和向公众开放等事务。

虽然这对搭档一路高歌、勇往直前，但这项工程在艺术界的"学院派"和议员当中还是引发了一场论战！尤其当国家现代艺术博物馆馆

---

[1] 阿尔弗雷德·帕克芒（1948—），1970年加入乔治·蓬皮杜中心筹备工作组，通过遗产保护资格考试，2000年至2013年担任现代艺术博物馆馆长。

[2] 让－弗朗索瓦·德·康希（1948—），历史学家，乔治·蓬皮杜国家现代艺术中心总监。1970年，他和朋友阿尔弗雷德·帕克芒一同加入蓬皮杜艺术中心筹备工作组，负责国际和地区合作事务。1975年至1976年担任国家现代艺术博物馆专员，随后正式调入蓬皮杜艺术中心，担任国际关系负责人（1976—1983）和财务负责人。在法语国家事务部长办公室工作一段时间后，1988年回到蓬皮杜中心，担任主席顾问，负责蓬皮杜中心重建工作。1996年担任造型艺术代表，1998年担任文化事务管理局总督。2003年至2010年担任文化事务区域主任。鉴于此，2005年，克洛德邀请他担任1989年在卡雅克创建的乔治·蓬皮杜艺术之家董事会主席。

[3] 克洛德·莫拉尔（1941—），毕业于法国国家行政学院。1971年至1978年担任乔治·蓬皮杜国家艺术文化中心秘书长，协助罗贝尔·博尔达负责未来蓬皮杜中心的设计、建造和对公众开放等事务。1981年至1986年任职于法国国家视听研究所（INA），后担任造型艺术代表。2006年担任法国审计法院审案官。1976年出版《乔治·蓬皮杜国家艺术文化中心的挑战》。

长的职位交于蓬杜·于尔丹，而热尔曼·维亚特[1]担任其副手后，论战进一步升级。想想看，这可是一个瑞典达达主义者！议会甚至提出要成立一个波布尔调查委员会，文化事务部部长莫里斯·德吕翁表示反对，才确保了项目未被中断，但是各种发难并未停止。直到父亲去世后的1975年，乔治·蓬皮杜国家艺术文化中心才确立了其最终地位，并于1977年1月31日举行了落成仪式，正式对公众开放。

这项工程的竣工得益于乔治的果断和决心，得益于克洛德的才干与说服力，得益于雅克·希拉克的鼎力支持，得益于多年来坚持不懈的努力。如今，乔治·蓬皮杜国家艺术文化中心已享誉世界。

亲密无间的家庭氛围

周末，奥维利埃的气氛像过去一样欢乐热闹，家人在一起做游戏。乔治的父亲很喜欢家里的花园，享受着温馨的家庭氛围，乔治感到很欣慰。老人过着足不出户的生活，热衷于美食。他以前是西班牙语教师，退休后编写了第一部法语–西班牙语词典。他82岁时突患心脏病，几天后离开了人世。1969年2月8日，乔治写信给朋友罗贝尔·皮若尔："生命如斯，或者说死亡不过如此。周日，父亲在奥维利埃的家里还是那样生气勃勃、幸福快乐，周二上午却突然心肌梗死。他没有遭受太多

---

[1] 热尔曼·维亚特（1939—），从事与现代艺术相关的工作，担任文化遗产官员和美术总督察（1966—1969）。担任乔治·蓬皮杜国家艺术文化中心当代文献部总监（1973—1974），1975年至1984年担任国家现代艺术博物馆馆长蓬杜·于尔丹的副手。1992年至1997年担任国家现代艺术博物馆馆长。加入盖布朗利博物馆团队，担任非洲大洋洲国家艺术博物馆馆长，这个博物馆后来并入由雅克·希拉克提议成立的原始艺术博物馆。

第四章 摆脱孤独：1969—1971

痛苦。周一晚上我和他告别，对他说：'好好休息吧。'他回答道：'你也要好好休息。'"[29] 至亲的突然离世让乔治有些手足无措，我强忍悲痛，尽力安慰他。

弗朗索瓦·莫里亚克专门致信总统："我能够体会儿子失去父亲的那种痛苦。您出身教育世家，您父亲从事的是人世间最高尚的职业。"[29]

几个月后，1969年11月11日，我儿子托马的出生打破了父母原有的生活节奏。乔治格外激动，克洛德看着小婴儿的脸庞，不由得满心欢喜。

这对他们来说是某种补偿。作为婴儿的父母，我和妻子能够感受到他们的热情、关爱和感激。托马的到来使他的祖父母有了新的关注点，让他们暂时忘记公务和尘世的烦扰，如同一道阳光点亮了他们的生活。

对于媒体来说，这是一件大事，他们需要刊登一张我们一家人在医院的照片。当时我正在服兵役，有人建议我穿上军装、戴上海军少尉的军帽，这样不容易被辨认出来。父母极力保护我的私人生活，他们知道有些人一直想揭穿我的养子身份，甚至为此不择手段。他们认为，这纯属个人隐私。我不打算欺骗任何人，更何况孩子母亲的身份似乎要被曝光了！

1971年2月3日，乔治写信给罗贝尔·皮若尔："家庭是唯一的避风港湾……托马带给我们无限希望，他是个可爱的孩子，进步很快，由他的母亲全身心照顾着。他还不到15个月，已经快会说话了……我们非常宠爱他，随身带着他的照片。克洛德对现在的处境只是勉为其难地应付着，有时心情很压抑。她见托马的次数比我多，而这对她来说是巨大的慰藉。"[29]

我们的生活重新步入正轨，乔治肩负重任，克洛德的社交活动繁忙，我要准备医学教师资格考试。全家人的每一次见面，气氛总是愉快而热烈，内心深处的互相关爱把我们连接在一起。

总统度假

在那个时代，政治活动如火如荼，有时甚至出现剑拔弩张的情形。官方招待会不计其数，但出国访问远不及现在频繁。

在议会休会期间，总统也可以休息一下。他通常是在布雷冈松、卡雅克和奥维利埃三个地方轮流度假，后来又增加了布列塔尼。

位于瓦尔省的布雷冈松城堡基本处于闲置状态，戴高乐将军绝大多数时间都居住在巴黎和科隆贝。

克洛德对新居总是兴趣盎然。她亲自参与城堡的翻新工作，让人重新装修了房间，并以皮埃尔·保兰设计的家具进行装饰。充满现代感的白色皮质扶手椅、有机玻璃桌子、抽象派雕塑、非洲木刻和斯堪的纳维亚钢制品交相辉映。现代、简约的装修风格，居住起来很舒适。从1970年起，总统夫妇开始在这个夏季别墅度假，附属建筑也被翻修一新，用以接待家人和朋友。

乔治和克洛德专程前往圣保罗德旺斯，与艾梅·玛格[1]和他的妻子

---

1 艾梅·玛格（1906—1981），当代艺术收藏家、商人、艺术出版商、雕刻家兼平版画家。他是孤儿，由政府抚养长大，1927年定居戛纳，当印刷工人，在那里与玛格丽特·德韦相遇。玛格丽特·德韦的昵称为"吉吉特"，认识艾梅·玛格时她17岁，是土生土长的戛纳人。1928年，两人结婚。玛格丽特·德韦很务实，能够审时度势，她实现了自己的艺术梦想，并达到了职业生涯的巅峰。1932年，艾梅开设了艺术印刷厂，并与博纳尔和马蒂斯相识。第二次世界大战期间，他们夫妇在家中接待过逃到自由区的艺术家和诗人。1945年12月6日，玛格画廊在巴黎开业，举办的马蒂斯作品展得到广泛关注，画廊后来为当时许多伟大的艺术家举办过展览。艾梅出版了《镜子背后》和一些诗歌评论集。1964年，他在尼斯附近的圣保罗德旺斯创建玛格基金会，致力于现当代艺术的发展。

第四章 摆脱孤独：1969—1971

"吉吉特"会面，这对才华横溢的夫妇在那里创立了一个现代艺术基金会。后来在有关蓬皮杜夫妇的回顾中，经常能看到1972年他们参观贾科梅蒂作品展的照片，展示出他们对现当代艺术的热情。

通常情况下，乔治会在度假第一天召开记者会，以免之后再被打扰。即便如此，在布雷冈松陡峭的山顶上，还是有不速之客到来。他利用假期时间阅读，在花园中朗诵喜欢的作家作品，撰写发言稿，准备新闻发布会，对过去和未来进行思考，并开始写个人回忆录。他的工作效率很高，还可以抽出时间陪伴克洛德。

一艘海军汽艇随时待命，他们可以乘船出海小憩。他们经常去波克罗勒岛，克洛德喜欢在海边游泳。亲朋好友欢聚一堂，气氛轻松愉快，大家在一起共享美味佳肴。

母亲在那里感受到了久违的自由。他们虽然不能去圣特罗佩，但是受邀的客人会带来圣特罗佩"精品"时尚店的新款图册，还会转述她已经不便直接参与其中的巴黎社交圈的"八卦"新闻。

卢森堡大公让与夫人约瑟菲娜-夏洛特与他们毗邻而居，两家人由此成了朋友。在家中，乔治和克洛德称大公夫人为"让娜王后"。大公夫妇的宅邸周围环绕着葡萄园，还可以俯瞰卡巴松海滩。

星期日，总统夫妇前往博尔默勒米莫萨市镇的圣特罗菲姆教堂参加弥撒，这已成为惯例。乔治和克洛德受到当地居民和游客的欢迎，气氛热烈而友好，他们的心情大为舒畅。博尔默的氛围与普罗旺斯十分相似，他们常常驾车四处游览，尤其对马赛周边地区情有独钟。然而，布雷冈松堡垒对于克洛德来说仍然太过压抑。"我们没法在这样的环境中度假，这就像把爱丽舍宫搬到了海边！"[13]她这样说道。

与此地相比，克洛德在卡雅克感觉要自在得多。在那里，她可以策马扬鞭，也可以亲眼看到复活节出生的羊羔。卡雅克的起居设施足以同时接待家人和朋友，许多喜欢喀斯生活方式的社会名流纷至沓来，工作人员发挥了重要作用。作家、艺术家、诗人和商人接踵而至：大提琴家姆斯季斯拉夫·罗斯特罗波维奇，又名"斯拉瓦"，与蓬皮杜夫妇私交甚笃，他的妻子加林娜多次寄居于此；宾客中还有画家马歇尔·雷斯、居伊·德·卢日蒙，以及与加尔兄弟一起前来的菲洛梅纳·图卢兹，她几年后婚姻破裂，成了达伦贝格公主。此外，出版商克里斯蒂安·布尔古瓦与他的伴侣、克洛德的朋友雅克利娜·德·吉托也到这里度过周末，埃波斯城堡是雅克利娜·德·吉托的家族财产。

晚餐在鸽舍进行，气氛热闹，餐桌上摆着古老的锡器和印有 19 世纪当地特色装饰的盘子。天气寒冷的时候，宾主围坐在壁炉前，乐此不疲地谈论凯尔西省、远足和史前岩洞这些话题。提到安德烈·布勒东时，在场的人无不唏嘘感叹，恍若隔世。他曾居住在距此几公里之外的圣西尔克拉波皮。

第二天上午，大家在 11 点前聚集到游泳池旁，有人游泳，有人晒太阳，有人对新闻发表看法。午餐在室外进行，磨坊大转轮放倒在柱石上成了桌子。

附近的农户也受邀前来喝咖啡。

在这里，克洛德精神焕发，乔治神色轻松。摄影师和记者在假期第一天应邀而至，做了精彩的报道。摄影师拍摄到蓬皮杜夫妇站在磷矿区悬崖边的照片，由于乔治太靠近悬崖边，克洛德觉得头晕目眩，并拽着他的衣袖；摄影师还拍摄到他们在羊舍外被羊群包围的照片。

我住在与父母相邻的那座农舍中，经常过来看望他们，还让他们帮忙照看托马、罗曼和雅尼克。三个孩子让他们乐不可言，克洛德特意调整日程，以便与孩子们多多相处。我和妻子都知道，儿子们一定很受宠爱，晚上只要预备一锅汤和少许奶酪，就足够喂饱小家伙们。

第四章　摆脱孤独：1969—1971

贝尔蒂·施拉姆起初不肯登门，即便是身在附近都不肯接受邀请。但他自从与我叔叔卡斯泰打过牌后就不再拒绝前来。他们经常打牌至深夜，就连乔治和克洛德都无法奉陪到底。

星期日，蓬皮杜夫妇在参加弥撒之际与当地人，以及经过此地的围观群众见面。

奥维利埃是他们的第三个夏季度假地，那里的氛围更加静谧。我的祖父母已经去世，他们的同代人也相继过世。房子经过了翻新和重新装修，客厅中挂着现代艺术画作，摆放着几件古木制品和一尊圣乔治屠龙雕像，这是克洛德送来的礼物。父亲对花园进行了扩建，他和妻子都对玫瑰情有独钟，于是让人从卢瓦尔河谷找来适应性强的玫瑰植株种植，50年后这里仍然繁花似锦。母亲有点无聊，天气好的时候，她会待在花园里，欣赏玫瑰花。与卡雅克和布雷冈松不同的是，在奥维利埃的周日弥撒结束后，他们不安排与民众见面。毫无疑问，乔治和克洛德在奥维利埃希望能够深化他们的宗教信仰。

布列塔尼对他们来说主要是一个疗养地。克洛德认为布列塔尼的气候有益于丈夫的健康，事实的确如此。1971年夏天，乔治开始服用低剂量可的松。海洋的湿润空气、用新鲜贝壳和鱼烹饪的食物对他的健康都大有裨益。早在乔治当总理时，克洛德就在富埃南市租了一栋19世纪的庄园，他们决定继续住在那里。从庄园的高塔上可以俯瞰大海以及格雷南群岛，由于庄园的位置偏僻，部署安保措施轻而易举。

然而还是出现了意外情况。庄园四周设置了宪兵警戒线，但是为了让克洛德有种自在的感觉，乔治要求警戒线尽量在视线之外，宪兵不能踏入庄园草坪。有一天，我们正在室外用午餐，突然出现一个衣着奇特的人。他越过了警戒线，由于恪守不得入内的命令，宪兵只得看着他闯入，但他们相信里面的警察会进行拦截。当警察发现他时，克洛德一眼认出了闯入者，原来是著名小丑演员阿希尔·扎瓦塔，他是应我母亲邀请来品尝她的家庭自制甜点的……

我们带着孩子来到布列塔尼的这处别墅，看到他们为祖父母带来的幸福和快乐，我们感到很欣慰。下雨时，一家人待在室内打牌、阅读、听音乐。天气晴朗时，乔治和克洛德喜欢去海边，享受海水浴、捕捞小虾、沿着沙丘漫步。父亲在这种闲适的日常生活中得到休整，有时他会乘坐米歇尔·博洛雷的"油墨号"出海。米歇尔·博洛雷每年夏天都与妻子莫妮克到贝格梅伊的家族老宅居住，他们那里距离我们只有几分钟。他们在格雷南群岛钓鱼，总是满载而归。博洛雷夫妇为人热情，乔治和克洛德常与他们共度晚间时光。米歇尔是固执的布列塔尼人，他是最早加入戴高乐派的，他与拉扎雷夫是朋友，总有讲不完的关于布列塔尼和巴黎的故事。莫妮克是伽利玛出版社的编辑，克洛德喜欢和她谈论文学。

在返回巴黎之前，父母特意绕道北部滨海省阿古埃斯特岬角，应邀到贝当古家做客，他们的房子可以俯瞰大海。规划部部长安德烈·贝当古和他的妻子利利亚纳是当时巴黎大名鼎鼎的伉俪。在公务活动中，人们总是对克洛德和利利亚纳的仪表和谈吐进行比较。

贝当古的女儿弗朗索瓦丝酷爱巴洛克音乐，喜欢弹钢琴。她对我父母有着美好回忆："我清楚地记得，在我十几岁时，家里为接待总统所做的准备。在爱丽舍宫和阿古埃斯特之间开通一条电话专线是件极其困难的事情。客人抵达后，我遵照父母的吩咐，向乔治·蓬皮杜有礼貌地打招呼：'您好，总统先生。''亲爱的弗朗索瓦丝，叫我乔治就行，这简单得多。'我很高兴，但又有些不知所措。我父母自豪地向他们展示了我祖父欧仁·许勒尔在30年代购置的鲁尔曼设计的家具。这些家具罕见，匠心独运。客房摆着一张船形的床。克洛德说道：'很有

第四章 摆脱孤独：1969—1971

意思！'"[1]大概是因为在布列塔尼的海边别墅看到这样的家具，母亲觉得很有趣。

第二天，他们一起前往布雷阿岛乘船游览。弗朗索瓦丝写道："记者们都很想报道。总统身着休闲装，和他的一位部长在一起，这可是一个意外收获！乔治十分警觉，发出命令：'都卧倒！'太惊险了！记者拍到的照片没有一张能发布，我父母总算放了心，因为这次私人邀请纯粹出于友情。"

《巴黎竞赛画报》记者拍摄的另一组照片记录了他们在这里的休闲时光。

在布列塔尼的休假结束后，克洛德容光焕发，乔治精神抖擞。回到爱丽舍宫后，他们以更加饱满的热情投入到各自的工作中，工作起来也更加得心应手。

克洛德利用周末和假期为丈夫疏解压力。她很善于调节气氛，能够使日子过得舒适愉快。尤其是当她能够自己安排时间时，总是感觉无比幸福。

乔治对朋友的选择，以及对外出游览地点、行程安排、书籍和唱片的选择，对于克洛德来说根本算不上负担，而是一种久违的快乐。只有在度假时，她才会如此愉悦，作为公众人物的生活终于可以暂时丢到一边。

事实上，克洛德在全身心扮演着自己的角色。她希望发挥自己的影响力，不愿无足轻重。她的独立性体现在她的选择与我父亲的选择形成了天然的互补上。他们之间非常默契，毫不拘束。只有度假的时候，他们才能享受两个相互依恋的人在一起的那种幸福，而其余时候的生活总是过于紧张。

---

[1] 弗朗索瓦丝·贝当古·梅耶尔向作者提供的个人见闻。

【第五章】

磨难与意志力:1972—1974

面对疾病

冬天刚过,在卡雅克过复活节时,父亲到羊舍察看羊群时着凉感冒了。当时天气晴好,但有凉风从他衣服敞开的地方侵入。乔治希望到处看看,与牧羊人展开讨论,还同克洛德进行商议。回屋后,虽然餐厅的炉火烧得很旺,但为时已晚……

第二天,父亲发起高烧,卧病在床。当地医生阿雅克接到电话赶来,他的胡子剃得很干净,头上戴顶帽子。他先仔细观察了乔治,然后听诊。"夫人,这是肺淤血初期。您丈夫必须注意保暖,服用抗生素会有效果,但最好配合用药膏和'山柳菊',以改善呼吸系统。四天内不要外出,取消所有活动。"他对我母亲说。

这个处方很奏效,但消息不胫而走,传言说总统在卡雅克被"倒春寒"击倒。

回到巴黎后,乔治经验丰富的私人医生让·维尼亚卢[1]要求他做一次血液检查。结果不出所料,乔治的蛋白质指标异常,同时,医生还从他的身体里检测到一种"巨球蛋白",1944年,瑞典医生让·瓦尔登斯特伦[2]

---

[1] 让·维尼亚卢,内科医生,伊夫里医院主任,医院附属医学院教授。
[2] 让·约斯塔·瓦尔登斯特伦(1906—1996),瑞典医生,1944年,他第一次确定了巨球蛋白血症的存在,后来这种病症便以他的名字命名。瓦尔登斯特伦病源于异常的浆细胞克隆性增殖,并逐渐侵入骨髓。

对这种疾病有过阐述。让·贝尔纳教授立即被叫来会诊，制定出接下来的治疗方案——低剂量可的松配合微量氯霉素类抗生素。

全科医生又与血液学专家进行商议。从他们的分析中可以看出，这种疾病的起源无法探知，因此不能给出具有针对性的治疗方法，并且在当时的情况下，也无法确定病情会如何发展。[1]国家元首智商极高，既有理性的头脑，又有感性的情感，如何对他解释其中的不确定性？万一出现误诊，那将会失去他的信任。于是，医生们决定将之解释为"骨髓机能不全"，并说明之前的治疗过于保守。维尼鲁大夫强调："没必要让他感到惊慌。"医生们向我建议，只要父亲的病情在可控范围内，就不要向母亲透露任何信息，并让我对父亲进行心理疏导。我在医生和总统之间起到了纽带作用：我总是第一个拿到验血结果，然后交给父亲，告诉他这符合他的疾病症状，并向母亲做简要的说明。我的同行根据检查结果调整治疗方案，我以此为依据做出初步阐述。

这种做法非常奏效，父亲直到生命结束始终对他的医生绝对信赖。他天性乐观，体质强健，对我的解释全盘接受，并谨遵医嘱。母亲除了在父亲病情恶化期间表示过隐隐的焦虑外，一直尽可能地回避这种疾病，况且她对这个名字奇怪的疾病也一无所知。

随着疾病的发展，父亲服用的可的松剂量开始加大，父亲食欲大

---

[1] 当时，人们还不知道这种疾病有两种表现形式。一种是慢性病，能够持续数十年（需要长期服用低剂量可的松，尽可能降低副作用）。另一种则发展很快，无法医治，患者生存期只有几年。乔治·蓬皮杜属于第二种，但在当时缺少有关知识的情况下根本无法做出准确预测。另一方面，在20世纪70年代，对于无法治愈的疾病，由于没有行之有效的治疗方法，法国医生通常不会告知患者实情。然而，20年后，由于积极治疗起到的重要作用，要求患者配合并获得患者家庭的支持已经成为必要之举。这一医学突破要求向患者告知其所患疾病，解释治疗方法，并要求患者配合医生监控病情。

第五章 磨难与意志力：1972—1974

增，身材发福，面部出现"浮肿"。大家都有所察觉，但谁都没有想到病情发展会如此之快。流感、支气管炎、肺部感染，一波接一波袭来。医疗公报的信息虽然不完整，但准确无误。

一天，父亲血液中的血小板含量过低，情况危急。在挺过一阵刺痛后，他焦虑地坐在我面前，沮丧地说道："我不行了！"我回答道，经过治疗，他很快就能恢复健康。这是他想听到的话。

随后，他以无比坚定的意志力恢复了工作。克洛德努力掩饰着自己的心情，除了在公务活动中尽心尽力外，还搜集珍藏版书籍和现当代音乐新唱片送给丈夫，给予丈夫精神上的支持，或许也是为了掩盖自己的焦虑。一天晚上，她把我叫到一旁说道："不要对我有任何隐瞒，我需要知道真相。"我心知肚明，但只说道："你就相信我吧。"她对我无比信赖，再次获得了面对父亲疾病的勇气。

乔治全力履行总统职责，没有丝毫抱怨。然而，总理雅克·沙邦－戴尔马总是在未与他事先充分协商的情况下宣布政令，这让他感到身心俱疲。

母亲说道："沙邦太过冒进，步伐太快，这与我丈夫的性格相反，不过他很欣赏沙邦。"[28]虽然如此，这位异常活跃的总理已经影响了第五共和国国家机制的正常运行，乔治决定换人。1972年7月，皮埃尔·梅斯梅尔出任总理。父亲告诉我："他（沙邦）会感到诧异，但我需要一个对我完全忠诚的人。"事实证明，父亲终于可以松口气了。

克洛德不仅充分利用卡雅克的小长假，1972年冬天，他们还前往尼斯周围的奥龙山区，因为户外活动对她的丈夫有好处。1950年，我们就是在这个滑雪站第一次接触到冬季运动的。母亲征得我妻子的同意，带走了我们的小托马。我们相信托马在他们身边可以帮他们缓解焦虑情绪。托马那时三岁，在这段艰难时期，他的欢乐天真为他的祖父母增添了许多快乐。

1973年7月12日，乔治写信给罗贝尔·皮若尔："我想，做任何事情都没那么简单。有时感觉自己像个包裹，被人搬来搬去，但又无可奈何，总之，我忙得不可开交。我如果感叹命运不济的话，这听起来实在荒谬。我很想停下来休息一下，可这并不现实。克洛德的承受力远不及我，看到记者对我的攻击，她心里很难受，但我已经可以做到无动于衷了。"[29]父亲对母亲的担心超过对自己的，由此可以看出他对母亲的深深爱恋，他总是努力保护她，希望让她过得舒服一点。

陪同总统出访让克洛德备感煎熬，尤其是在外交礼仪的约束下，她几乎不可能有任何彰显自己个性的主动作为，只能做着规定的动作，说着官方的话。因此，她尽可能不陪同丈夫出访。因为陪同出访对她来说不是享受，而是一种负担。

总统的冰岛和中国之行都没有克洛德的身影。1973年6月1日，蓬皮杜总统在冰岛首都雷克雅未克与理查德·尼克松会面。他围着一条厚围巾，面庞因服用可的松而变得浮肿。1973年9月，乔治·蓬皮杜在北京与周恩来密集地举行了三次会谈，并与毛泽东会面。父亲回来时告诉我："我们谈到了各自的健康问题。"

1974年3月13日，乔治·蓬皮杜在格鲁吉亚皮聪达与列奥尼德·勃列日涅夫举行会谈，她也没有陪同前往。访问期间，父亲得了痔疮，忍受着巨大的痛苦。但是，无论当时情况如何艰难，会谈记录都证明总统坚定地捍卫了国家立场，没有做出任何让步。在乔治·蓬皮杜的传记的第二版中，埃里克·鲁塞尔对此有所记述。[33]

克洛德认为总统的助手们应当适当减少他的行程，给他多留点休息时间，但她并没有为难工作人员。爱丽舍宫秘书长爱德华·巴拉迪尔与总统保持着日常联系，由于医生没有告诉他总统的诊断结果和病情发

第五章 磨难与意志力：1972—1974

展情况，所以他的工作也并不好做。2014年，他出版了《权力的悲剧》（*Tragédie du pouvoir*），追忆了与总统最后几个月的相处经历。[2]

克洛德的父亲是医生，但他很清楚自己不可能比爱丽舍宫的护士——聪明忠诚的阿泽格利奥小姐——做得更好。母亲也很明智，对总统的私人医生充分信任。医生随叫随到，医术高明，冷静专注，让人安心。由于长期服用可的松，乔治变得脾气暴躁。克洛德不仅自己要适应，还要让周围人减少猜疑，最大限度地消除朋友和工作人员的无端猜测和议论。这是一段艰难的时期，我苦恼烦闷，母亲疲惫不堪，我们从不主动谈论父亲的病情，因此也无法给予对方精神上的支持。

克洛德努力保持镇定自若，乔治对医务人员和从医的儿子表现出绝对信任。他强忍病痛，勤奋工作，直到生命结束前的最后一晚。他在生前最后几个月留下了大量文件批示。

1974年2月8日，父亲让人带给我一个封口的信封，这是他在两场会晤间隙匆匆写下的一张便条。

"阿兰：

你去学校时最好不要顺路来看我，有人'盯梢'。他们看你来得过于频繁，会认为你在给我看病，到时候你会被盯上，受到骚扰，甚至被人跟踪……"[29]

他总是把保护家人摆在首要位置。我们假装没有注意到他的病情在加剧，克洛德从不提自己与日俱增的忧虑。我则严格遵照医生的嘱咐行事，没有刻意向母亲隐瞒实情，况且她也不会轻信。我们之间颇有默契地"不提此事"。

总统的体质强健，仍然能够应对疾病的挑战。在病痛的折磨下，他拒绝被恐慌情绪吓倒，始终坚信自己可以战胜病魔，恢复健康，虽然难度越来越大。

1974年3月21日，官方公报称："总统的血管产生了良性病变，肛肠区域间歇性刺痛。"

几天后，1974年3月27日，总统召开内阁会议，爱德华·巴拉迪尔对总统在会议上的发言做了逐字记录[1]："我现在的身体状况和精神状况都不太好，虽然我报纸看得不多，但我知道外面发生了很多事情。如果我什么都不说的话，人们会说，'太沉默了！'；如果我做些评论的话，人们又会说，'什么狗屁评论！'现在的情况就是这么可笑。……我想告诉在座的各位部长，我的情况时好时坏，这没什么大不了的，一切都会好起来的。如果有人问，不要回答，'总统精神得很'。没有不透风的墙。……要了解真相，不要人云亦云。我现在虽然不能蹦蹦跳跳……不过我们走着看吧，我有信心继续打扰大家。"[2-29]

由于国家元首没有指定接班人，有人不怀好意地对此进行攻击。事实上，乔治·蓬皮杜的唯一心愿是维护戴高乐主义。他希望自己在职的时间尽可能长，但这并非出于个人考虑，而是为了筑牢防线，在总统大选中更好地迎战对手。

永失我爱

在紧张的政治环境以及不断恶化的病痛的烦扰下，1974年3月29日星期五，乔治和克洛德决定前往奥维利埃度周末。母亲写道："星期

---

1 蓬皮杜总统首先详细分析了国际形势，然后对部长做出明确指示，特别是在对美立场问题上[33]，他的讲话慷慨激昂。

第五章　磨难与意志力：1972—1974

六，我们做了计划，准备复活节到卡雅克庆祝。"[28]星期天晚上，父亲的疼痛加剧，我已无法帮他缓解痛苦。这是克洛德第一次不得不去其他房间休息。第二天上午十点钟，我和父亲约好共进早餐，但父亲没有出现。他卧病在床，发起高烧。

医生从巴黎赶来，总统停止了一切公务活动。夜间，父亲出现了败血症的症状，但依然神志清醒，他拒绝住院治疗，因此必须迅速赶回贝蒂纳堤岸的寓所。雷蒙·巴斯坦[1]教授的感染病团队接到救治总统的任务，他们之前曾多次为总统进行抗感染治疗。

在巴黎的家中，医务人员对总统进行了密切监护。下午，诊断结果已经明确，父亲得的是一种急性败血症，对抗生素有耐药性。医生在输液时使用了一种刚刚研制出来的新药，但效果不佳，父亲发烧不退，并且越烧越高。

星期一，爱德华·巴拉迪尔几乎整晚都留在贝蒂纳堤岸，凌晨才离开。我守在家中寸步不离。医生监护着越来越虚弱的父亲，母亲也一夜无眠。克洛德在丈夫身边待了一会儿，他意识清晰，但是痛感越来越强烈。"你怎么办？"乔治问道，接着补充说，"还有阿兰。"克洛德没有回答。她躲进了公寓最内侧的小书房，感到孤独无助、无能为力，但仍然要求掌握详细情况。如同几个月前那样，她对我重申了她想了解实情的愿望。

"我必须知情，想有所准备。"她这样告诉我。我回答道："我认为希望不大，这次感染无药可治，医生们束手无策。"然而，她还无法接受这样的现实。

1　雷蒙·巴斯坦（1914—2013），传染病临床教授，法兰西医学院院士，后任常任秘书。
2　皮埃尔·朱耶（1921—1999），乔治·蓬皮杜的心腹顾问。

4月2日星期二，接近中午时分，爱德华·巴拉迪尔到来。他与总统进行了简短谈话，讨论了未来几天的日程安排。接着，皮埃尔·朱耶[2]进来。他拄着手杖，胳膊下夹着一个旧棕皮公文包，说有个紧急文件必须向总统报告。我表示反对，但他一再坚持，我不得已走进父亲的房间。父亲躺在床上，痛不欲生，意识却很清醒。

"皮埃尔·朱耶来了，他想向你汇报，说有急事。"

总统恢复了一点力气："告诉他我现在得听医生的，两天后就会好转。我要去卡雅克，回来后见他。"

我向皮埃尔·朱耶做了传达，他一只手拿起装文件的公文包，另一只手拄着手杖，离开了贝蒂纳堤岸。

尽管高烧不退，疼痛难忍，乔治始终无比信赖身边忙碌着的感染病医生和不动声色一直鼓励他的维尼亚卢大夫。

父亲的痛感越来越剧烈，医生建议母亲来看看父亲。听到我说母亲要进来时，我看到父亲的表情变得温和，面带微笑。母亲努力掩饰着自己的绝望，握着父亲的手。在爱人的相伴下，乔治有了片刻的平静和幸福。

克洛德从房间离开，悲痛万分。

父亲精疲力竭，陷入昏迷。几小时后，他彻底失去了意识。

* * *

经过商议，医生起草了一份声明："总统患有瓦尔登斯特伦病（巨球蛋白血症），病情一直稳定。近期出现感染并发症，病情恶化。3月31日，由于严重感染和高烧，导致死亡。"[1]

---

1 作者的私人档案。

第五章　磨难与意志力：1972—1974

我把声明内容告诉克洛德，她急匆匆步入客厅。虽然她过去一直避免与医生直接接触，这次却极力强调"没有人会明白这种连名字都难念的疾病"（这是她的原话），要求医生必须绝对保护患者隐私。医生只得服从。

爱丽舍宫秘书长爱德华·巴拉迪尔起草了一份官方声明，宣布共和国总统逝世，其他什么都没提。

葬礼准备就绪。

其实，人们都曾注意到总统面容和体态的变化，但法国媒体出于尊重，对此一直讳莫如深。因此，国家元首逝世的消息令所有人震惊。

1974年4月2日22点15分，电视节目《荧屏档案》（*Les Dossiers de l'écran*）被中断，菲利普·阿鲁阿尔进行播报："共和国总统逝世。"一时间，法国民众心绪难平。

40年后的2014年，在父亲的信札出版之际，我从各个年龄层的读者那里了解到，当年他们与家人听到总统逝世的消息时，都感到犹如晴天霹雳一般。

克洛德希望自己积聚足够的力量去面对葬礼。她让我负责接待前来贝蒂纳堤岸吊唁的各界人士，但她亲自向爱德华·巴拉迪尔夫妇致谢，感谢他们对总统的忠诚。同样地，她也表达了对雅克和贝尔纳黛特·希拉克夫妇的依赖和信任。

4月4日星期四，在圣路易岛举行了宗教仪式。根据父亲的遗愿，葬礼上咏了格里高利圣咏，索莱姆修道院的修士获准专程前来参加仪式。母亲一袭黑衣，我在她一旁就座，家人陪伴在我们身旁。出席葬礼的还有众多政府官员、父亲的同事和朋友。我们在奥维利埃还举行了一个非常简朴的小型下葬仪式。

父亲去世后，母亲收到了很多人对父亲的哀悼以及对她的慰问和支持。1974年4月3日，戴高乐夫人在唁函中的一句话概括了人们的普遍感受："我虽然知道您丈夫身患重病，但看到他无所畏惧地继续工作，完全无法想象他已经离开我们。"[1] 戴高乐夫人、戴高乐之子海军上将菲利普、戴高乐之女伊丽莎白与其丈夫布瓦西厄将军的来信令她格外感动。她与伊丽莎白一直保持着友好关系，1945年起与布瓦西厄将军也时常会面。

4月6日，巴黎圣母院举行了隆重的弥撒，我和母亲没有参加。除了国家元首和政府首脑外，巴黎市民和来自法国各地为数众多的仰慕者都纷纷出席。事实上，在奥维利埃葬礼后的第二天，母亲就决定离开巴黎，前往卡雅克，与家人待在一起。她连续几日一言不发，悲痛到极点。"我就像被炸弹击中了头部。"[13] 她后来这样说道。

几天后的星期天就是复活节，我们在喀斯高原上漫步，看到父亲之前种下的一片小核桃树开出了蓝色、白色和红色的花……这个场景如梦如真，在我脑海中挥之不去。我想忘记，画面却更加清晰。

母亲再也没有回过爱丽舍宫。在她眼中，那里一直是"不幸之地"。[13]

她面前将展开另外一种生活。在未来的日子里，她对当年一见钟情的丈夫始终怀着深切的缅怀之情。

---

1 作者的私人档案。

【第六章】

面向未来：1974—1986

无限哀思与拉开斗争序幕

父亲担任总统期间已经习惯于做"孤家寡人",母亲由于受到精心保护,从未感受过世态炎凉。

父亲去世后,一切都彻底改变了。

在我的提议下,雅克·希拉克决定以已故总统的名字命名滨河汽车道,这是父亲生前推动建设的。然而,这样的殊荣也无法弥补母亲失去伴侣的落寞。克洛德陷入了孤独。

她坦言:"丈夫去世后,我的生活如同遭遇了一场海难……"[13-19]

她与家人在旺代省度假,期间游览了普瓦图湿地、"绿色威尼斯"以及丰特奈-勒孔特修剪齐整的黄杨树林。回到巴黎后,她没有从朋友那里寻找慰藉——总统的突然逝世让他们也还在震惊之中——而是决定依靠自己。她阅读普鲁斯特、狄德罗、托尔斯泰和克洛岱尔等自己喜爱的作家的作品,从中汲取力量,不让自己过多地回忆过去。

无助的时候,她时常祷告。"我童年在于尔絮勒修会中学读书时开始信仰宗教,终生如此。……我接受的是宗教教育,这在我的生命中烙下了深刻的印记。我经常祷告。……祷告可以使人获得解脱和安慰,是一种憧憬和灵魂的升华。"[27-28-35]

在这几个月的孤独煎熬中,她想到了自己的祖母。这位令人尊敬、孑然一身的女性曾一再告诫她:"不求标新立异,与众不同,但求对得起自己,也对得起别人。"[35]这个训诫她始终牢记在心。戴高乐夫人的教育背景与克洛德的祖母相似,也说过类似的话。

这些榜样唤醒了她内心的力量,而在遭遇不幸之前,繁忙的公务活动占据了生活的中心,使这种力量已然趋于沉睡。

个性使然,克洛德没有从此消沉。葬礼结束后,她虽然没有完全从这一打击中恢复过来,但已经振作起来。"人的一生中最重要的事情是及早为自己立下奋斗目标,并持之以恒,矢志不渝。不要放弃自己的道德标准,不要见异思迁,也不要遇到挫折就气馁。"[28]

克洛德无法忘记有人为了打击乔治而企图诬陷她的阴谋。事后回想,她虽然战胜了阴谋,心里却留下了无法抹去的阴影。"我经历过人心险恶和恶意诽谤,有过不公正和无助的感受……我从未因此埋怨和怨恨,但有时候也会反抗。"[28]

没过多久,她就不得不进行反击。文化国务秘书米歇尔·居伊[1]的新任办公厅主任是名青年外交官,在马尔科维奇事件中有过不得体行为,曾在巴黎社交圈到处散布诋毁克洛德的言论。克洛德强烈要求部长辞退此人,却被断然拒绝。面对她的一再坚持,这位部长终于放话:"亲爱的克洛德,您必须适应,不在其位就是不在其位。"不过,他还是把蓬皮杜中心的预算增加了一倍,以期获得谅解。生活就是如此……

现在,克洛德一切都得靠自己。

她在物质方面应有尽有。作为"总统遗孀",政府为她在巴黎和奥

---

1 米歇尔·居伊(1927—1990),酷爱编舞,蓬皮杜总统指派他负责创办"秋季节庆活动",这是一个推动舞蹈业发展的重要活动。1964年,他在卡雅克喀斯地区普拉茹购买了一座乡间别墅,向蓬皮杜夫人示好。他拥有一家大型家族园艺企业,为爱丽舍宫供货。在我父亲去世后,他支持瓦莱里·吉斯卡尔·德斯坦当选总统,与其保持私人联系,1974年至1976年被任命为文化国务秘书。

第六章 面向未来：1974—1986

维利埃分别提供一套公务公寓，并配备两名工作人员。给她配有专车，两名司机为她服务，还有两名警务人员负责她的安全。克洛德·蓬皮杜走到哪里都备受瞩目，即便坐在车中，也有人向她致意，但不排除偶尔发生的不愉快甚至是冒犯之举。

母亲亲自参与《难解的结》(Le Nœud gordien) [23] 的编著工作，这是她丈夫于1968年五月风暴结束后写就的一本书，1974年5月31日正式出版。这本书对危机的影响进行了前瞻性分析，至今仍有重大现实意义。

一年后，1975年，乔治·蓬皮杜的《访谈与演讲》(Entretiens et discours) [24] 正式出版，这对克洛德来说是极大的安慰。这部作品是在爱德华·巴拉迪尔的倡议下完成的，书中集中展示了父亲担任总统期间的政策立场，让人耳目一新，且便于读者查询。

两部作品的出版让母亲倍感欣慰。她从中得到一个重要信息："从来信中我可以感受到，我丈夫给大家留下了美好的印象，让人们感到踏实。戴高乐将军代表的是法国，而乔治·蓬皮杜代表的是法国人民。"[27-28]

虽然得到许多安慰和鼓励，克洛德还是为文化中心的前途感到担忧。这个由她丈夫批准建立的中心，在他去世后，各种论战不断，中心的未来发展变得希望渺茫。

幸而，对已故总统忠诚不渝的雅克·希拉克总理是克洛德的坚强后盾。1974年8月，在一次由瓦莱里·吉斯卡尔·德斯坦总统主持的小范围内阁会议上，文化中心工程险些被叫停，总理不惜以辞职相威胁。抗议成功后，他又亲自过问贷款和工程进度，并在克洛德和他的妻子贝尔纳黛特的陪同下，多次到建设工地走访。

工程虽然得以保全，但要如何落实呢？为了不让项目计划走样，克洛德四处奔走，雅克·希拉克为她保驾护航。他遵照我父亲当初的构想，采纳1970年任命的那批专家的意见，在议会上极力维护文化中心的法律地位，后来又顶着参议员的反对，以乔治·蓬皮杜的名字命名中心。

这座建筑在波布尔区也引起很多人的不解。在蓬皮杜中心即将开幕之际，母亲进行了探访。回来时，她让司机到蓬皮杜中心对面勒纳尔街的药房买药。司机顺便把药剂师助理的话汇报给她："这个建筑很棒，但什么时候才拆除脚手架！"原来建筑师为了保证内部视觉效果，更好地展示艺术作品，在建筑物的外部搭建了金属管廊！

1976年8月25日，雅克·希拉克因为政治原因辞职，雷蒙·巴尔接任总理。

1977年1月31日，乔治·蓬皮杜国家艺术文化中心落成，瓦莱里·吉斯卡尔·德斯坦总统夫妇和雷蒙·巴尔总理夫妇出席揭幕仪式。克洛德·蓬皮杜与其家人（包括亨利·多梅尔，他是总统府方面最早的项目参与者）、雅克和贝尔纳黛特·希拉克夫妇、中心主席罗贝尔·博尔达及其助手参加开幕仪式，还有大量外国元首和法国政要纷纷出席活动。

克洛德终于成功地确保了项目按原计划完成。我相信这将成为对父亲的永久纪念和缅怀。

雅克·希拉克始终给予母亲坚定不移的支持，母亲因而与他的关系更加密切，与他妻子的友谊也更加深厚。她们的教育背景相似，同样拥有强烈的责任感。1974年5月至1976年8月，贝尔纳黛特·希拉克成为总理夫人，1977年3月成为巴黎市长夫人。希拉克夫人始终把我母亲视为自己的榜样，欣赏她的善良和优雅。"我非常钦佩蓬皮杜夫人，喜欢她的朴实和慷慨。"[35]她这样说道。

她称呼我母亲为"克洛德"。她们两个都喜欢外出就餐和观看戏剧，且经常一同被邀请。"贝尔纳黛特是我最亲密的朋友。"母亲这样告诉我。她们之间保持着紧密而热情的关系，彼此坦诚相待。

第六章 面向未来：1974—1986

浴火重生

我32岁时晋升为医学教授，母亲对此非常高兴。尽管事业有成，我的婚姻生活却不顺利。我和妻子选择分居，并于1977年离婚。在与妻子感情不和的时期，我遇到了妮科尔。我的长子和她的长子在圣路易岛同一所学校上学，两人平时形影不离。两年后，我和妮科尔决定共同生活，并于1983年结婚。

克洛德与妹妹雅姬很亲近。她不时会到土伦地区梅乌纳小住，因为雅姬与丈夫弗朗索瓦·卡斯泰每年都会在加波河畔住六个月。克洛德在那里可以故地重游，欣赏普罗旺斯的美丽风景。然而，在我小姨和姨父过早去世后，这处房产也被卖掉。

为了充分享受阳光，克洛德在博尔默勒米莫萨市镇附近租了一处房子，连续租了好几年。在我开始新的爱情生活以后，我和妮科尔第一次接到了克洛德的邀请，吉尔贝·帕里斯及其伴侣塞尔日与我们一同前往。为了遵守当地风俗，母亲提前告诉我，我得在客厅的沙发上睡觉。当她看到我和妮科尔共用一个行李箱时，露出惊讶的表情。母亲虽然坚持己见，但非常体贴周到。她是个固守原则的人，担心这会对我的离婚事宜产生负面影响。不过，离婚的事情很快就办妥了。

克洛德愿意与那些赢得她信任的人成为朋友，塞尔日·库尔特-帕里斯就是其中之一。他不动声色，能够保守秘密。母亲向他袒露了内心的孤寂。在倾诉的过程中，她似乎心不在焉，目光迷失在远方，仿佛被一种外力所牵引[1]。这种短暂的"游离"往往会持续片刻，随后她才能

---

[1] 塞尔日·库尔特-帕里斯向作者提供的个人见闻。

重拾之前的话题。

总统府有一名年轻的外交官,名叫阿兰·布里奥泰,办事高效,不卑不亢,是礼宾处的中坚力量。克洛德对他非常赏识,邀请他到南部别墅做客几日。他对我母亲格外敬重,这种礼貌是他从小养成的习惯,他称呼她"夫人"。克洛德对他重申:"以后叫我克洛德就好。"这让他倍感荣幸,喜出望外。他很维护我父亲身后的名声,对我母亲也非常忠诚。他以自己的才干,多次为我母亲出国访问做出恰当的礼宾安排。

* * *

1977年以后,母亲的心情逐渐好转。蓬皮杜中心的落成轰动一时,取得了意想不到的成功。我的感情生活稳定,与伴侣相处愉快。克洛德利用假期与孙辈共处,享受天伦之乐。

我卖掉自己在卡雅克的农庄,在布列塔尼地区南菲尼斯泰尔省购买了渔民的一所房子。这座房屋建于20世纪30年代,是米歇尔·博洛雷手下的一名水手于勒·勒卡安所建造的,我们全家都喜欢到这里呼吸海边的新鲜空气。经过简单装修后,我邀请自己的孩子以及妮科尔的孩子来这里度假。

母亲也加入了我们。她以前在富埃南市租过一个庄园,并且连续租了好几年,因此对当地很熟悉,那里距离我的别墅只有几公里。她喜欢海水浴,常常与警卫阿兰·蒂尔邦一起在沙滩上散步。

"我喜欢布列塔尼的沙滩,这里地域辽阔,在海边可以畅快地游泳、漫步。我是个精力充沛的人。"[27] 没有人与她搭讪,这符合比古丹人的性格——骄傲且矜持。居民对这样有身份的人莅临当地感到自豪,但他们不会上前打扰。当时,位于贝诺代对面的圣海镇还是一个纯朴的小渔

第六章 面向未来：1974—1986

港，在康沃尔大桥建成后，这里逐渐不再闭塞。这座桥是由戴高乐将军亲自下令修建，并由我父亲派人建造完成的，它的建成也结束了此地依靠渡轮过河的历史。

我买了一艘普通渔船，乘船出海为家人捕捞食材。妮科尔是烹饪高手，她用贝类和鱼为我们制作美味佳肴。除了布列塔尼蛋糕和奶油酥外，她的甜点也不断换着花样。我负责烹饪龙虾，把活龙虾切开，涂上自己秘制的盐焗黄油酱，然后在烤架上烤熟。克洛德在一旁阅读皮埃尔-雅凯·埃利亚斯写的《骄傲的马》（*Le Cheval d'orgueil*），或是亨利·凯费莱克的作品，这是她在乔治的巴黎高师生圈子接触到的作家。她常参加在坎佩尔康沃尔举行的庆祝活动，用相机记录那些星期天在蓬拉贝参加弥撒的戴冠比古丹人。她自己则在星期六晚上到坎佩尔大教堂做弥撒，她坐在信徒当中，心情平静地祷告。她喜欢海滨地带，尤其钟爱延伸至奥迪耶尔恩海湾的邦奥尔海滩。狂风暴雨来袭时，她喜欢去圣盖诺莱欣赏海浪拍击岩石的壮观景象。对做回真性情的布列塔尼人她感到无比愉悦。

* * *

在巴黎，她与朋友经常往来，其中包括众多艺术家。她欣赏艺术家不墨守成规的性格和开放的思维，与他们在一起，可以让她"预见现代艺术的未来"。

克洛德·蓬皮杜比之前更加注重坚持自己的个性。贝蒂纳堤岸公寓和基金会构成她生活的两端，她在两者之间保持着平衡。她写道："我早晨起床难。闹钟第一声响后，我下床，随即喝杯咖啡，以便提提神。每天我尽量至少运动十分钟，然后拆阅信件。信很多，内容广泛……

随后，电话开始响起，几乎持续不断。自然有朋友打来的，有希望约见、要求咨询或求助的。我没有私人秘书，一切全都自己处理。"[28] 克洛德更愿意响应他人的倡议，并且有求必应。她态度谨慎，绝不会径直打扰朋友的生活。"我在打电话前总犹豫不定，避免人家感到突然或吃惊！……"[27]

我住在圣路易岛，距离贝蒂纳堤岸公寓只有一箭之遥，每天十点之前我都会去探望母亲。此时，公寓如同沉睡的幽灵般寂静。百叶窗依然紧闭，女大厨外出采购，女服务员在收拾衣物和配饰，气氛静谧，只有守护在蓬皮杜中心模型四周的几幅画作彻夜不眠。母亲逝世后，这个由马歇尔·雷斯创作的伟大模型被捐赠给蓬皮杜中心。

十点钟以后，母亲进入餐厅，我们相互拥抱。她很高兴一醒来就能见到我，我们在一起亲密地交谈。接下来的时间里，她一直在电话机旁，专注地接听电话，与周围的世界隔绝开来。

如果碰巧她独自吃午餐的话，我就可以和她共度一段幸福时光。我们在一起聊聊时事新闻和各自的生活，十分融洽。我们还会讨论一些有关家庭和度假方面的事情，然后等星期天到奥维利埃后，再做最后决定。我们经常在那里相聚。

这段时间，我每天十点左右给她打电话，这个早间问候是我们对彼此的关心，已经成为一种习惯。

我们的住所虽然离得很近，但平时各有各的安排。妮科尔在贝蒂纳堤岸的絮利桥旁有个办公室。每天午餐过后，当母亲的专车从她窗前经过时，她总是第一时间把消息告诉我。担任基金会主席的克洛德，会在这个时间前往基金会办公室。记者们对她的生活已经不那么感兴趣了。然而，这种具有仪式感的行为，还是让人觉得有些神秘莫测。

从她关于自己性格的只言片语中，或许可以找到一些答案："我不

第六章 面向未来：1974—1986

喜欢谈自己，更不喜欢别人谈论我。……我不想关注自己太多。事实上，我关注自己越少，感觉越自在，这令我丈夫感到很有趣。"她补充道："我活在当下，无法回顾过去，不知道这是为什么。"[27]

她写道："我性格内敛，从小受到的教育就是要谨慎行事，力求做到朴素真诚。我从家庭教育中学到两种美德，并不断实践：一是诚实，二是做人的尊严。……有时，我诚恳得似乎过头了，而且我太注重尊严了。……信口开河、百无禁忌，这种当代趋势，我不赞同。……我相信为人低调是一种美德。"[28]她懂得如何不"大张旗鼓"地坚持自己的信念。

毫无疑问，克洛德对低调和尊严的坚持，使她对自身要求很高。她内敛腼腆的外表下隐藏着骄傲的内心。她为人坦率直接，她的性格可以用一句话概括："坚持自我。"如她所言："交往贵在真诚。……信任感的建立不像演讲或辩论，更多取决于彼此真诚对话所产生的'化学反应'。"[28]贝尔纳·埃桑贝尔是蓬皮杜总统的助手，2014年接替爱德华·巴拉迪尔担任乔治·蓬皮杜研究院院长，用他的话说，克洛德是"无标签优雅"的化身。[6]

* * *

克洛德·蓬皮杜继续光顾时装设计师的工作室，她已经习惯于穿着他们的服装。在晚宴、剧场、歌剧院、音乐会以及巴黎各种重大场合中，她总是光芒四射。观看时装秀时，她要与各界名流寒暄交流。她在这个圈子中拥有一席之地，不会被忽视。由此可见，她与时尚设计师保持联系，更多是出于惯例而不是为了赶时髦。

"我喜欢优雅的外表，但从来不赶时髦，我不会把时间耗在化妆镜前。"克洛德此处借用的是她丈夫为阿兰·佩雷菲特的书作的序《乌尔姆街》中的话。"巴黎高师人大概最不爱照镜子……"她写道,"在我看来,外在的优雅是心灵美的反映,是对他人重视的体现和使自己以最佳面貌出现的方式……优雅是一种精神状态,不应与奢侈相混淆。"[28]

法国高级时装的"前卫"令她欣喜。"每一次风潮,都是对原来的生活方式的质疑,是对妇女在时代中所处地位的颠覆,是全方位的解放,没有丝毫保留。"[28]

她经常光顾皮尔·卡丹、迪奥、香奈儿、姬龙雪、伊夫·圣·罗兰和库雷热工作室,与迪奥的马克·博昂[1]和皮尔·卡丹的安德烈·奥利弗等设计师成为朋友。安德烈·奥利弗非常健谈,言语辛辣。与他相处,克洛德感到轻松愉快,也很欣赏他的乐观和慷慨。

除特殊场合外,她很少去理发店,诺贝尔每周一上午上门为她服务。"梳头"后他们一起用便餐,边吃边聊。话题从家庭琐事到巴黎社交圈的人和事,无所不及。

她与罗斯柴尔德夫妇、巴拉迪尔夫妇和贝当古夫妇保持着友好往来,与希拉克夫妇的关系尤为亲密。贝尔纳黛特·希拉克与前第一夫人的品位相近,甚至更典雅。政治是她们之间唯一回避的话题,她们从不触碰。

母亲的朋友遍布各个年龄和阶层。她很感谢我的大学教授让-保罗·吉鲁以及有摄影才华的杰出兽医吉尔贝·阿莱斯的陪伴。罗贝尔·皮若尔也是她永远的朋友。她发自内心地喜欢与音乐家、画家、雕塑家和建筑师交往,他们身上有她最珍视的品格:自然淳朴,思想开

---

[1] 马克·博昂(1926—),优秀的服装设计师,为克里斯汀·迪奥时装店效力30余年,迪奥的所有时装系列都由他设计,两次荣获"金骰子",最后一次是在1988年。随后,他到伦敦诺曼·哈特内尔工作,为王室多位成员设计服装。

放。"我对待朋友很忠诚，总是竭尽全力地维护他们……我待人宽厚，甚至有点过头，但我很高兴。我不会说人坏话，即便对某些人有看法也是如此。"[27]

母亲在贝蒂纳堤岸与朋友共进午餐时，气氛总是很热烈，但她对度的把握十分恰当，态度从不草率，始终恪守"己所不欲，勿施于人"的原则。

对于自己家庭晚宴上的名流政客，她可以不必顾及他们的身份。瓦莱里·吉斯卡尔·德斯坦、弗朗索瓦·密特朗、雷蒙·巴尔、米歇尔·罗卡尔、皮埃尔·莫鲁瓦、洛朗·法比尤斯都很高兴接到她的邀请。当瓦莱里·吉斯卡尔·德斯坦来做客时，克洛德沿袭戴高乐将军的传统，在餐桌上首先为女士服务，打破先为国家元首服务的外交礼仪。她与弗朗索瓦·密特朗讨论文化和人权话题（她是国际特赦组织成员），总统和她聊起了自己的家人以及在雅尔纳克度过的童年时光。他们不谈政治，客人们全都尽兴而归。

克洛德并不满足于与上流社会人士的聚会，她有着强烈的精神需求。1980年，她赴梵蒂冈觐见教皇。"若望·保禄二世平易近人，交谈中我感觉轻松自在。他谈了很久关于我丈夫的话题。他非常了解我丈夫生前的作为。然后，他把授予我每个孙儿的圣牌交给我。我在与他交谈过后仍然沉浸在激动之中，也许是因为感到太神圣了吧！"[28]过了几分钟她才恢复平静，对这次具有象征意义的私人访问简短地表达了谢意。

担任基金会主席

除了忙碌的社交活动之外，克洛德每天都去她的基金会上班，像企业老板一样在胳膊下夹着一个皮公文包。"这项工作把我从丈夫去世的阴影中拯救出来，我必须做一个有用的、积极生活的人。"[28]

1974年6月10日，她正式担任基金会主席。不知是巧合，还是命运的安排，她办公室的窗户正对着巴黎大堂，后面就是蓬皮杜中心。"50年代起，我就关心穷困者问题，尤其是巴黎穆夫塔尔居民区的酗酒者。……那还是'女施主'时代，这对我来说是很自然之事。……从举行个人慈善活动到出任基金会主席，我的责任范围变得更大了。而我本人务实的作风确实对自己帮助很大。……我总是毫不犹豫地采取对策，从未半途而废，也决不会放弃。"[28]

她的助手妮科尔·勒皮卡尔证实道："她对别人充满怜悯之心……对自己则无暇顾及，见到穷困者总是伸出援助之手。"[13]

项目最初定的目标是帮助残疾儿童，为他们提供志愿服务。一名女子曾写信给爱丽舍宫，诉说自己无法承受家中有两名患儿的沉重负担，这让克洛德很受触动。"志愿者服务的意义与丰富内涵，在于提供了一种关注。"[28]她这样写道。这个想法并不容易被常规（但不一定完善）的社保机构所接纳。

"有求必应"是克洛德的座右铭。笛卡儿说过："无益于人，便毫无用处。"基金会便以这句话作为格言。克洛德在笔记本上写道："我喜欢帮助别人，有人说我过度热心。难啊……难……！"[27]

在克洛德的推动下，医院和残疾儿童家庭分别建立起志愿服务体系，志愿者超过800人。如今，有些志愿者已经工作了30余年，但总

第六章　面向未来：1974—1986

人数在减少。基金会努力促进就业，在法国各地设立了 13 个分支机构，接待了 1000 多名患者。她与地方政府谈判土地问题，为机构建设筹措资金，任命机构负责人。经过长时间的艰苦谈判，最终商定由地区卫生与社会事务局（DDASS）确定机构日常接待人数。在两任卫生部部长西蒙娜·韦伊和贝尔纳·库什内的关怀下，志愿服务项目克服了重重困难，得以成功落实。我见证了其中的起起落落，母亲最终以自己的信念和坚持实现了目标。在几任官员的共同努力下，让－保罗·博吕费尔[1]省长终于在里夏尔·于坦[2]的协助下，签署了基金会分支机构的法律地位文件。

基金会下设 14 个活动俱乐部，接待了 1400 名老年人。由于成本过高，几年后，这些俱乐部陆续关闭，克洛德感觉怅然若失。此前，基金会正式发出通告，寄宿老人得知消息后，纷纷给克洛德写信，寄到她的家中，并在信中表达了他们的绝望心情。这些来信直戳基金会主席的

---

[1] 让－保罗·博吕费尔（1946—），毕业于巴黎政治学院和国家行政学院（1974 年西蒙娜·韦伊届）。曾在法国高等国防研究院（IHEDN）当审计员，在雅克·希拉克担任巴黎市长期间任其办公室副处长（1977—1979）、副主任和专员（1984—1986）。与此同时，他以志愿者身份兼任克洛德·蓬皮杜基金会秘书长（1980—1989 和 1997—2007）。1986 年至 1988 年担任法语国家组织国务秘书吕塞特·米肖－谢弗里的办公厅主任。1989 年担任南部－比利牛斯省（现更名为"奥克西塔尼大区"）议会后勤处主任，兼任议长马克·桑西的办公室主任。在克洛德·蓬皮杜的推动下，1996 年，雅克·希拉克任命他为法兰西岛大区区长办公室主任，1996 年至 1997 年担任巴黎行政长官，随后被任命为"官方公报"负责人。他在住房部部长办公厅任职时引咎辞职，后进入财政部，2012 年退休。现居住于科隆贝市，担任该市副市长。
[2] 里夏尔·于坦（1956—），毕业于国立公共卫生学院，获得法律学士学位。曾担任沙勒维尔－梅济耶尔医院和巴黎公立医院（AP-HP）主任。先后担任负责卫生和社会事务的巴黎市长助理米谢勒·巴赫扎克的专员，巴黎市长雅克·希拉克办公室负责城市规划的技术顾问。1984 年被任命为克洛德·蓬皮杜基金会办公室主任。他在蓬皮杜夫人身边担任此职达 13 年，2007 年起为希拉克夫人工作。

心，沉甸甸地压在她的心头。她约见了里夏尔·于坦，直截了当地对他说道："先生，您的工作思路不对，缺乏解决问题的能力。"她接着说道："还有，您来报告的尽是坏消息。"奥德·泰雷写的书里记录了这段话[35]。在里夏尔·于坦提供给我的个人见闻录中也有这段回忆，不过他对克洛德的评价极有涵养："我当时心里想，这真是一位有性格的主席。"[1]

克洛德与历届主任合作密切，包括雅克·图邦、米歇尔·布蒂纳尔–鲁埃勒和雷蒙–马克斯·奥贝尔，并努力管理着"她的"基金会。雅克·希拉克要求他们对这项事业尽心尽责。

基金会的工作不仅要抛头露面，做好内部管理，还要频繁出差，并且到处募集资金。克洛德全身心投入其中。

每次到下属机构视察时，她会在那里停留两天，尽量对每个人都有所了解，并向他们阐述自己的目标，态度亲切自然，传递出的信念坚定不移。

每次与重度残疾儿童家庭的见面，都使她心绪难平。一个患儿需要两位家人照顾，他们的家庭看不到希望，几乎无法与患儿进行交流。克洛德每次视察回来后都身心俱疲，不过她还是正视困难，我和妮科尔的支持对她来说不可或缺。

每年圣诞节时，她都要参加为残疾儿童举办的活动，这也是一次很大的考验。联合国教科文组织总干事提供大会议厅作为场地，西蒙娜·韦伊有求必应，大客车从法国各地接来那些可以出行的残疾儿童及其家人。有的儿童，特别是患有唐氏综合征的孩子表现出强烈的交流欲望，他们平时得到的关爱太少。在这种节日气氛中，他们抓住别人的手，想要得到亲吻。他们的父母纷纷表达着感激之情。由于克洛德的原因，每年都有一位著名演员或歌手志愿参加活动。母亲担任主席，对基

---

1 里夏尔·于坦向作者提供的个人见闻。

第六章 面向未来：1974—1986

金会的工作起到很大的推动作用。居伊·贝亚尔、阿希尔·扎瓦塔、于格·奥弗雷、尚塔尔·戈雅和塞拉等都来演唱过他们的成名歌曲，副歌部分大家都耳熟能详，全场一起唱了起来。这也是整场活动中最动人的时刻，大家轻松随意，不必遵守礼仪规范。"看到残疾儿童，有的坐着轮椅，有的由父母和专人陪同，都那么欢天喜地，我很感动。孩子们欢聚一堂，显得格外幸福，因为子女有人关心，家长们无不喜出望外，我也深感振奋。"[28]克洛德写道。活动结束后，她直接到奥维利埃与家人聚首，以缓解身体和心理的疲惫。虽然基金会的工作困难重重，但是能够造福民众，也更加坚定了她筹集必要资金的决心。

资金来源渠道有捐赠和遗产，但不限于此，公证人行会在其年度大会上为基金会提供展位。除此之外，克洛德还要拉些大赞助商，贝尔纳·阿尔诺和卡尔·拉格斐总是慷慨解囊。筹办基金会年会需要耗费大量精力，香榭丽舍委员会主席罗兰·波佐·迪博尔戈[1]与妻子莫妮克[2]亲自参与其中。UGC 连锁影院免费提供诺曼底大放映厅，乔治五世大街的四季酒店为基金会提供使用大厅，并由其星级厨师和员工提供晚餐服务，由"木桐酒庄"[3]主人菲律宾·德·罗斯柴尔德赞助的波尔多葡

---

1 罗兰·波佐·迪博尔戈（1928—2001），出生于科西嘉，其家族自 14 世纪以来，出了无数律师和海军军官。他跨入了商界，1970 年开设巴黎餐厅，挖掘了青年大厨米歇尔·奥利弗，1982 年创办连锁餐饮店罗马餐厅，使他广为人知。他是哈瓦斯广告集团董事会主席，担任过克洛德·蓬皮杜基金会董事。自 2002 年起，基金会年会便以他的名字冠名。他还兼任香榭丽舍委员会主席，这个委员会成员都是香榭丽舍大街的商家。正是得益于这个身份，他可以在克洛德·蓬皮杜基金会举办年度晚会时，在 UGC 诺曼底大厅预展一部电影。

2 莫妮克·波佐·迪博尔戈是罗兰·波佐·迪博尔戈的妻子，社团领袖。她为基金会做出了积极贡献，不仅自己捐款，还到处寻找赞助。2002 年成为克洛德·蓬皮杜基金会董事，接替过早去世的丈夫继续履行其职责。

3 木桐酒庄，法国五大顶级酒庄之一。——编者注

萄酒将晚会气氛推向高潮。

母亲的挚友、巴黎议员克洛德·罗兰[1]帮忙争取到了一部电影进行预映。弗朗索瓦丝·迪马[2]是巴黎知名的派对组织者,负责年会的后勤保障。她不辞辛苦,礼宾安排周到细致,让每位嘉宾都有宾至如归的感觉,这种细致无与伦比。

基金会年会于9月初举行,政界领袖雅克·希拉克与夫人贝尔纳黛特、多位部长以及巴黎各界友人纷纷出席。作为主席,克洛德在致辞中和席间向大家一一致谢。人们被她的形象和活力打动了。她在去世前一直亲自主持这项活动,这对基金会的发展和声誉的维护起到至关重要的作用。

永恒的追求:艺术、艺术家、家庭和旅行

克洛德对艺术和文化的初衷从未改变。

她与蓬皮杜中心第一任主席罗贝尔·博尔达保持着密切联系,对他的活动安排和发展理念都很赞赏。乔治·蓬皮杜国家艺术文化中心是母亲不断进行艺术探索的地方,也是她会友的场所。她经常邀请朋友专场参观,外国友人也会应邀访问,这种交流有助于提高蓬皮杜中心的声

---

[1] 克洛德·罗兰(1946—2007),巴黎议员,保卫共和联盟国际关系事务前书记(1993—1995),巴黎第9区副区长。
[2] 弗朗索瓦丝·迪马,乔治·克拉韦纳的助手,1980年创立自己的工作室。玛丽-埃莱娜·德·罗斯柴尔德和雅克利娜·德·里布委托她举办晚宴,随后名声大噪。她的合作者安娜·鲁斯唐是巴黎重大活动、庆典、招待会、王室婚礼和国家元首访问的活动组织者。她因此成为克洛德·蓬皮杜和贝尔纳黛特·希拉克的朋友,并被她们亲切地称作"慈善仙女"。

第六章 面向未来：1974—1986

望。伊朗王后法拉赫·狄巴、丹麦女王和英迪拉·甘地夫人都对中心收藏的现当代艺术家作品系列赞叹不已。克洛德不愿卷入中心的日常事务，多次拒绝加入董事会，始终保持自己的独立和自由。

1982年，弗朗索瓦·密特朗当选总统，克洛德随即向他反映了蓬皮杜艺术中心经费困难的问题。她派人到爱丽舍宫呈送给密特朗总统一封信。这封信是在总统的文化顾问若尔热特·埃尔热[1]的支持下，由她本人与阿兰·布里奥泰共同起草的。乔治·蓬皮杜国家艺术文化中心的年度预算因此翻了一番：从900万法郎提高到1800万法郎。这是总统对她的一种信任！

虽然我父亲与弗朗索瓦·密特朗个性不同，在政治见解上亦有分歧，但是他们同样爱好文学，对艺术和文化政策都很有见地。1972年，乔治·蓬皮杜在讲到对弗朗索瓦·密特朗的"人物印象"时对他有过描述。[29]

在乔治·蓬皮杜国家艺术文化中心成立的最初几年，克洛德密切关注着参观人数，并酝酿主席的继任人选。她会先与雷蒙·巴尔总理沟通，然后再向文化部部长提出建议。雷蒙·巴尔敢闯敢干，性格谦恭。事实上，克洛德与罗贝尔·博尔达的继任者之间几乎没有打过交道：让·米利埃是位工程师，毕业于国立桥路学院，后来负责开发拉德芳斯区。有人说他是"建筑界的一匹黑马"，但母亲还是更希望与设计并完善了蓬皮杜中心的建筑师伦佐·皮亚诺和理查德·罗杰斯继续合作。

---

1 若尔热特·埃尔热（1929—），记者出身，后来成为作家兼史学家，专门研究法兰西第四共和国的历史。她出生于犹太家庭，战争期间被盖世太保追捕，与母亲成功逃脱。她崇拜皮埃尔·孟戴斯-弗朗斯，欣赏戴高乐将军的远见卓识，宣称是"忠诚的戴高乐主义者"。她根据自己在被占领期的经历完成了她的第一部作品《敞开的窗》，该书1973年由法雅尔出版社出版。之后，她担任法雅尔出版社文学部主任（1974—1982）和共和国总统文化技术顾问（1982—1995）。2007年，她被任命为档案最高委员会主席。她曾获授法兰西艺术文学指挥官勋章，后又被授予荣誉军团指挥官勋章。

1980年，让-克洛德·格罗昂[1]院长被任命为乔治·蓬皮杜国家艺术文化中心主席。他对中心无私奉献的精神和遇事商量的态度得到了我母亲的认可。但是，母亲曾向我袒露，她对他唯一不满的地方在于："他总是有本事把球踢给别人，然后不再过问。"皮埃尔·莫鲁瓦总理没有让他连任，而是任命让·马厄[2]接替了他。

这项任命推动乔治·蓬皮杜国家艺术文化中心走上了发展之路。让·马厄善于倾听，做事考虑周全，深得克洛德赏识。1981年3月，新任文化部部长雅克·朗格与其妻子莫妮克的出现令克洛德耳目一新。她颇为欣赏他们对现当代艺术的感知力和创造性智慧，遂与他们建立了密切联系。对于母亲来说，1980年至1986年是令人欣慰的一段时期，她无须主动要求，就会有人来征求她的意见。对她来说，什么能比与人和谐相处和彼此信任更为可贵的呢？

人们对以她丈夫名字命名的这个机构热情不减。2007年，乔治·蓬皮杜国家艺术文化中心的参观者数量达到每天1万至1.5万人次。30年来，共计1.8亿人次。现在，乔治·蓬皮杜国家艺术文化中心与纽约现代艺术

---

1 让-克洛德·格罗昂（1926—2010），出生于斯特拉斯堡，在格勒诺布尔参加法学论文答辩，获得公法博士学位。他同时在斯特拉斯堡政治学院教书，1968年成为院长。1962年至1968年，他在斯特拉斯堡法学院从教，后成为南希大学区和里尔大学区区长（1972—1975）。1976年1月担任课本负责人，之后担任国家文学中心主席（1976—1980）。他在文化部担任米歇尔·居伊部长的办公厅主任，不久后，1980年1月31日成为乔治·蓬皮杜国家艺术文化中心主席，1983年，让·马厄接替了他（由雅克·朗格任命，皮埃尔·莫鲁瓦领导）。1987年，他被任命为国家最高行政法院法官，担任文化领域多种职务，并获授荣誉军团指挥官勋章。

2 让·马厄（1931—），毕业于巴黎政治学院和国家行政学院。毕业后，进入审计法院担任助理稽核。1962年至1967年担任总统府秘书长。之后担任文化部音乐/歌剧艺术与舞蹈司司长，1983年被任命为乔治·蓬皮杜国家艺术文化中心主席，1986年获得连任。他在审计法院晋升为稽核长，1989年至1995年担任法国国家广播电台总裁。他出版了多部诗歌集，现在仍然活跃在文化领域。

第六章 面向未来：1974—1986

博物馆并驾齐驱，远远领先于伦敦泰特现代美术馆。蓬皮杜艺术中心的公共信息图书馆在欧洲排名第一，声学与音乐研究所的发展势头迅猛。中心举办了一系列关于80年代的十年特展《欢愉启示录》，给人留下了难以磨灭的印象，展览包括巴黎—纽约展、巴黎—柏林展、巴黎—莫斯科展、巴黎—维也纳展，以及波洛克、康定斯基、克利等艺术家的作品展。

克洛德最关心的是人们是否以她丈夫的名字称呼这个中心。她不愿拐弯抹角地暗示，但绝不会置之不理，对那些在她面前把它称作"波布尔中心"的人，她有时会公开反击。"您说的是蓬皮杜中心。"她铿锵有力地说道。有些固执的人会回答："是的，我知道。"或者"是的，夫人，在波布尔区。"母亲以自己的方式坚定地捍卫和缅怀着她的丈夫。

她对艺术创作有真正的热情。"我之所以喜欢艺术，正是因为它的丰富性和多样性，并且能够让人轻松地转换时空。古典艺术让人看到的是过往和历史，现当代艺术让人看到的是现实和未来的发现。"[27] 克洛德与现当代艺术家保持着密切关系，排在第一的要数皮埃尔·布列兹[1]。

---

1 皮埃尔·布列兹（1925—2016），法国作曲家兼指挥，7岁开始学习钢琴。他从综合理工学院预备班辍学，1943年进入巴黎音乐学院。为了谋生，1945年，他开始在富丽秀演出。1946年，21岁的他创作了第一首钢琴奏鸣曲。1948年，他创作了第二首作品，这首作品成为他的代表作。他不堪忍受当时的音乐状况，与让-路易·巴罗创立了珀蒂-马里妮音乐会，在苏珊·泰泽纳斯的支持下，创建了"音乐领地"乐团。他在科隆开启了自己的国际职业生涯，后到巴登巴登定居，担任奥地利指挥家汉斯·罗斯鲍的助手。1966年，他在拜鲁伊特音乐节上首次指挥瓦格纳的作品，曲目是《帕西法尔》（*Parsifal*）。1967年，他在克利夫兰管弦乐团担任指挥，之后在BBC交响乐团和纽约爱乐乐团担任指挥（1971—1975）。1956年，他创作的《无主之锤》给克洛德·蓬皮杜留下了深刻印象，克洛德建议总统邀请他加入1970年乔治·蓬皮杜国家艺术文化中心的筹备工作组，负责声学与音乐研究所。1978年至1995年，他担任法兰西学院教授。他的音乐观点颇受争议，他被人称作"可怕的顽童"。1988年，在阿维尼翁艺术节上，他创作了《应答》（*Répons*）。2010年，他告别指挥。皮埃尔·布列兹人格魅力无穷，以对艺术的苛刻追求著称。他希望自己成为第一位仅以作品传世、不留传记的作曲家。

皮埃尔·布列兹是作曲家兼指挥家,在克洛德心目中有着举足轻重的地位。他的前卫吸引了一批当时最优秀的人才,在苏珊·泰泽纳斯[1]的支持下,他创建了"音乐领地"乐团,他演奏的音乐表达直率,有时甚至不做加工,成为一段传奇。

母亲对这个音乐小圈子有过这样的描述:"这是一个致力于发掘现当代音乐作品的小圈子。1956年1月,我在这里欣赏到他作曲并指挥的乐章《无主之锤》。……非常美好的回忆!他的乐曲使我陶醉,这种感受从未改变。"[28] 皮埃尔·布列兹是个不妥协的人,由于不同意任命马塞尔·兰多夫斯基为新成立的音乐局局长,他与安德烈·马尔罗发生激烈争执。1967年,他离开了法国,从此开启了他的国际职业生涯。1969年,他担任纽约爱乐乐团指挥。在克洛德的建议下,乔治·蓬皮

---

1 苏珊·泰泽纳斯(1898—1991),她的父亲、丈夫和兄弟都是信奉新教的大企业家。1954年,在马里尼剧院音乐总监皮埃尔·布列兹的提议下,创办了"音乐领地"乐团,让-路易·巴罗和马德莱娜·雷诺把剧院带木椅的简陋阁楼改造成演出剧场。除了皮埃尔·布列兹的作品外,乐团还演奏巴托克、梅西安、斯托滕豪森、伯格、韦伯和斯特拉文斯基等人的作品。"音乐领地"由皮埃尔·布列兹担任指挥,苏珊·泰泽纳斯提供赞助,乐团活动持续了20年之久。苏珊·泰泽纳斯在位于奥克塔夫-弗耶街的家中接待作家、诗人、艺术家和有影响力的记者。在40年间,她接待过的人包括爱洛尼斯科、尼米耶、凯卢瓦和德·斯塔尔,还有他们的前辈埃拉·达·席尔瓦、马松、波扬、儒弗、叙佩维埃尔、米肖、沙尔和蓬热。雷蒙·阿隆和圣-约翰·佩尔斯在她的家中交流对戴高乐主义和欧洲事务的看法。她还帮助让·维拉尔完成了阿达莫夫处女作的演出。战后,摩拉维亚、格雷厄姆·格林和纳博科夫都是在她家中与伊戈尔·斯特拉文斯基相识的。在她的推动下,1949年,约翰·凯奇举办了个人首场钢琴音乐会。她还接待过世界各地的研究人员。当知道自己将不久于世时,她把有价值的资料都赠予国家图书馆,把涉及个人隐私的资料存放于雅克-杜塞图书馆。在她的葬礼上,皮埃尔·布列兹选择以单簧管进行演奏,使冷清的加尔文新教堂变得温暖起来。他选择了两个乐曲,一首是梅西安的作品,另一首是他本人创作的作品(详见1991年6月13日《新观察家》居伊·迪米尔的文章)。

第六章　面向未来：1974—1986

杜征求他的意见，问他是否愿意担任未来蓬皮杜中心音乐部门的负责人。布列兹建议中心成立声学与音乐研究所。从 1970 年起，他开始参与这场"冒险"。1977 年，乔治·蓬皮杜国家艺术文化中心落成揭幕，声学与音乐研究所也同时揭牌。几个月后，声学与音乐研究所接连举行了多场公开演出，布列兹还成立了法国现代乐团。克洛德认为他是一个"在直觉与反省之间不断游走的人，执着而纯粹"。"他既喜欢隐居家中读书写作，也愿意为实现计划四处奔走，在政策上进行交涉"。她补充道："我觉得他是当代人的代表——雷厉风行、引领时代、酷爱自由，他是一个世界公民。布列兹不仅探索未来，对现实世界同样洞察入微。"[28] 出于对音乐的共同爱好，他们之间建立了长久的友谊。

这位伟大的孤独者在克洛德身上看到她对艺术的开放精神，这是他自创建"音乐领地"乐团以来前所未见的。1976 年，母亲出席拜罗伊特音乐节[1]百年庆典。在音乐节上，皮埃尔·布列兹指挥了由帕特里斯·谢罗导演的新版《尼伯龙根的指环》。1979 年，他在巴黎歌剧院演奏阿尔班·贝尔格的《璐璐》（*Lulu*），在业界引起巨大轰动。他与克洛德之间的关系越来越密切，他邀请她到巴登巴登游览，1979 年又邀请她到自己位于上普罗旺斯阿尔卑斯省圣米歇尔天文台镇附近的家中做客，这栋房子的所在地过去是采石场，现在仿若一件艺术品。它的周边一片空旷，非常静谧。在超大面积的客厅中只摆着一架钢琴，从那里可以眺

---

1 德国最负盛名的音乐节之一，为纪念瓦格纳而设立，吸引了来自世界各地的音乐爱好者前往这座"绿丘"，许多人甚至等待了十年才得到门票！高水准的剧目和演出，以及创意丰富的剧本，激发了演员的舞台艺术表现力。身着晚礼服的热情观众在木凳上端坐几个小时。《尼伯龙根的指环》是瓦格纳最令人印象深刻的作品，分四天上演，由四部歌剧组成：序曲《莱茵的黄金》、第一日《女武神》、第二日《齐格弗里德》和第三日《诸神的黄昏》。全剧长达 15 小时。

望到吕尔山。这样的景色让人不禁联想到卡雅克！他们还经常在巴黎会面，或是在贝蒂纳堤岸克洛德的家中，或是在塞纳河畔布列兹的家中。

克洛德为能遇到与自己如此契合的人欣喜不已！她是布列兹不可或缺的挚友，但他们之间的关系从未超越友谊的界限。音乐科班出身的阿斯特里德·席尔默是皮埃尔·布列兹的助手，负责大师的日程安排；总管汉斯负责日常业务，并陪同布列兹频繁出差，克洛德与他们也建立起信任关系。

克洛德努力让作曲家过于简朴的生活有所改观，介绍最好的设计师为他量体裁衣，使他能穿着优雅且舒适的服装演奏。布列兹经常到世界各地出差，她提醒他要注意身体。克洛德把这些都当成自己的事情，因为艺术圈是她的心灵所属。

瑞士实业家保罗·萨谢尔[1]爱好音乐，是一个音乐家。他是克洛德的朋友，在此，我要讲讲他的故事。他的妻子患有神经退行性疾病，在遇到年轻女医生伊尔玛后，他与她生了一个儿子，取名乔治。保罗·萨谢尔送儿子去上学时不能在他的同学面前现身，因为这个年龄的小孩说话很直接，他们会问小男孩，为什么总是爷爷送他！保罗·萨谢尔对我母亲大献殷勤，赠送珠宝给她，不过被拒绝了。他想让克洛德收养他儿子，这个孩子是可奥夫曼–拉罗什家族的重要继承人。克洛德无意接受这份责任，对他说道："保罗，这个男孩什么都不需要。"

---

[1] 保罗·萨谢尔（1906—1999），指挥家，瑞士实业家，当代古典音乐重要赞助人。他20岁组建了自己的室内乐团，8年后（1934年）与罗氏集团控股股东的继承人玛迦·斯泰林结婚。1941年，他在苏黎世创建音乐社团，指挥了数百场音乐会，并为贝拉·巴托克、阿尔蒂尔·奥涅格和弗兰克·马丁的近300件当代音乐作品提供赞助。在妻子的介绍下，他与让·丁格利结识。1986年创立保罗·萨谢尔基金会。他是个出色的商人，生前是瑞士和欧洲首富。

第六章 面向未来：1974—1986

母亲与苏联钢琴家斯维亚托斯拉夫·里赫特[1]是密友，与著名大提琴家姆斯季斯拉夫·罗斯特罗波维奇关系密切，在巴黎和卡雅克接待过他与他的妻子加林娜。

克洛德被他们的演奏所征服，向我祖露道："里赫特把身体扑在钢琴上，罗斯托把身体贴在大提琴上，太震撼了！"里赫特在法国的每一场独奏音乐会她都会出席，每年在著名的梅斯莱谷仓举办的"都兰音乐节"都能看到她的身影。

克洛德和声学与音乐研究所以及法国现代乐团都有着密切的联系。为了帮助年轻作曲家，她多次订购他们的作品。她很欣赏洛朗·培尔[2]积极的生活态度、人际交往能力和管理才干。在当代音乐领域，洛朗·培

---

1 斯维亚托斯拉夫·里赫特（1915—1997），出生于乌克兰，苏联钢琴家，以精湛的技艺和演奏曲目之广闻名。他的父亲是一名德国流亡钢琴家，母亲是俄罗斯贵族后裔，他从小在维也纳求学。1920 年，5 岁的他开始自学钢琴。他天赋极高，19 岁在敖德萨工程大学举办了首场独奏音乐会。之后，他决定到莫斯科拜海因里希·诺伊豪斯为师，老师曾在一位大学生面前夸他："这是个天才！"由于违反教学规定，他两次被音乐学院开除。二战期间，他的母亲爱上了一个苏联人，他的父亲被枪杀。普罗科菲耶夫邀请他在莫斯科演奏一首协奏曲，虽然他没有因此成名，但这场演奏很成功。他在苏联各地巡回演出，演出曲目达到 800 多个。1945 年，他为妮娜·多莉雅克进行钢琴伴奏，从此一直相伴相随，并与她结婚。在他逝世后不久，她也辞世了。据说，他是个同性恋者，妮娜只是他的一个挡箭牌，因为在他的国家里这种行为是不合法的，这种说法有一定的真实性。他的表演极具震撼力，他在美国的巡回演出，尤其是在卡耐基音乐厅的演出大获成功。之后，他到欧洲各地巡回演出，并远赴日本演出。1963 年，在图尔附近的梅斯莱，有一处坚固的谷仓吸引了他的注意力，1964 年，他在那里创办了"都兰音乐节"，得到全世界的关注。在莫斯科，他在普希金博物馆推出"十二月夜"活动。罗斯特罗波维奇、奥伊斯特拉赫和鲍罗丁四重奏组都是他的长期合作伙伴。80 年代，里赫特开始沉寂，只伏案谱写乐谱。1995 年 3 月的吕贝克音乐会是他最后一次参加演奏会。

2 洛朗·培尔（1951—），毕业于里昂政治学院，很早就开始参与里昂的戏剧活动。1982 年成功组织斯特拉斯堡音乐节。1986 年进入声学与音乐研究所，担任艺术总监。1992 年，皮埃尔·布列兹离任后，他成为声学与音乐研究所所长。2001 年担任音乐城负责人。2015 年，音乐城与巴黎爱乐乐团合并，2016 年 3 月，他担任该机构负责人。

尔积极辅助皮埃尔·布列兹。作为克洛德的亲密朋友之一，洛朗·培尔也是贝蒂纳堤岸的常客，他们经常在一起就音乐和文化进行深层次的交流。他们同为创建音乐城的倡议者，在克洛德的周旋下，2001年，洛朗·培尔担任音乐城负责人。他的每场音乐会母亲都会到场。音乐城获得了巨大成功。随后，一座音乐厅在巴黎东北部拔地而起。2015年，巴黎爱乐乐团成立，洛朗·培尔担任团长。皮埃尔·布列兹逝世后，他在这里为其举行了隆重的悼念仪式。

除了出席加尼耶歌剧院和巴士底歌剧院的首演之外，克洛德还经常光顾艺术剧场和试验剧场。她到阿芒迪埃剧场观看卡特琳·塔斯卡的演出，也到北方布非剧场观看演出，那里常会有精彩的演出。她从中感受到一种久违的自由，而这种感觉在过去几十年中离她是那么遥远。"我想逛街就逛街，想购物就购物……想看电影时，随时可以去电影院。"[28] 唯一不同的是，她已经习惯于司机和警卫员的陪同。这是为了避免发生不愉快的意外，当然这种情况极少发生。然而一旦发生，会对她产生很大的冲击。她不愿意理会，也不想卷入没完没了的争论。

终于，克洛德从自我封闭中走了出来，重获新生。

她经常与画家见面，如皮埃尔、科莱特·苏拉热夫妇，哈同、安娜–伊娃·伯格曼夫妇，索尼娅·德洛奈，还有赵无极（1977年与弗朗索瓦丝·马凯结婚）。她会收到他们以私人名义赠送的作品，瓦西里·康定斯基的遗孀妮娜[1]也是她的好友。

---

1 妮娜·康定斯基（1893—1980），1917年在莫斯科与画家康定斯基结婚。1921年，他们离开苏俄，定居德国，参加了在魏玛创立的包豪斯艺术运动。1933年，康定斯基流亡法国，1939年获得法国国籍。1944年，康定斯基在讷伊市逝世。1980年4月，妮娜把自己名下丈夫的所有作品，以及自己的画作、写生、笔记、书信和个人收藏全部捐赠给现代艺术博物馆，她只保留了使用权。

第六章　面向未来：1974—1986

妮娜·康定斯基出生于俄罗斯，常年居住在格施塔德和巴黎。她每次出行总随身带着一个很重的皮包，很多人都知道里面装的是贵重珠宝，这是她卖掉丈夫的画作后购买的。她与克洛德是关系亲密的朋友，在国家现代艺术博物馆馆长蓬杜·于尔丹的斡旋下，1980年，这位伟大画家的遗孀向克洛德承诺，把自己名下康定斯基的全部作品捐献给国家现代艺术博物馆，并在贝蒂纳堤岸克洛德家的餐桌上起草了文件。"场面虽然有些局促，却非常震撼。"[28] 克洛德这样写道。母亲抓住时机，丰富了法国博物馆的藏品，并于同年担任了康定斯基协会会长。1980年，妮娜在格施塔德的住所遇刺身亡。案情真相始终未能水落石出。

除了夏加尔与妻子贝拉，瓦萨雷里及其家人，贝尔纳、安娜贝尔·比费夫妇之外，克洛德还同艾梅·玛格及其妻子"吉吉特"保持着良好的关系——他们是通过玛格基金会经理让–路易·普拉相识的（乔治和克洛德在1936年就光顾过玛格在巴黎的画廊）。卡尔·弗兰克陪同母亲到各地旅行，向她推荐了多幅库普卡的作品、一幅丰塔纳的佳作和一幅尤克的作品，并且送给她一幅克利的画作。

然而，与克洛德基金会关系最密切且最为慷慨的艺术家当属妮基·德·圣法尔及其丈夫让·丁格利。当代艺术评论家皮埃尔·雷斯塔尼认为他们是"维纳斯和伏尔甘的结合"。丁格利是雕塑家、画家和素描家，经常寄送插画给克洛德。他的画作色彩缤纷，颜色跳跃，充满趣味。旁边的配文总是以"好吧！……"结尾，这是瑞士的习惯，他一生在那里居住的时间最长。妮基送给克洛德几件雕塑品，其中包括著名的《娜娜》(Nanas)。"她乐善好施，总是在危急时刻雪中送炭。"[28] 如她本人所愿，她的部分作品被出售，以造福克洛德·蓬皮杜基金会。

1982年，克洛德亲自过问了伊戈尔·斯特拉文斯基的喷泉项目的进展情况，并表达了对艺术家的敬意和支持。这个喷泉被称作"斯特拉文斯基喷泉"，由让·丁格利和妮基·德·圣法尔设计。她把项目模型摆放在贝蒂纳堤岸的家中数月之久，不断向来宾展示，以期在大家的帮助下，促成该项目的完成。保罗·萨谢尔慷慨务实，为喷泉的维护捐了一笔款，确保了喷泉一百年的维护费用。1983年3月，喷泉落成揭幕。它坐落在乔治·蓬皮杜国家艺术文化中心和声学与音乐研究所之间，毗邻圣梅里教堂。这个位置正是诗人罗贝尔·德斯诺斯在1982年4月25日发表的诗歌《预言》（*La Prophétie*）[1]中所描述的地点，丁格利为诗配图。

克洛德被这个预言所吸引，她一直保留着这幅插画的真迹，在基金会办公室的显著位置悬挂着一幅复制品，像一个护身符……她的艺术家和知识分子朋友圈在不断扩大。她经常与汉德瓦萨、马歇尔·雷斯、阿达米和塞萨尔会面，与苏拉热夫妇的关系更加密切，与皮埃尔·布列兹的私人友情愈加深厚，他们的友谊不断"升华"。克洛德悟性很高，有很强的能力和天赋，这能够帮助她"自我解脱"。

克洛德与皮埃尔·布列兹的关系虽然很亲密，但很纯粹，他们特殊的友谊里包含着她对创作的热爱。她在私人笔记中写道："我对艺术及其

---

[1] 预言：
在巴黎的一个广场上 喷涌着一眼清泉
即便是 圣女的鲜血和冰川的溪流
在她旁边 都显得暗淡浑浊
星辰 从浩瀚的夜空纷至沓来
倒映在 圣雅克塔旁的泉水里
……
清澈的泉水温柔地吟唱
润泽了我的双眼和心灵
这是塞纳河最美的支流
这里的鸟儿和花朵 是未来春天最确定的印记
（罗贝尔·德斯诺斯）

第六章　面向未来：1974—1986

发展充满热情。对音乐、绘画……我有一种执念，那就是相信社会需要艺术家……艺术创作的巅峰是自我超越……艺术永远不可或缺……"[27]

克洛德从她与安德烈·马尔罗等艺术家和演奏家的接触中受益匪浅，对各种形式的跨代艺术都有所了解。她是虔诚的信徒，在阿兰·库蒂里耶神父的引导下，发现了艺术中的神性。这位神父是多米尼加人，对宗教信仰与艺术创作至上之间的冲突早已司空见惯，从"原始艺术"到现代艺术始终如此。皮埃尔·布列兹虽然是个无神论者，然而他的作品中散发出一种超脱的气息，深深吸引着苏珊·泰泽纳斯、保罗·萨谢尔和克洛德·蓬皮杜。

克洛德对与收藏家多米尼克·德·梅尼[1]的会面印象也很深刻。

1960年1月，居伊和玛丽-埃莱娜·德·罗斯柴尔德夫妇在纽约介绍我父母与多米尼克·德·梅尼认识。出于对艺术和创作的共同兴

1　多米尼克·德·梅尼（1908—1997），新教徒。她的父亲康拉德·斯伦贝谢是一位阿尔萨斯科学家，创办了斯伦贝谢跨国石油公司，她是继承人之一。1930年，她与让·莫尼"梅尼男爵"结婚后改信天主教。同马尔罗一样，她与库蒂里耶神父的关系也很密切。库蒂里耶神父在纽约期间，激发了她对现当代艺术创作的兴趣，并向她介绍了原始艺术。1945年，她购买了塞尚的一幅水彩小画，从此开始收藏艺术作品。她还收藏了杰克逊·波洛克、威廉·德·库宁、赛·托姆布雷和马克·罗斯科的作品。1977年，梅尼夫妇建造了罗斯科教堂，各种信仰的教徒都可以在其中祷告。30年后，他们把苏珊·泰泽纳斯在"音乐领地"乐团所秉持的精神发扬光大。这位收藏家创建了休斯顿"梅尼基金会"和"梅尼收藏"，由乔治·蓬皮杜国家艺术文化中心的建筑师之一伦佐·皮亚诺负责设计。20世纪80年代，与克洛德·蓬皮杜一样，她也收到了大量由让·丁格利和妮基绘制的卡片。1984年，巴黎大宫举办展览，展出了梅尼收藏品中600件珍贵艺术品。根据她的遗嘱，乔治·蓬皮杜国家艺术文化中心接受了30余件艺术品。10年后，多米尼克·德·梅尼逝世。她的家中到处都是大师的作品，唯独她的房间却像修道院一般，没有任何艺术品做装饰。"我知道自己终将离去……必须做好上路的准备。正如《圣经》所教导的那样，除了我的手杖和腰带之外，什么都不带走。"她这样写道。

趣，她后来到巴黎时与克洛德再度会面。她们都与库蒂里耶神父相熟，这也拉近了彼此的距离。当位于波布尔区的乔治·蓬皮杜国家艺术文化中心落成开幕后，德·梅尼夫人立即考虑在纽约成立波布尔基金会。她们在这件事上并无分歧，唯独对基金会的名称各持己见，爆发了一场争执。克洛德坚持"蓬皮杜基金会"的名字，多米尼克·德·梅尼不肯让步，这使她们的名誉都受到损伤：克洛德没钱还想纪念丈夫，多米尼克支持现当代艺术的方式就是投入重金和收藏。僵持数月后，在让－弗朗索瓦·德·康希的巧妙斡旋下，双方之间的紧张气氛得以缓解。让－弗朗索瓦·德·康希 1970 年就加入了蓬皮杜艺术中心筹备组，负责国际合作与公共关系相关事务。

他说服多米尼克·德·梅尼做出让步，以中心缔造者乔治·蓬皮杜的名字命名。他告诉多米尼克·德·梅尼，当初要求以地名命名这座博物馆的原因，并非由于博物馆的美丽外观或是坐落在波布尔区，而是由于蓬皮杜总统的那些反对者坚持为之。在他的调解下，两位当事人深明大义地达成和解，在法国驻纽约总领馆的午宴上，乔治·蓬皮杜文化艺术基金会启动，来自艺术和文化界的嘉宾见证了这一时刻。后来，多米尼克·德·梅尼每次到访巴黎，克洛德都会在贝蒂纳堤岸接待她，这是一个就艺术作品和灵魂健康进行深入交流的机会。在这位好友去世前不久，克洛德访问休斯敦时还前去探望过她，朋友苦行僧般的生活令她印象深刻。

后来，在阿韦龙省西尔瓦内修道院，克洛德与安德烈·古兹神父[1]

---

[1] 安德烈·古兹（1943—），多米尼加神父，出生于阿韦龙省，离西尔瓦内不远。他出版了《上帝子民的合唱礼仪》(*Liturgie chorale du peuple de Dieu*)，对圣歌歌唱仪式进行了重新设计。这部作品的灵感来自基督教的音乐传统（格里高利圣咏、古代复调、新教合唱和拜占庭式）。1975 年，他开始修复位于卡雅克附近的西尔瓦内修道院，这是阿韦龙省西多修道会的一颗艺术明珠。他让人把一座 17 世纪的木制东正教堂拆卸后，于 1993 年 7 月运至米约车站，由苏联木匠现场重新组装。

第六章 面向未来：1974—1986

不断加深精神交流。在卡雅克时，母亲就经常拜访他，就音乐和圣歌与他交流看法。他们每次的见面地点都在教堂，克洛德喜欢教堂的神圣氛围。

这种密集、愉快的精神生活一直持续到 1986 年，克洛德感到心情舒畅。无论是在奥维利埃度周末，还是在卡雅克或是布列塔尼度假，她浑身洋溢着幸福的感觉。她是个充满魅力且容易动情的人，向周围人传递着乐观积极的精神。

在奥维利埃，一对退休夫妇帮克洛德承担起了家务，克洛德不用为此操心。夏尔·方热以前是水手，曾担任爱丽舍宫办公厅主任。他的妻子马里内特为克洛德打造出一个有格调的家庭厨房。几年后，他们的朋友费尔南和热纳维耶芙·德努沃夫妇接替了他们，保留了他们的工作传统——管家在工作时身穿白色上衣，女大厨穿一件熨烫平整的罩衫……两名共和国保安队（CRS）警察在住宅外日夜巡视，其中一名警察与德努沃夫妇的女儿结了婚，大家都相处得像家人一样！司机和警卫员确保了母亲不会被打扰，周日晚上，他们会带些附近农场的新鲜鸡蛋回家。

闲置的台球桌被运送到希拉克在比提的家中。收到前总统的纪念物，希拉克非常感动。

接替德努沃夫妇的是让和安娜–玛丽·罗德里格斯夫妇，他们带着两个孩子在那里生活了十年，把房子打理得井井有条。后来，他们到葡萄牙住了两年。2004 年，我当选欧洲专利局主席。随后，我和妮科尔搬到慕尼黑居住，让也回到了我们身边，从那以后，他再没有离开过我们。但他对自己的家人忠贞不渝，经常去葡萄牙北部与家人团圆。

我和妮科尔以及六个孩子共度周末，孩子们的天真无邪和无忧无虑，让家庭聚会其乐融融。

牌桌气氛十分活跃，中间穿插着乐透和"小马"游戏。孩子们都称呼祖母为"麋鹿",慈爱的祖母总是从精品店买玩具送给他们,并带他们去玩游戏。"方块七"曾是克洛德和我童年时代共同的娱乐项目。她沉浸在儿童和青少年的书籍中,这让她回想起自己的母亲为她朗读迪亚德·吉卜林的《丛林故事》的情景。

我和妮科尔养了一条刚毛达克斯小猎犬,取名"杰里科"。它一进家就立即在餐桌下宣示主权,接着盯上了母亲那双 40 号彪马运动鞋的鞋带。小狗从第一天就喜欢上了这个游戏,后来它总是欢天喜地地在桌子下不停地"咬"她的鞋。为此,母亲不得不经常换鞋带。我和小狗之间培养了默契,只有我可以给它喂食。克洛德虽然清楚吃饭时不应理会小狗,但还是从她的肩膀上"悄悄地"丢面包和肉给它,试图躲避我们责怪的目光。

我们聊得很热闹,大家各自回顾一周的生活。母亲轻描淡写地讲述她与许多重要人物共同度过的时光,让我们惊叹不已。有些大人物也会不期而至地参加我们的聚会!

1983 年春天,我和妮科尔决定 7 月初在奥维利埃举行一场私密的婚礼仪式。市长夫人建议我们最好在下午举行典礼,这样可以错开放学时间,不引人注目。她一向消息灵通,但实际上学生已经放假一个星期了!仪式举行得很低调,至少母亲认为如此……这个"误会"让我和妮科尔开怀大笑。

那天天气晴朗,阳光明媚,婚礼的气氛轻松而愉悦。第二天,我们应雷蒙·蒂利耶之邀,开车前往普罗旺斯地区莱博。雷蒙是博马尼埃酒店的主人,酒店坐落在村庄的要塞旁。1950 年,我父亲在旅游委员会工作时,批准了这栋建筑的酒店经营资格,他邀请我们也是在表达对我父亲的感激之情。

我们在卡雅克的房屋得到了精心维护,复活节时那里有羊羔出生,

第六章　面向未来：1974—1986

还种植了苜蓿，好友和客人可以骑阿拉伯马散心，一匹骁勇的白色"卡马尔格"殿后，这是弗朗西斯·法布尔[1]与他的妻子阿尔勒人米斯图赠送给我们的礼物。

在游泳池嬉戏之后就开饭了，有松露煎蛋和焖鸭肉冻。贝尔蒂·施拉姆是个美食家，他特意带来甜点为大家助兴，美味的巧克力闪电泡芙深得每个人的青睐，母亲也很喜欢。

克洛德在"聚餐"后随即离席，把自己关在鸽舍里欣赏布列兹、瓦格纳和贝格的作品，以及贝多芬的交响乐、莫扎特的钢琴协奏曲、巴赫的《平均律钢琴曲集》，其间还会插入布克斯特胡德的作品（布克斯特胡德是约翰-塞巴斯蒂安·巴赫的老师，巴赫曾步行数百公里去听他的音乐会，他的这种行为如同候鸟迁徙一般是种天性）。母亲对音乐的选择兼收并蓄，除了这些"伟大"的古典音乐作品之外，也会听琼·贝兹、莱昂纳德·科恩、居伊·贝亚尔和吉尔伯特·贝科的作品。

*　*　*

卡雅克的愉快生活并没有消减克洛德对旅行的热情。旅行既能满足她改换环境的需要，同时也满足了她对历史的求知欲以及对现实的好奇心。她在明信片上写下自己的感受寄给我们，也会寄给爱德华·巴拉迪尔、雅克·希拉克和罗斯柴尔德，她的"旅行癖"给大家留下了深刻印象。她总是与阿兰·布里奥泰（爱丽舍宫礼宾官）、卡尔·弗兰克以及克洛德·罗兰等友人同行。

---

[1] 弗朗西斯·法布尔（1911—1990），时任法国联合海运公司（1980年被热罗姆·塞杜收购）和法国联合航空（UTA）（1990年被法国航空公司收购）经理。

1982 年，克洛德陪伴马德莱娜·马尔罗赴纽约举行钢琴演奏会，特意绕道阿拉巴马州伯明翰市看望我们。那时，我在一位免疫学家朋友的实验室做博士后，妮科尔和儿子托马陪伴在我身边。这位朋友名叫马克斯·D. 库珀[1]，1971 年，我们在瑞典乌普萨拉的一次会议上结识。1972 年，我带他和他的妻子参观了爱丽舍宫新装修好的公寓，那里给他们留下了深刻印象。

伯明翰的两极分化令克洛德感到震惊，在这座城市中，既有崇尚科技进步、支持大学科研的钢铁工业大亨，同时也存在着具有顽固种族隔离思想的极端保守主义者。

在中国，克洛德不仅游览了令人如痴如醉的桂林山水，还到北京与一群艺术家会面。在莫斯科，她与那些为逃避苏维埃政权审查、躲入地下创作的画家接触，并代表他们与法国当局接触，争取让他们到法国旅居。乌克兰敖德萨令她赞叹不已，那里有康定斯基的足迹，有波将金阶梯、托尔斯泰故居和普希金博物馆，这一切都让她着迷。"我喜欢旅行，无论远近。相较于风景优美的地方，我对那些有历史的地方更感兴趣，当然，我也喜欢伊瓜苏瀑布之类的自然景观。""我对旅行总是充满兴致，有时这种渴望突如其来，让人无法抑制，我会完全被这个想法所占据……我是个不折不扣的旅行者，名胜古迹、城市、博物馆，什么都想看；同时，我希望结识尽可能多的人，希望见到社会各界及各党派的人士。……我相信旅行的意义，旅行可以唤起我们对其他形式的思想、文

---

[1] 马克斯·D. 库珀（1933—），医学教授、儿科医生和免疫学家。他是伯明翰阿拉巴马大学的教授，2010 年带领团队加入亚特兰大埃默里大学。我们两家的关系非常亲近，尤其是他 1992 年在菲尼斯泰尔省南部购买了一处房产，就在我家附近，我们两家的友谊也因此更进一步。

第六章 面向未来：1974—1986

化和社会风貌的好奇心，旅行给予我们足够的时空距离去思考，我们因而懂得了相对论的含义，也领悟了谦卑的意义。"[28]

纪念总统

克洛德·蓬皮杜认为，她丈夫的继任者对已故总统的缅怀远远不够。因此，我们决定出版父亲的回忆文集。"所有政治领袖对他担任总理总统期间的为政举措都很少提及。人们忘记了他曾经跟随戴高乐将军四分之一世纪。我对这种沉默深感遗憾。似乎一切已经融入人们的记忆之中，但人们却忽略了开创者。对此，我感到无能为力。"[28] 父亲在遗嘱中要求我们出版他没有完成的回忆录，还明确提出由他在爱丽舍宫的助手让-弗朗索瓦·萨格里奥[1]负责整理相关材料。

为了补充和完善缺失年份的信息，我们把父亲1949年至1955年间的笔记本提供给让-弗朗索瓦·萨格里奥参考。他对资料的筛选非常严谨，力求准确地呈现出乔治·蓬皮杜与戴高乐将军之间的关系。他对父亲撰写的1968年五月风暴的有关内容进行了补充，并分成了两个章节：一章为"1968年5月"，另一章为"1968年6月至就任总统以前"。书名《恢复事实真相》(*Pour rétablir une vérité*)[25]直击要义。从封底的那张照片可以看到，将军拉着蓬皮杜的胳膊让他担负重任，但他显然在迟疑。我们家把这张照片称作"蓬皮杜，冲吧！"1982年，这部著作出

---

1 让-弗朗索瓦·萨格里奥（1936—），毕业于巴黎综合理工学院，矿业工程师。曾担任莱茵-默兹流域财政机构负责人、共和国总统秘书处研究与高等教育专员（1969—1973）、污染危害防治办主任（1973—1978）和生活品质总代表（1978—1979）。1986年至1988年担任贝尔西工业局局长。之后一直从事环境保护工作。

版，取得了巨大成功，我们完成了各自的职责。

1984年，在父亲逝世10周年之际，社会各界举办了多场纪念活动。由艾蒂安·哈吉杜创作的群雕耸立在圣弗卢尔。1953年，也就是30年前，他为蓬皮杜创作的一个半身像，占据了中心位置，周围是一组精致而恢宏的雕塑，展现出康塔尔的景象。集邮部门利用1975年印制的一枚邮票发行的"首日封"[1]，让人们想起总统随和锐利的个性。由我的朋友路易·德尔布雷[2]创作的蓬皮杜总统雕像被安放在总统府旁的香榭丽舍花园中，正对着总统府那扇装饰着高卢雄鸡的大门，与圆形广场两侧的戴高乐将军和温斯顿·丘吉尔的雕像只有咫尺之遥。

这座名为《默哀》(*La Minute de silence*)的雕塑展示出总统的气质。母亲希望由艺术家塞萨尔完成，毫无疑问，她的想法是对的。因为如果接受她的意见的话，这项工作会产生更大的影响。不过，我为了确保自己对作品的决定权，固执己见，很可能做错了……但不管怎样，我们的目的都是为了纪念总统。我们唯一的目标是："继往开来。"

---

1 "首日封"是指在邮票发行首日，贴用该种邮票并盖首日普通邮戳或纪念邮戳的信封。"首日封"一般都印有与邮票有关的图案和文字说明，可以加强邮票的宣传作用。——编者注

2 路易·德尔布雷（1925—2011），12岁辍学，在父母的农场干活。1945年结婚后，他在一家艺术出版社当小工。由于经常与美术学院的学生打交道，他开始创作雕塑，并赢得多个奖项。1962年，他举办"罗丹、马约尔、德尔布雷展"，走入公众视野，之后他在东京宫展出作品"地球"。1974年至1980年，我师从他，学习黏土和石膏雕塑。1991年，他在家乡创建"路易·德尔布雷文化空间"。2000年，他在巴黎旺多姆举办个人回顾展，展出了自己的35件大型雕塑。他于85岁逝世，临终前依然保持幽默感和旺盛的创造力。

【第七章】
挑战不断：1986—2004

能量再次迸发

1986年，由于我的所作所为，这种充满创造性的生活状态戛然而止。5月10日，雅克·希拉克接替洛朗·法比尤斯入主马提尼翁宫——这是第一次左右共治。那年我44岁，在学校教书，经常发表论文，并且刚刚通过博士论文答辩。然而，我对职业有了倦怠感。作为一个坚定的欧洲主义者，我看到自己在1989年的欧洲议会选举中很有希望。要想成功当选，首先必须在政界中脱颖而出。除了与雅克·希拉克关系良好之外，我并没有从政经历，因此必须塑造一个适合自己的崭新形象。同僚提议让我到科研部负责生命科学事务，妮科尔希望我接受这个职位，母亲却对我就任部委办公厅这么备受关注的岗位而担心。她早已领教过政治生活的变幻莫测，为了保护我，她试图劝阻。由于胜算在握，我也渴望成就一番事业，便意气风发地进入阿兰·德瓦凯部长的办公厅工作，办公地点在巴黎综合理工学院旧址。很快，我就受到了记者抨击。母亲不再看媒体上的短新闻和图片，她的初衷是希望儿子能像她那位受人尊重的医生父亲一样，成为一名"杰出的医学教授"。[19] 因此，她对与我的新职位有关的报道总是充耳不闻。

年底，由于大学学费上涨，在反对派的施压下，阿兰·德瓦凯被迫辞职。雅克·希拉克让我加入卫生部部长米谢勒·巴赫扎克的团队，负责制定防治艾滋病毒感染的政策。这项任务由马提尼翁宫委派，目的是避免再度发生"血液污染"的惨痛事件。大家都称呼我"艾滋病先生"[1]。

当我自豪地向母亲讲述时,我听到她喃喃自语:"但愿有点用!"在接下来的几年里,她有几位时尚界和演艺界的好朋友相继离世。

* * *

克洛德料到我会当选,感觉自己又将面临孤独,于是开始寻找新的寄托。她重新关注起时装,与克里斯蒂安·迪奥的设计师马克·博昂和让-保罗·克拉弗里[2]建立了密切联系,他们都对前第一夫人无比忠诚。

克洛德与才华横溢的皮尔·卡丹设计师安德烈·奥利弗保持了长久的友谊。她向贝尔纳黛特·希拉克推荐这位设计师,让他为希拉克夫人设计适合其身份的服饰。他总是满面春风,有时会有点小幽默,为人慷慨大方。遇有重大场合,他还会向妮科尔提出服饰建议。我与可可·香

---

[1] 1987年,尽管行政、财政和政治方面都困难重重,我与部长还是推出了一项预防艾滋病毒感染的计划,由于措施完整严密,取得了预期效果。在驻院医生和巴斯德研究所研究员的密切合作下,我们找到了致病病毒。弗朗索瓦丝·巴雷-西努西和吕克·蒙塔尼耶因发现艾滋病毒获得了诺贝尔医学奖。随着国际协作的加强、科研成果的进步和巴斯德研究所医治方法的不断改进,这种疾病逐渐稳定下来。后来推行了三联疗法,非常有效,有些患者甚至得以痊愈。

[2] 让-保罗·克拉弗里(1959—)。法律和医学双博士,1982年进入雅克·朗格办公厅工作,负责国际事务,后担任部长顾问。在结识法国酩悦·轩尼诗-路易·威登集团总裁贝尔纳·阿尔诺后,1991年成为其私人顾问。他举办过30多个国际展览,在乔治·蓬皮杜国家艺术文化中心举办了贾科梅蒂作品展。为了帮助年轻人和艺术家融入社会生活,他发起一场前所未有的行动。他是路易威登基金会的策划者,基金会设在布洛涅森林一栋由美国建筑师弗兰克·盖里设计的建筑内。2014年,在克洛德·蓬皮杜基金会举办年会之际,他为该基金会举行了揭幕仪式。

第七章 挑战不断：1986—2004

奈儿的私人关系甚好，一次妻子去试衣，我也陪同前往，令工作人员十分诧异。按照高级时装店的惯例，妻子试衣时丈夫是不应该陪同的，不过恋爱中的我显得过于天真……第二天，母亲批评了我的这一举动。但不管怎样，至少我很享受与安德烈一起选出一件让我和妻子都满意的服装的过程。为了陪克洛德参加拜罗伊特音乐节，安德烈借给妮科尔一条深红色连衣裙，这种"瓦格纳"色调深得我妻子的喜爱——妮科尔会讲德语，年轻时钟爱《尼伯龙根的指环》。

对于克洛德来说，没有哪个服装品牌比香奈儿更让她感觉舒服自在。不过，她穿"裤装"也很洒脱优雅。克洛德从特立独行的卡尔·拉格斐身上看到他具有伟大设计师的特质，他也很欣赏克洛德通身的非凡气派。他外表不羁，但是全巴黎的人都知道他为人正直，与他母亲关系亲密，战争期间更是如此。克洛德与他有个共同之处，他们都不愿意暴露年龄。像他这样与众不同的人常有出人意料之举。母亲曾邀请他到贝蒂纳堤岸共进午餐，感谢他对基金会的慷慨相助。那天，母亲、妮科尔和我都被门口大把大把的白玫瑰惊得目瞪口呆！门外堆满了他送来的花束，好不容易才从门外拿进来，用以装饰客厅。克洛德欣喜万分，为她送花的人内心更快乐。卡尔·拉格斐用这种方式表达对一个让他回想起自己青年时代的人的好感。在母亲看来，时尚不仅仅关乎外表，也让她与这些她心目中的杰出设计师成为朋友。

一起观看时装秀也是克洛德与名流社交的方式。克洛德·罗兰是她和雅克利娜·德吕巴克[1]共同的朋友,为她们相互引荐。我对这位著名女演员印象深刻,她在一次晚宴上曾称我为"未婚夫",这让邻座的嘉宾顿生疑窦,我和克洛德饶有兴趣地观察着大家的反应。这次见面更加拉近了我们之间的关系,我们感觉彼此属于同一类人。

1981年,克洛德与她的画家朋友居伊·德·卢日蒙的妹妹、刚刚担任苏富比拍卖行法国区主席的洛尔·德·博沃-克拉翁[2]亲王夫人会面。亲王夫人个性果敢,做事有决断力。她外表谦逊,实则处事老练,好胜心强,这样的性格使她与克洛德有种亲近感。1995年,她预测到艺术市场的发展趋势,向法国拍卖师发起了反垄断攻势。2001年,在克洛德的支持下,她成功地推动法国向国际艺术市场开放。母亲知道如何利用自己的影响力为她所热爱的事业服务,而她的直觉又总是遥遥领先于其他人。

---

[1] 雅克利娜·德吕巴克(1907—1997),父亲是里昂实业家,她因表演才华受到关注。1935年,她与萨卡·圭特瑞结婚,这是她丈夫的第三段婚姻。萨卡·圭特瑞为她拍摄了11部电影和23部戏剧。1939年,两人离婚,她与母亲在纽约居住了几年。萨尔瓦多·达利中意于她,送给她一张天然草坪地毯,希望她为自己当裸体模特。她的母亲愤而斥责,全然不顾对方是谁。战争结束后,她成为著名钻石大亨迈瑞安·埃克纳扬的伴侣,1981年,两人结婚,并退出戏剧和电影界。她收藏了许多印象派和现代艺术作品,其中包括德加、雷诺阿、马奈、毕加索、莫迪利安尼、鲁奥、福特里耶和培根的作品。1983年,她把自己收藏的大部分作品捐给里昂美术博物馆,只保留了使用权,1997年,她突然死亡。因为挚友克洛德·罗兰的缘故,她生前一直对克洛德·蓬皮杜基金会慷慨相助。

[2] 洛尔·德·博沃-克拉翁,父亲卢日蒙伯爵是军人,担任过抵抗组织青年领袖,战后在德国指挥法国军队战斗。她少年立志,最早从事过美容产品的销售工作。她与德·博沃-克拉翁亲王(1921—1982)结婚。丈夫去世后,她担任了跨国公司苏富比法国区第一位女性主席,业绩卓著,现在是该机构名誉主席。

第七章 挑战不断：1986—2004

* * *

克洛德·蓬皮杜最关心的还是她的基金会。助手妮科尔·勒皮卡尔全力以赴地支持她，奥山夫人（原名德穆兰）管理志愿者事务30余年，让-保罗·博吕费尔和里夏尔·于坦是她手下的得力干将。

有一周她的工作异常忙碌。一天下午，克洛德的办公室门半开着，总干事没有敲门就进了办公室，手里拿着几份要签字的文件。克洛德用责怪的眼神盯着他，他感到有些意外。"不要坏了规矩。"[35]她对他说道。他离开房间几分钟后重新进来并道歉。母亲优雅地签字，然后对他会心一笑[1]。她这种善于化解尴尬，让彼此间的关系变得融洽的能力，使她能够为实现自己的目标铺平道路。

她当时正在计划创立阿尔茨海默病患者研究所。现在，这个研究所以她的名字命名。研究所设在大学附属医院中心，尼斯市政府和克里斯蒂安·埃斯特罗斯[2]对这项计划给予了大力支持。在与有关部门的谈判中，如果没有卫生部部长贝尔纳·库什内的介入和支持，这个项目一定会搁浅。2006年，克洛德为项目奠基，时任市长雅克·佩拉出席奠基仪式。后来，贝尔纳黛特·希拉克担任克洛德基金会主席，莉莉·萨弗拉[3]为基金会捐了一大笔钱，资助克洛德·蓬皮杜尼斯研究所的建设和装修。

---

1 里夏尔·于坦提供给作者的见闻。
2 法国普罗旺斯-阿尔卑斯-蓝色海岸大区议会主席。——译者注
3 莉莉·萨弗拉出生于巴西阿莱格里港，是黎巴嫩犹太慈善家爱德蒙·萨弗拉的遗孀，两人于1976年结婚，她是丈夫的第二任妻子。尽管蒙受家庭不幸，但2007年贝尔纳黛特·希拉克担任克洛德·蓬皮杜基金会主席后，在其推动下，她为基金会捐款700万欧元。在基金会主席的持续关注下，这笔款项用于研究所建设，2012年，研究所落成揭幕。

＊　＊　＊

在我父亲逝世后，丹尼斯·埃斯努成为我们的一位密友，始终支持着我们。她担任过蓬皮杜总统的私人秘书处主管，后来在雅克·希拉克历任总理、巴黎市长和总统期间，她一直担任希拉克的私人秘书处主管。她工作高效，总能妥善地完成交办的任务。克洛德邀请她到贝蒂纳堤岸的家中共进午餐，她的见解令母亲大为赞赏。1974年至2007年，在她的帮助下，我们与希拉克之间的联系畅通无阻。1997年，克洛德与一位记者见面时透露："贝尔纳黛特是我最好的朋友，她的真诚无可挑剔。"[19]

同时，母亲始终关注着以丈夫名字命名的中心的发展情况。尽管乔治·蓬皮杜国家艺术文化中心的参观人数居高不下，但她强调必须坚持中心的原定发展目标。蓬皮杜总统之后的两位总统都从中受到启发，弗朗索瓦·密特朗建造了巴士底歌剧院、卢浮宫金字塔、拉德芳斯大拱门和超大型图书馆，雅克·希拉克建造了一座原始艺术博物馆，2006年6月23日，凯布朗利博物馆落成揭幕，母亲出席了开幕式。正是由于两位总统对文化活动的关注和兴趣，克洛德在遇到困难时总是直接给他们写信，提出包括预算被压缩、公共信息图书馆可能被撤销、声学与音乐研究所要被拆分等这些棘手的问题。

当时，让·马厄仍然是乔治·蓬皮杜国家艺术文化中心主席。他活动安排能力出色，善于处理内部矛盾。巴黎教育委员会主席埃莱娜·阿尔韦勒[1]被任命为中心主席，这对克洛德来说是个意外的惊喜。她们是

1　埃莱娜·阿尔韦勒（1926—），哲学和历史专业（拜占庭问题专家）出身，文学博士，大学教授，巴黎一大（索邦大学）校长。弗朗索瓦·密特朗任命她为巴黎教育委员会主席（1982—1989）。1989年2月担任乔治·蓬皮杜国家艺术文化中心主席，由于达到年龄上限，任期只有两年半。她著作等身，在国内和国际上拥有众多文化头衔。

第七章 挑战不断：1986—2004

老相识，是罗斯柴尔德夫妇介绍她们认识的。克洛德与之后的下一任主席多米尼克·博佐[1]也有许多共同之处。

1995年，弗朗索瓦·巴雷[2]接任主席。经总理爱德华·巴拉迪尔批准，乔治·蓬皮杜国家艺术文化中心获得政府专项拨款，进行改造维修。经过整治，周边环境得到改善，位于乔治·蓬皮杜国家艺术文化中心门外的布朗库西工作室被迁走，出入变得更加便利。1995年9月，戴安娜王妃参观巴黎大宫举办的塞尚展，并出席贝尔纳·阿尔诺为她在巴黎小宫举行的欢迎晚宴，部长杜斯特-布拉齐参加活动。这次晚宴筹得的部分款项拨给了克洛德·蓬皮杜基金会，这让克洛德倍感欣慰！

1996年，让-雅克·阿亚贡担任乔治·蓬皮杜国家艺术文化中心主席，与克洛德成为真正意义上的好搭档。

阿亚贡聪明睿智，执着倔强。他的管理极具个人风格，并能与中心的发展精神有机结合。他指派让-皮埃尔·马尔西-里维埃[3]负责联系赞助商，争取更多赞助资金，由乔治·蓬皮杜国家艺术文化中心公关部

---

1 多米尼克·博佐（1935—1993），毕业于卢浮宫学院。1969年担任国家现代艺术博物馆馆长，进入乔治·蓬皮杜国家艺术文化中心筹备工作组。1974年起，他负责毕加索博物馆的代物清偿谈判。之后再次担任国家现代艺术博物馆馆长。1986年因经费不足辞职。1986年至1990年担任文化部造型艺术主管。1991年8月被任命为乔治·蓬皮杜国家艺术文化中心主席，1993年4月因病离职。

2 弗朗索瓦·巴雷（1939—），1965年毕业于国家行政学院。1969年进入罗贝尔·博尔达领导的乔治·蓬皮杜国家艺术文化中心筹备工作组。之后担任过多个文化机构的负责人，包括造型艺术代表（1990—1993）、乔治·蓬皮杜国家艺术文化中心主席（1993—1996）、建筑遗产局局长（1996—2000）等。

3 让-皮埃尔·马尔西-里维埃（1957—2016），商人，1992年与出生于突尼斯的法国人扎伊纳布·凯拜利结婚。他妻子的前夫是"不二价"（Monoprix）连锁超市创始人安德烈·莱维-德帕，妻子于1974年丧偶。他们用30年时间收集了许多优秀的印象派作品。2010年，扎伊纳布逝世，他把141幅博纳尔和维亚尔的作品捐给奥赛博物馆。

总监让－皮埃尔·比龙[1]予以协助。

让－皮埃尔与扎伊纳布·马尔西－里维埃是一对品位高雅的夫妇，他们对艺术的热爱和慷慨都达到了极致。

在爱德华·巴拉迪尔的倡议和克洛德·蓬皮杜的支持下，为了促进乔治·蓬皮杜国家艺术文化中心的发展，1977年成立协会，让－皮埃尔（志愿）主持协会工作，2010年由雅克·朗格接任，爱德华·巴拉迪尔担任名誉主席。为了帮助博物馆进一步丰富馆藏，多米尼克·德·梅尼在美国成立了乔治·蓬皮杜文化艺术基金会。同时，中心实施了争取赞助的政策。

1997年，乔治·蓬皮杜国家艺术文化中心成立20周年。在成功举办了莱热作品展后，蓬皮杜中心闭门装修，装修计划得到雅克·朗格、卡特琳·特罗曼和卡特琳·塔斯卡（她是母亲的朋友，也是一位音乐爱好者）几位部长的大力支持。这次装修的目的是使中心的建筑和资产更加适应社会文化深刻变化的现实需求。让－雅克·阿亚贡不希望中心在闭馆期间被人们遗忘，他设计了一个巨大的电子钟，可以显示出到2000年1月1日前的剩余时间秒数。电子钟被放置在中心入口处，向大家提示着时间的流逝，成为一道景观。

施工期间，克洛德经常去工地视察。建筑师皮亚诺和罗杰斯是她的老朋友，他们和让－雅克·阿亚贡都是贝蒂纳堤岸的座上宾。他们在席间讨论项目进展，讨论当代艺术的发展和各种文化活动。基于对彼此

---

[1] 让－皮埃尔·比龙（1942—），文学家，曾担任文化部艺术教育司专员、凡尔赛国立建筑学院院长（1969—1973）。1973年至1975年担任工业美学创作高级委员会委员，1981年担任法国兴业银行（SFP）副总经理。之后先后担任乔治·蓬皮杜国家艺术文化中心视听部主任，大卢浮宫主席助手（1984—1988），乔治·蓬皮杜国家艺术文化中心公关部总监、董事（1988—2007）。2009年担任文化传播部部长弗雷德里克·密特朗的顾问。

第七章 挑战不断：1986—2004

的了解和信任，他们的话题从不涉及技术问题，体现出母亲处理复杂问题时化繁为简的能力。"我热爱音乐和绘画，关注艺术发展，喜欢与艺术家为伴，尤其是那些伟大的艺术家，像布列兹、贝雅、巴伦博伊姆、苏拉热和马歇尔·雷斯等，他们风格迥异，为我提供了欣赏艺术的不同视角……"[27]

2000年1月1日，乔治·蓬皮杜国家艺术文化中心重新向公众开放。中心举办的马歇尔·雷斯作品展风格前卫；由瓦萨雷里创作的乔治·蓬皮杜肖像被悬挂在大厅中，引发了一场争议：有人认为中心已经以乔治·蓬皮杜的名字命名，没有必要再悬挂这位"1968年伟人"的肖像。让－雅克·阿亚贡义正辞严地让人把肖像悬挂在入口处，参观者一入场就能够看到。克洛德对他耳语道："要生存就必须斗争。"她想起安德烈·马尔罗说过的一句话："自由属于那些征服它的人。"在丈夫逝世后的25年中，这句话在她为捍卫丈夫而战的过程中显得尤为重要！

* * *

母亲的生活离不开音乐会和歌剧。"我经常去听音乐会，听的多是现代音乐，这要拜声学与音乐研究所所赐。……巴黎歌剧院的舞蹈非常出色，我认为这里有最优秀的芭蕾舞[1]，舞蹈家出类拔萃。我很欣赏莫里斯·贝雅，他的编舞水平一流。他是我们的朋友，但我们在法国看到他的机会并不多。不知道是什么缘故？"[27]

---

1 这里是指斯特拉文斯基的芭蕾舞《春之祭》，由莫里斯·贝雅编舞。——译者注

1995年至2004年，于格·加尔[1]担任巴黎歌剧院院长。他以坚定的决心对歌剧院进行了改组，遭遇挫折困难时，克洛德·蓬皮杜总是鼎力相助。

令克洛德倍感欣慰的是，参加贝蒂纳堤岸家宴的座上宾囊括了各界名流：历任文化部部长；妮基·德·圣法尔与让·丁格利等艺术家朋友；亨利·迪蒂耶、相约而至的建筑师贝聿铭和让-克洛德·布里亚利；雷蒙·汉斯、玛丽亚·埃莱娜·维埃拉·达·席尔瓦、马歇尔·雷斯和瓦莱里奥·阿达米——后者还创作并送给她一幅惟妙惟肖的皮埃尔·布列兹的肖像；西蒙娜·韦伊夫与丈夫、埃莱娜·罗沙、罗斯柴尔德夫妇；克洛德极为欣赏的《巴黎竞赛画报》著名记者卡罗琳·皮戈齐；于贝尔·多尔纳诺与妻子伊莎贝尔[2]——伊莎贝尔后来成为克洛德·蓬皮杜基金会董事会董事；装饰艺术博物馆馆长埃莱娜·达维德-魏尔[3]——她的专业精神和朴实无华都令克洛德十分赞赏。

1994年，皮埃尔·布列兹指挥了《应答——重影对话》(*Répons, Dialogue de l'ombre double*)和《璐璐》(*Lulu*)，在巴黎和巴登巴登，

---

1 于格·加尔（1940—），毕业于巴黎政治学院，学习德国文学，在农业部埃德加·富尔部长办公厅开始其职业生涯。之后在国民教育部负责艺术教育，开创了音乐学士学位，随后进入文化国务秘书埃德蒙·米什莱的办公厅任职。1969年担任国家歌剧院联盟秘书长。1973年至1980年担任巴黎歌剧院院长罗尔夫·利伯曼的助手。1995年至2004年担任日内瓦大剧院院长和巴黎歌剧院院长。他是法兰西美术学院院士，并当选为吉维尼克洛德·莫奈基金会董事，2013年获得连任，任期5年。
2 伊莎贝尔·多纳诺，2015年丈夫于贝尔去世后，她和儿女接手希思黎集团。1960年，于贝尔购买了一家植物化妆品公司，研发出奢侈品牌希思黎，与自己的兄弟推出奥兰系列产品。伊莎贝尔是克洛德·蓬皮杜的朋友，她对基金会的事务很热心，并于2006年成为董事会董事。
3 埃莱娜·达维德-魏尔，她的丈夫米歇尔·达维德-魏尔是商业银行家、拉扎德银行行长。1993年至2011年，她担任装饰艺术博物馆馆长。

第七章 挑战不断：1986—2004

克洛德都与他有过深入交流。

克洛德在多个文化机构中任职，包括：康定斯基协会、所罗门·古根海姆威尼斯博物馆董事会、纽约古根海姆博物馆、纽约现代艺术博物馆国际理事会、米利森林独眼巨人协会（以妮基·德·圣法尔和丁格利创作的一个巨型雕塑命名，1987年捐赠给政府，1994年向公众开放）、妮基·德·圣法尔与让·丁格利基金会、克洛德·蓬皮杜基金会美国知音会，以及威尼斯格拉西宫理事会。

她利用与贝尔纳黛特·希拉克一同去纽约的机会，顺路到我儿子托马家与他们相聚，儿子全家很高兴能够接待她们。

她在古根海姆博物馆参加完会议出来后，有一个人带着狗正在中央公园外散步，向她提出一个问题："夫人，你是名人吗？"母亲想起前一天晚上她接受过电视采访。她没有回答，只是报以礼貌的微笑，然后上了她的黑色豪华轿车，车窗玻璃颜色很深。回到酒店后，她和贝尔纳黛特分享了这个趣闻，我们全家后来听说了这件事也觉得很有趣。

待在巴黎的时候，克洛德总是沉浸在艺术世界里。她与造型艺术家朋友保持着联系。每年，她会让一位艺术家朋友为自己制作贺卡。每张贺卡都别具一格，她可以用来回复亲朋好友和各阶层人士发来的贺卡，不论对方贫穷或富贵，她都一视同仁。艺术家的无偿奉献，使当代艺术以这样的方式在法国以及海内外各地传播开来。

* * *

1988年5月的立法选举之后，左翼重新掌权，米歇尔·罗卡尔接替雅克·希拉克担任总理。我离开了米谢勒·巴赫扎克部长办公厅，回到医学院工作。欧洲议会选举在即，我必须保持曝光率。

1989年4月初，国会12名年轻议员向资深议员发难，以期促使右翼力量更迭。我随即向法新社发出一封声援信，当天下午对方收悉。在接下来的几个小时，我先后接到爱德华·巴拉迪尔和雅克·希拉克的来电，他们都希望我收回成命；母亲的态度很谨慎；玛丽－埃莱娜·德·罗斯柴尔德亲自找我，劝我改变主意。然而为时晚矣，我已经接受了法国电视一台《20点新闻》的采访要求。虽然"改革派"以失败告终，但这并无大碍，重要的是我重新回到了政坛。

克洛德难以承受这种压力，她写信给雅克·希拉克袒露心迹。几周后，我上了欧洲议会选举的获选人名单。竞选期间，雅克·希拉克来找我，他说："已经定了，你选上了，记住处事要冷静！"我接受这样的提醒，但我正是因此而当选欧洲议员的。我在欧洲议会工作了10年，这段时间里，克洛德从不谈及这个话题，不过她发现我在走自己的路。

1990年夏天，我在写一本关于生物医学伦理的书——《你记得人类吗？》（*Souviens-toi de l'homme*）[26]，这部作品获得了成功，许多观点到现在依然适用。克洛德在她的回忆录中引用了其中一段话。"人们现在又开始谈论灵魂，以及对伦理方面的担忧……我很喜欢我儿子在《你记得人类吗？》这本书中的结语：'真正的力量在我们自己身上，尊重自己是个人顺应现代化世界的力量所在。这种态度对于主持正义和施展爱心来说不可或缺。'"[28]

在我的欧洲任期结束之际，还有两件事值得记录下来，因为它们都与母亲有关。1999年，按理说我可以谋求第三个任期。负责推荐名单的菲利普·塞甘向我保证，我的优势很大。然而，政治就是如此变幻莫测，尼古拉·萨科齐接替了他的职位，并召见了我。他对我以"您"相称，这是个不好的兆头！果不其然，由于政治利益的权衡，我被解职了。母亲再度写信给雅克·希拉克，但没能改变这一决定。我在选举中受到排挤，几周后，我要求与共和国总统见面。总统答应任命我为经济社会理事会主席。在会面结束时，我气愤地对他说："不管怎样，我请求您不要给我颁发荣誉军团勋章！"然而，两年后，在没有事先告知我的情况下，我被列入了总统的授勋名单，人性就是如此复杂。

希拉克总统亲临贝蒂纳堤岸为我颁发这一荣誉，我的家人出席了颁奖仪式。我打破常规，向母亲表达了谢意。她对我获得这一意料之外的荣誉并不诧异。我知道她一直在努力消除嫌隙，不愿让"负面情绪"持续。

除了为我的事情奔波外，母亲不断参加各种文化和社会活动，这也成为我们之间经常交流的话题。虽然她很有见地，但对我的判断力还是赞赏有加，说她能从中受到启发。

卡雅克：蔽身之所

卡雅克的生活热闹非凡，来往朋友络绎不绝，工作人员忙忙碌碌。克洛德的司机接连换了几个，其中一个原来是爱丽舍宫的司机，因为"轻微"酗酒被发配到一个部里。一次，克洛德与朋友奥迪尔·德·克罗伊到达卡奥尔车站时，他代替母亲的专职司机去接站。他喝得醉醺醺的，努力显示着自己的游刃有余，带着两位乘客开始了一场疯狂的旅程。他在河岸边的小道上疾速行驶，两位女士紧张极了，奥迪尔急切提醒，司机却回答道："别担心，亲王夫人，我的时速控制在160至180公里之间！"她们抵达后，虽然安然无恙，但已筋疲力尽。这位司机第二天就回原部门上班了……

次日，朋友们陆续抵达，这件事引发了大家的热议。为了转移话题，克洛德带大家去参观羊圈，新生羊羔让人怜爱、感动。第三天，他们前往鲁埃格自由城远足,母亲从那里带回一些成套盘子和锡制品,用来装饰餐桌。她在"农夫让诺·卢"的店里,为来度假的孙辈们准备了乡村的裤子和套头衫。托马21岁,罗曼18岁,亚尼克17岁。他们很高兴回到卡雅克和喀斯高原,这是他们童年住过的地方。他们在可以加热水温的游泳池中嬉戏,在崭新的乒乓球台上竞技,假期过得热闹而充实。他们穿着农民的服装,在乡下漫步,晚上回来时筋疲力尽。晚餐后,他们一边打牌,一边品尝品种古老的喀斯李子。

第四天,一位驯马师朋友加入我们,组织了传统的马车比赛。他绘声绘色地为我们讲述了他在美国巴纳姆马戏团训练马和大象的经历。母亲能够把各种能人巧妙地聚拢在身边!乔治·维古鲁夫妇应邀而至,他们是梅屈埃斯城堡酒店的主人,拥有卡奥尔葡萄园。送走博吕费尔夫妇后,她出席了米洛高架桥落成仪式。这项工程颇具艺术感,是在乔治·蓬皮杜奠定的基础上,由爱德华·巴拉迪尔批准修建的,米洛市长雅克·戈德弗兰[1]负责监工。

安德烈·鲁子承父业,他的父亲阿尔芒是公证人。克洛德向安德烈了解卡雅克的生活情况,我同他的妻子雅克利娜回忆起她刚订婚时的青春岁月。母亲也会和我们一起聊天,那些离她已经很久远的大学生活片段会让她感到很开心。

在孔克,皮埃尔·苏拉热刚刚完成圣福瓦修道院的彩色玻璃窗,半透明的材质透射出神秘的光芒。他这样写道:"只有超越艺术家本身的

---

1 雅克·戈德弗兰(1943—),毕业于图卢兹政治学院和巴黎经济学院。先后在法国联合航空公司(1970—1978)和斯奈克玛集团(1978—1980)工作。1973年至1974年担任乔治·蓬皮杜总统专员。1995年至1997年担任阿韦龙省代表兼议长和南部-比利牛斯大区议长。1995年至1997年担任合作部部长。1995年至2008年担任米洛市长,期间米洛高架桥落成。2011年1月28日担任戴高乐基金会主席。

创作才是有意义的。"[34-37]

克洛德虽然天性开朗,但喜欢沉思冥想。她经常来到这个神奇的地方,仿若置身时空之外。她喜欢这种不同寻常的感受和这样与众不同的地方。

克洛德为创建卡雅克艺术之家倾注了很大心血。这个项目是由青少年精神疾病专家让－保罗·库西发起的倡议。1979 年至 1989 年,让－保罗·库西负责管理艺术之家。1989 年,来到圣西尔拉波皮耶的艺术家可以住在多拉之家,吉尔贝·帕里斯担任合并后的机构主席。这里举办了比西埃、贝尔纳·韦内和马歇尔·雷斯等当代艺术家的一系列作品展。[37]2004 年,机构更名为乔治·蓬皮杜艺术文化中心,克洛德出席揭幕仪式,由让－弗朗索瓦·德·康希担任董事会主席。2015 年起,我接任这一职位,这也是对母亲表达忠诚的方式。在让－弗朗索瓦·德·康希的提议下,中心改名为乔治与克洛德·蓬皮杜艺术文化中心。现在,中心的影响已经辐射到整个地区甚至更多的地区。

给予与收获

时光荏苒,我的孩子逐渐长大成人。托马从一所顶尖商学院毕业后去了纽约,被拉扎德银行录用。他在国际金融领域颇有建树,但行事非常低调。1999 年 7 月,他在纽约长岛蒙托克角与一位大使的女儿、菲律宾裔纽约女子结婚。克洛德和贝尔纳黛特·希拉克一同参加了婚礼。婚礼当天天气晴朗,气氛轻松,一对新人光彩照人。10 月,他们在巴黎圣路易岛教堂举行了宗教婚礼,克洛德自从丈夫去世后再未去过那里。看到自己的孙子在最好的机构从事金融工作,她感到很欣慰。

亚尼克紧随其后。2000年7月22日，他在布列塔尼地区圣海的一个小教堂里举行了婚礼。他毕业于巴黎高等师范学院，获得现代文学教师资格。家里出了一个银行家和一个巴黎高师生，这让母亲感到很欣慰……罗曼很早就立志从事戏剧艺术。1989年，他放弃亨利四世文科预科班的学习，与朋友共同创办了"巴别塔"剧团，成功改编了福楼拜的《圣安东尼的诱惑》等多个剧目，在西方、东方以及南美之间的跨文化对话中获得灵感。他的舞台表现力非凡，展示出导演方面的天赋。我们家出了一位艺术家，克洛德终于如愿以偿。

妮科尔的子女按部就班地在各自事业上发挥着才华，尽管经常会遇到陷阱。青春期以前，重组家庭的兄弟姐妹始终形影不离，之后每个人都走上了各自的道路，但并未因此而疏于联系。

2000年是规划未来的契机！我和妮科尔从圣路易岛搬出来，在塞纳河亨利四世堤岸絮利桥一端安顿下来。母亲让人重新装修了寓所，以便孙辈和曾孙辈居住起来更方便，她经常在家接待他们。雅克·希拉克一直关心着克洛德，了解她有何需求。这种关注既无微不至，又不让人有负担感，克洛德对此心怀感激。自1995年科雷兹人希拉克就任共和国总统后，他们之间的关系始终如初。克洛德与贝尔纳黛特的关系甚至更加紧密，人们经常看到两位"夫人"一起出席活动。克洛德从丹尼斯·埃斯努那里了解到总统夫妇可以接受邀请的时间，并且根据希拉克夫人的时间安排外出旅行，因为贝尔纳黛特·希拉克刚刚担任"巴黎医院—全法医院基金会"主席。

这一时期，为纪念父亲举行了各种活动。1989年，在爱德华·巴拉迪尔的提议下，成立了乔治·蓬皮杜协会，负责保存有关档案以及父亲前主要助手的口述见闻。此外，举办了一系列专题讨论会，克洛德·蓬皮杜亲自与会，并颁发乔治·蓬皮杜奖项。不过，她从不参加

第七章　挑战不断：1986—2004

为前总统举行的祭祀弥撒，不仅因为这会重新勾起她的痛苦回忆，而且礼宾方面有时也很难安排，爱德华·巴拉迪尔、雅克·希拉克和瓦莱里·德斯坦都需要专门陪同。

密特朗总统安排了两名巴黎文献学院毕业生整理蓬皮杜总统的档案。1994年，塞尔日·库尔特－帕里斯为前总统逝世20周年设计了纪念邮票。尽管如此，我和母亲都认为这样的纪念方式远远不够。我们希望更好地唤醒乔治·蓬皮杜在法国人心中的记忆。对于法国人来说，蓬皮杜执政时期是幸福的回忆，然而父亲的形象却被集体淡忘了。我在爱丽舍宫宣传部前主任德尼·博杜安的协助下，联系了曾与他在爱丽舍宫新闻宣传处共事的马塞尔·朱利安[1]（先后担任乔治·蓬皮杜在马提尼翁宫、拉图尔—莫堡大街办公室和总统府的媒体事务官员），由他撰写了一部面向大众的关于戴高乐和乔治·蓬皮杜的传记，书名为《法兰西最强音——高师战士》(*La France à voix haute: Le Soldat normalien*)。[12]

这部作品于1994年出版，遗憾的是没有引起很大反响，不知是因为宣传力度不够，还是因为法国人有其他更关心的话题，克洛德对此感到失望。所以，她希望媒体在20周年纪念活动时加强宣传。1994年3月，在电视节目《真相时刻》上，她接受了记者采访。观众被她在屏幕上的自然淡定和她散发出的魅力所吸引。法国电视二台同时邀请了卡特琳·塔斯卡、阿兰·佩雷菲特、莫里斯·舒曼、雅克·朗格、居伊·贝雅这些各行各业的名人，人们无法对她的朋友圈设置标签，这样的交友范围突显出克洛德·蓬皮杜的开放精神。最后，她反复陈述自己坚持的

---

1 马塞尔·朱利安（1922—2004），电影台词编写者、作家、导演、编剧、电视制作人，法国电视二台创始人之一，1975年至1977年担任台长，同时兼任普隆出版社和朱利亚尔出版社文学总监。为导演热拉尔·乌里编写喜剧电影剧本。2004年溘然长逝。

观点，强调"乔治·蓬皮杜在大力推动工业现代化、法国对外开放以及文化发展三个方面发挥了关键性的作用。我丈夫在环境保护等问题上有前瞻意识，他创立了环境部……"[28]

然而，想到丈夫对法国鞠躬尽瘁，政界却如此冷漠无情，她就感到痛心："我谴责政治家们在谈话中把他隐去，左翼右翼都是如此。当外国人还在热情洋溢地向我谈起他时……终于，我决定不再悲天悯人，而是思考我该做些什么。"[28]

她虽然认为人们应当向丈夫的行动表示敬意，但其实过去留给她的回忆却是痛苦的。"我那时很憎恶爱丽舍宫，那是一个让人爱不起来的地方。自从我丈夫去世之后，无论谁当总统，我都没有再去过爱丽舍宫，以后也不会去。对我来说，那里会给人带来不幸。"[35]

从1995年开始，她经常会写点简短文字，从中可以看出她的性格。20年后，我发现了这个皮面小本子，她在笔记本上对自己的过往做了回顾，并根据自己对社会发展的看法和所秉持的价值观，记录下与乔治的共同经历和生活。[27]

经过两年的写作和修改，她把手稿交给文学界的一位朋友——雅克·朗格的前文化顾问阿兰·阿诺[1]，请他校阅。

《心潮》[28]出版后取得巨大成功，被翻译成中文。母亲在书中写道："我觉得，在很多方面，中国人与法国人十分相近，性格都很活泼，爱开玩笑，热爱生活。但中国人比法国人显得'严肃'……"[28]她还在书中向戴高乐将军和夫人表达敬意，回忆了那些对她来说没齿难忘的

---

1 阿兰·阿诺（1948—），文学博士，1975年进入文化部，1990年至1993年担任雅克·朗格的顾问，随后担任乔治·蓬皮杜国家艺术文化中心主席的专员，并被任命为创作与演出督察。他是一位情感细腻的作家，曾担任音乐城出版社社长。

第七章 挑战不断：1986—2004

往事。这是她前所未有的尝试，她选择用这样的方式表达自己的情感，并为未来做好规划。

克洛德对杰出人才总是格外关注。1998年，在接受记者采访时，当被问及最想与谁见面时，她脱口而出："当然是齐内丁·齐达内。"那时齐达内刚从世界杯上凯旋……

1999年7月10日，蒙布迪夫博物馆落成。我们向博物馆捐赠了由瓦萨雷里创作的蓬皮杜肖像原件（乔治·蓬皮杜国家艺术文化中心的展品是复制品），我个人捐赠了一些父亲生前的重要纪念品，博物馆展出的一系列父亲的照片都与奥弗涅有关。

在总统逝世25周年之际，我和妮科尔陪同母亲前往蒙布迪夫，姑父亨利·多梅尔与他的妻子、已逝总统的妹妹马德莱娜同行。我的堂姐弗朗索瓦丝·科朗和她的兄弟让-保罗一家在这栋祖宅接待了我们。父亲很早就决定由弗朗索瓦丝继承这栋简朴却有历史价值的房屋，他认为侄女是照管这栋房子的最佳人选。弗朗索瓦丝的父母过去一到夏天就会去那里小住。

市长偕助手、选区议员兼康塔尔省乔治·蓬皮杜协会主席阿兰·马莱出席了纪念活动。瓦莱里·吉斯卡尔·德斯坦总统和爱德华·巴拉迪尔与我们会合，在弥撒开始前，先到乔治·蓬皮杜纪念碑前默哀。仪式结束后，他们走到聚光灯下，接受守候在外的摄影师和电视台摄像的拍照，然后走向康塔尔居民和围观群众，与他们进行交流，结束后到附近的一家小饭馆用午餐。克洛德不愿让人过多谈论他们的轶事和青年时代，在礼节性地表达谢意之后，立即乘车返回巴黎，这既是出于对他人的尊重，更是对自己尊严的维护。

这场活动在当地乃至全国引起轰动，《心潮》的出版也唤醒了人们对蓬皮杜总统夫妇的回忆，这曾是法国历史上一段令人愉悦的时光。

功成名就的女性

如何借用母亲所写的文字,对她的性格做出更好地概括和描述?

克洛德有一张充满活力的面孔,目光坦诚。她追求精神独立和思想自由,憎恶形式主义。她不愿意被人贴"标签","乔治也不喜欢被人贴上艺术或者政治的标签,只需看看他主编的《法兰西诗选》,便可体会到他的审美观是折中的"。她这样说道。[28] 她有强烈的求知欲,尽可能按照自己的个性生活。"我既能完全独立,也能顺应他人的安排。我认为自己活得很真实。事实上,这是我的本能。有时,我应答过快,因为我总是不假思索地说出自己的想法。"[28]

她知道如何保护自己,但也很有智慧地面对各种挑战。"我坚信决心和信念的力量……乌托邦的精神有助于增强信念……我相信直觉和本能;在思考和行动之间,我更注重后者;我宁愿保持天真,也不愿故作神秘。"[28] 无论需要付出何等代价,克洛德始终坚持自己的信念:在表面洒脱甚至貌似无所谓的背后,其实隐藏着坚定的态度和一个极其脆弱的保护壳。不过,这种复杂性没有使她真实、坦率、自然、简单的魅力受到丝毫影响。"我喜欢那些处事超脱但不漠然的人所表现出的云淡风轻。"[27]

母亲拒绝"禁锢"个性的粉饰,不愿错过任何生活的赐予。"我需要一点儿漫不经心。马尔罗说这种漫不经心的状态坚不可摧,是我们生存的力量。"[28] 但与此同时,必须实现自我超越。"那些伟大的艺术家注定要摆脱日常生活的平庸;那些与他们交往的人何其有幸,能有机会进入另一个完全不同的世界,开阔自己的眼界。"[27]

德尔菲娜·勒盖在《总统夫人》(*Femmes de président*)[13] 一书中写道:"克洛德·蓬皮杜虽然对政治毫无兴趣,总是置身事外的样子,

第七章 挑战不断：1986—2004

但在驳斥人们对她丈夫的不实指控和评论时，她曾多次在媒体上发声。"人们惊奇地发现，那个声称认不全乔治·蓬皮杜手下部长的克洛德·蓬皮杜，其实对所有情况都了如指掌。"她相信自己的判断，坚决否认戴高乐和蓬皮杜在1968年五月风暴之后产生矛盾："他们之间从未决裂，有些人出于嫉妒试图让人们产生这种误解，毕竟我丈夫是被选中而横空出世的……他既没有参加过自由法国，也没有加入过抵抗运动，然而将军却选择了他，在长达25年的时间里倚重他，与他并肩工作……最重要的是，从将军写给我丈夫的信中可以看到，将军对我丈夫接班充满信心。"[13]

克洛德从民族历史和个体的生命经验中汲取灵感，对历史的了解使她能够高屋建瓴。个性使然，她需要与亲朋好友交流自己的思考和收获。"在与儿子或孙辈共进午餐时，我从他们身上学到很多东西，我也尽量把自己的经验传授给他们，并在交流中培养他们的道德观。我们无所不谈，不带任何偏见和执念！"[28]"我爱我的家人——我的孩子、孙辈和侄辈。每一次分别时，我总是很伤感[27]……"她写道。她在小本上写下对我以及我的家人的无限关爱。于她而言，最大的快乐就是那些与家人在奥维利埃和卡雅克共度的简单温馨的时光。

"经过岁月的沉淀，会发现幸福并非一种永恒的状态，我们在生活中会经历幸福的时刻，也要经受各种考验。从长远来看，前者将远远超过后者。近40年来，无论我们各自的境况如何，我们的家庭关系始终亲密、和睦，简单、真诚和注重友情是我们共同信仰和坚持的美德。"[28]

克洛德立足过去，面向未来。除了缅怀丈夫之外，她无须再证明什么。然而，她仍然积极地生活，因为她是个有梦想的人。

【第八章】

荣耀与孤独：2004—2006

接受现实

2003年，我接到工业部部长妮科尔·方丹的电话，他提名我担任欧洲专利局主席。作为一名发明家[1]，我欣然接受了部长的提议。这项工作需要我在巴伐利亚州慕尼黑常驻三年。妻子愿意陪我前往，而且她会讲德语。母亲得知我们将离开法国时忧心忡忡，她又要孤身一人了。

我参加了竞选，在欧洲各地奔波。几个月后，竞选在我与英国专利局局长之间陷入僵局。最终，雅克·希拉克和托尼·布莱尔在一次正式午餐会上达成妥协，同意法国和英国各任一届主席。在第57轮投票中，法国获得了多数票！第一个从理事会会议室走出来的是荷兰代表，他大声说道："我们有新教宗和教母了！"妮科尔很快得到了消息。我打电话告诉克洛德，她沉默不语：儿子当选了由38个欧洲国家组成的国际组织的领导人！

直到两年后，她才去慕尼黑探望我们。我们到飞机舷梯旁迎接她，陪她前往酒店下榻。夜幕降临之前，我带她来到我的办公室。办公楼的面积和庭院中尼古拉·舍费尔创作的大型雕塑令她惊叹。走进我的办公室，她坐在由菲利普·斯塔克设计的沙发上，环顾四周，由衷地感慨道："我能看出这个机构很有钱！"

---

[1] 目前，我在全球范围内拥有30多项专利。

她不敢相信，但逐渐意识到，家里现在又出了一位首脑！

在慕尼黑的时候，我和母亲商定到奥维利埃共度一次周末。虽然每天上午十点钟我都给她打电话，但她仍然很孤独，感觉被家人"遗忘"了。

克洛德还要解决财务紧张的难题。卡雅克的住宅维护、警卫人力、巴黎和奥维利埃的日常生活开支，这些都要耗费大笔资金。她卖了几幅画，包括伊夫·克莱因蓝色系列中的一幅和丰塔纳的"空间协奏曲"系列中的一幅。此外，她把一些不佩戴的珠宝也拿去询价。

克洛德写道："如果既不搞金融，又没有商业和经济头脑的话，那么一定会有陷入财务困难的时候，尤其对于能花钱的人来说！"[13] 现实情况的确如此。

* * *

2006年，母亲已经90多岁高龄。她在日常生活中保持着昂扬的精神面貌，但是健康问题还是露出端倪，她的身体由于铁吸收不良引起了缺铁性贫血。她对这个诊断非常认同，这样就不用再做进一步的检查。她接受了相关治疗，并对饮食做了调整。尽管体重明显下降，但她总是信守承诺，因为她既不愿承认身体的衰弱，也不想辜负他人。

根据贝尔纳黛特·希拉克的指示，爱丽舍宫医生雅克·多罗尔定期为克洛德体检，克洛德很信任医生。雅克·多罗尔态度严谨，医术高明，他认为只要母亲的病情没有恶化，就无须进行干预治疗。我们赞同他的治疗方案，这样可以避免消耗母亲的体力和意志力。

第八章 荣耀与孤独：2004—2006

积极行动

在基金会担任克洛德助手的妮科尔·勒皮卡尔已经退休，让-保罗·博吕费尔露面的次数越来越少。吉尔贝·帕里斯和塞尔日·库尔特-帕里斯离开了巴黎。从1945年起一直追随我父母的马德莱娜·内格雷尔也回到了她的乡下住所。只有丹尼斯·埃斯努还在继续工作，是母亲与希拉克夫妇之间联系的纽带。克洛德尽量不劳总统大驾，通常只邀请文化部部长到贝蒂纳堤岸的家中做客，让-雅克·阿亚贡和雷诺·多纳迪厄·德·瓦布莱斯[1]都曾应邀与她单独共进午餐。

布律诺·拉辛[2]成为乔治·蓬皮杜国家艺术文化中心的坚强舵手，他的父亲皮埃尔在最高行政法院任职，与克洛德是老相识。布律诺·拉辛毕业于巴黎高等师范学院和国家行政学院，学识渊博，对现当代艺术

---

1 雷诺·多纳迪厄·德·瓦布莱斯（1954—），毕业于巴黎政治学院和国家行政学院（1980年伏尔泰届）。他的父亲是雅克·多纳迪厄·德·瓦布莱斯，祖父是纽伦堡审判法官亨利·多纳迪厄·德·瓦布莱斯。他从事过多个行政职务，1997年在弗朗索瓦·莱奥塔尔身边开始从政，后者曾担任文化部部长（1987—1988）和国防部部长（1993—1995）。1997年当选安德尔-卢瓦尔省议员，2002年再次当选，2004年3月31日至2007年5月15日担任文化部部长，他的前任是让-雅克·阿亚贡，继任者是克里斯蒂娜·阿尔巴内尔。2012年创建RDDV合伙人公关公司。

2 布律诺·拉辛（1951—），巴黎高师生，获得古典文学教师资格，毕业于巴黎政治学院和国家行政学院，作家。1979年担任审计院助理稽核，1983年担任稽核，之后进入外交部裁军与战略事务司（1983—1988）和雅克·希拉克总理办公厅（1986—1988）。担任巴黎文化局局长，直到1993年。之后，进入外交部部长阿兰·朱佩办公厅，并跟随其进入马提尼翁宫，负责文化等事务。担任罗马法兰西学院院长（1997—2002），2002年到2007年担任乔治·蓬皮杜国家艺术文化中心主席。担任法国国家图书馆馆长，任期延长至2016年3月。他出版过多部作品，其中关于画家让·埃利翁的作品得到克洛德·蓬皮杜的好评，最近出版的是一部关于他母亲的作品。

有深刻的了解。他实施了促进乔治·蓬皮杜国家艺术文化中心迅速发展的激进政策，成效显著：每天有 22 个临时展览在中心举办，互联网的浏览量达到每天 3500 人次，参观人数不断攀升。他还拉来贝尔纳·阿尔诺等赞助人，举办了伊夫·克莱因和贾科梅蒂作品展，这些展览对克洛德有强烈的吸引力。此外，克洛德还与阿尔弗雷德·帕克芒[1]建立了良好关系。他是一个喜欢冷幽默、具有丰富内涵的人，对当代艺术创作抱有与克洛德同样的热情，并且同样低调谦逊，性格内敛。

＊　＊　＊

克洛德·蓬皮杜基金会在不断发展壮大，总干事和固定员工工作热情高涨。基金会经常收到捐款和馈赠，即便如此，要实现财政收支平衡必须依靠赞助人，基金会最重要的赞助人有贝尔纳·阿尔诺、卡尔·拉格斐和莫妮克·波佐·迪·博尔戈。弗朗索瓦·杜马负责组织基金会年会，以争取更多人向基金会慷慨解囊。妮科尔·勒皮卡尔写道："蓬皮杜夫人继续外出参加活动，凡是大使举办的晚宴她都会现身……为了给基金会筹集资金，她还举办招待宴会，巴黎各界人士都来支持她的事业，但更多是为了向这位主席表达仰慕之情。"[13]

我和妮科尔陪同母亲观看雷蒙·德沃的演出。演出结束后，雷蒙·德沃邀请我们进入他的更衣室。克洛德和他都很高兴能再次见面，这是他们的对话：

"演出让我非常震撼，我能为您做些什么？"

---

[1] 阿尔弗雷德·帕克芒（1948—），1970 年加入乔治·蓬皮杜中心筹备工作组，通过遗产保护资格考试，2000 年至 2013 年担任现代艺术博物馆馆长。

第八章　荣耀与孤独：2004—2006

"您先请坐。"这位喜剧演员回答道。

他用充满深情且怜惜的目光看着她："夫人，我能否把今晚微薄的演出收入奉献给您的基金会？"克洛德向他表达谢意，却感到有些意外，因为她并没有想从他那里得到任何东西。这也再次证明她有种让人甘愿为之奉献的本领。

功德圆满

尽管克洛德的内心充满能量，但挥之不去的孤独感始终包围着她，只有让自己忙碌起来才能填补这种情感空缺。"我很孤独。"她曾向塞尔日·库尔特－帕里斯吐露心声，他发现她的目光开始游离，不知飘向何方。

奥维利埃的雇员工作周到细致。在弗朗索瓦和泰雷兹·德拉比的照管下，母亲不必为具体琐事分心。她有时间阅读"七星书库"，被狄德罗、伏尔泰和圣西门的作品所吸引。她在笔记本中写道："我尤其喜欢重读卡夫卡、穆齐尔[1]和荷尔德林[2]的作品。"[27]他们在文学和诗歌上的造诣为人类开启了另一个世界。

她经常重读莎士比亚的英文版作品，特别是当观看完一场在巴黎上演的群星演出之后必然如此。音乐可以让她减少孤独感：布列兹、十二音音乐的先驱者韦伯恩和阿尔邦·贝格是她的最爱。她醉心于亚历山大大帝的人生经历，这位英雄在30岁前就率领部队攻打到幼发拉底河，

1　罗伯特·穆齐尔（1880—1942），奥地利散文家、工程师和作家。他与普鲁斯特、詹姆斯·乔伊斯和托马斯·曼齐名，是现代文学奠基人之一。
2　弗里德里希·荷尔德林（1770—1843），德国作家、思想家和诗人。他创作的悲剧和诗歌迸发着灵感，并且吸收了现代艺术的创造性和前瞻性。

并直抵印度河。

我们共同商定，我和妮科尔每个月去奥维利埃看望她两次。只有我们两人单独前往，孙辈已经长大成人，各自有自己的家庭负担。妮科尔会带些《人物》杂志等周刊作为消遣，母亲开始时不屑一顾，但后来和大家一样读得津津有味。这些被她称作"无聊媒体"的新闻，成了茶余饭后的谈资。

星期天下午，妮科尔开车，我们一同前往沙特尔大教堂游览散心。途经伊里埃，也就是普鲁斯特笔下的"贡布雷"（Combray）时，我们到《追忆似水年华》中的"莱奥妮姨妈"家驻足。普鲁斯特在小说中写道，小时候吃过的"玛德琳"小点心会让他想起祖母花园里山楂花的香气。我们在那里感受到浓郁的文学气息，并且那时恰逢作家最喜爱的山楂花盛开的季节："我感觉（整个旅程）都弥漫着山楂花的香气。"[30] 在蒙福尔-拉莫里镇的拉威尔故居，那里的一切都保持着作曲家生前的原貌。阿内城堡令人心旷神怡，母亲很高兴能在当地重游路易十三时期的一系列城堡：庞恰特雷恩（Pontchartrain）、马尔德河畔的倘布莱（Tremblay-sur-Mauldre）、甘巴伊斯（Gambais，莫里斯·德吕翁在《被诅咒的国王》中有过描述），以及圣米歇尔朝圣道路上高卢罗马时代的住宅遗址。

2006年7月，在布列塔尼度假期间，克洛德每天都在海里长时间游泳。她告诉我："我一入水，感觉脖子像是被人掐住一样，不过这种感觉一会儿就会消失。"我敦促她缩短在布列塔尼浴场游泳的时间，因为这对她来说已经变得很危险。于是，她就在海滩上快步走几公里。当天下午，在去往吉尔维内克拍卖会的途中，她在蓬拉贝停车，到勒米诺尔店为我们买了绣有比古丹帽图案的桌布。随后，她参观了布列塔尼最古老的特罗诺因耶稣受难像。穿过特雷米努小教堂，当年抗议路易十四

第八章　荣耀与孤独：2004—2006

颁布《印花税法令》的红帽子起义就在这里爆发。她在森林外一片田野上发现了三块巨石，指向神圣的方向，在蓬拉贝河中也有一块孤零零的巨石。她对存在史前巨石的地方格外敏感，这些地方在被荒弃之前，曾经是德鲁伊教祭司的地方，有的则是隐修修道士的住所。她还绕道坎佩尔博物馆，去参观马克斯·雅各布作品展，坎佩尔是她的祖籍地。

一个阳光明媚的下午，等她散步回来后，我有些冒失地询问她的遗嘱安排——我这么做是为了确保她的财产有法律保护。她毫不迟疑地答道："全部由你继承，我没什么需要预先安排的。"

2006年8月，我们全家人在卡雅克齐聚一堂，克洛德尽享天伦之乐。我负责照管父亲种下的核桃树，托马种下一棵无花果树，他的弟弟们在一起打乒乓球。

我们乘车外出游览，参观了当地的巨石遗址、菲雅克的中世纪老城、圣西尔拉波皮和乔治·蓬皮杜艺术之家。克洛德还参观了已经竣工的米约高架桥。在孔克修道院，她沐浴在从皮埃尔·苏拉热设计的彩色玻璃花窗射入的光束中，陷入了沉思。

*　　*　　*

在巴黎贝蒂纳堤岸的寓所里，阳光在塞纳河的折射下映照在墙壁上，四面墙上挂满了画作，如同守护的图腾，围绕在克洛德的身边。她重新布置了房间，以便更好地接待孙辈和他们的家人：托马的长子塔代与亚尼克的两个孩子埃洛伊兹和瓦朗坦总是形影不离。亚尼克告诉我，他决定利用一切空闲时间尽可能地陪伴祖母。

*　*　*

2006年9月，克洛德·蓬皮杜最后一次主持基金会年度庆典活动。她虽然身材过于消瘦，但她的神圣庄严令人肃然起敬。她发表了简短致辞，表达了感激之情。全体嘉宾起立鼓掌欢呼，可以感受到人们对她由衷的敬意和钦佩。晚宴上，她坐着与来宾寒暄，一身晚礼服光彩照人，人们为能与这样一位非凡人物近距离接触而感到荣幸。

几个星期后，在市长雅克·佩拉的陪同下，她在尼斯为她的阿尔茨海默病研究所奠下了第一块基石，此后，她一直关注着工程的进展情况。

【第九章】

最后的时光:2007

光芒万丈

2006年12月26日，我儿子托马的妻子马雷恩在纽约诞下双胞胎阿基里斯和菲律宾妮。2007年1月11日，克洛德·蓬皮杜基金会美国知音会邀请克洛德作为荣誉嘉宾出席活动，她提议贝尔纳黛特·希拉克陪她一同前往。日期确定后，托马一家期待着两位主席的到来。克洛德、贝尔纳黛特、双胞胎以及他们的哥哥的合影，现在仍然挂在母亲基金会的办公室中，照片洋溢着幸福的感觉。旁边挂着一张印有戴高乐将军鼓励乔治·蓬皮杜接受总理职位的媒体海报。50多年的生活和拼搏尽在这两张图片中。

在这次旅行中，克洛德与反传统艺术家杰夫·昆斯见面时，他许诺为基金会捐赠一件作品。三年后，他的承诺兑现，这要感谢贝尔纳黛特·希拉克，她借乔治·蓬皮杜中心举办杰夫·昆斯作品展之际，在开幕式上当着我的面向艺术家提起此事。

美国之行结束后，我去看望母亲，她向我提到对自己身体状况的担心。我建议她做一次全面检查，被她拒绝了。她还委婉地表示贝尔纳黛特·希拉克可以"来协助"她的基金会工作。"她发起的捐硬币行动成效卓著，我也希望能更多地依靠她。"克洛德对我说道。这完全是她的心里话！这是她们之间友谊和信任的体现，也可以看出母亲是何等明智。

2月，克洛德·蓬皮杜在家中为莫里斯·贝雅的80岁生日举办招待会。她看上去比以往任何时候都更加优雅,身边围绕着他们共同的朋友。关系亲近的布列兹、从声学与音乐研究所调入音乐城担任主管的洛朗·培尔,还有许多身在巴黎的艺术家纷纷前来祝贺。贝雅不胜感激,克洛德更是万分高兴。

2007年4月2日,阿兰·塞邦[1]接替布律诺·拉辛担任乔治·蓬皮杜国家艺术文化中心主席。这一天恰好是父亲逝世33周年纪念日,多么惊人的巧合。阿兰·塞邦与我母亲私下只见过两面。第一次是遵照雅克·希拉克的指示,在接受任命之前,由于心情紧张,他忽略了欣赏蓬皮杜夫妇举世无双的收藏品。母亲没有因此而不快,她对这位年轻的综合理工毕业生和国家行政学院高才生很有好感。他才华横溢,做事果断,对当代艺术很有感悟力。克洛德第一次与他见面,他们就在对艺术创作的感知方式上产生了强烈共鸣。我每天都会从慕尼黑往巴黎打电话,母亲在电话中对我说起此事。他们第二次见面时,阿兰·塞邦已被任命为乔治·蓬皮杜国家艺术文化中心主席。这次他更加放松,可以静下心来欣赏房间里的艺术作品,他在蓬皮杜中心模型前驻足沉思了两个小时。阿兰·塞邦如同能源催化剂,他准备穿上乔治·蓬皮杜的"战靴",实现项目最初的定位与目标。克洛德后来经常与他会面,每次见面都恰到好处,富有成果。看到事业后继有人,克洛德终于放下心来。

2005年2月,雷诺·多纳迪厄·德·瓦布莱斯担任文化部部长。由于克洛德拒绝接受一切荣誉,他决定为克洛德举办一场特殊的招待

---

[1] 阿兰·塞邦(1964—),毕业于巴黎综合理工学院和国家行政学院。曾任雅克·希拉克总统的文化专员。2007年4月2日至2015年2月28日担任乔治·蓬皮杜国家艺术文化中心主席,他的继任者是塞尔日·拉斯维涅斯。他制定并实施了乔治·蓬皮杜国家艺术文化中心战略发展计划,2010年开设梅兹蓬皮杜中心,创建了临时马拉加蓬皮杜中心。他是国家行政法院委员,荣获法兰西荣誉军团骑士勋章和文学艺术指挥官勋章。

第九章　最后的时光：2007

会，邀请那些与她关系密切的文化界名人和艺术家共襄盛举。

如此贴心的关怀令她感动不已。招待会过后，她接受了几次采访，与大家分享了许多话题，包括她的思想、经历、青年时代、丈夫的经历、克洛德·蓬皮杜基金会和乔治·蓬皮杜国家艺术文化中心等，介绍了自己承担的责任和忙碌的日程安排。"您知道，我是个急性子。我就像是发动机，一旦打开就停不下来……当我决定做一件事的时候，我会立即行动，绝不拖延。"[28]

2007年5月，总统大选候选人尼古拉·萨科齐请求与她见面。克洛德同意4日在基金会举行会晤。母亲态度审慎，但经验老到，她向萨科齐提出阿尔茨海默病治疗政策的问题。候选人承诺，如果他当选，将会制定一项国家计划推动相关政策的发展。他们站在窗前，窗外就是乔治·蓬皮杜国家艺术文化中心。不知是由于竞选活动的疏忽，还是深思熟虑后做出的决定，这张照片并未公开。克洛德对这次毫无私利的会晤很满意。事实上，有爱丽舍宫工作经验的阿兰·塞邦为这次会谈做了充分准备，避免了节外生枝。

2007年6月20日，基金会召开董事会。母亲虽然头脑清醒，但是身体疲惫不堪。她没有按照惯例召集工作人员，而是在自己的办公室举行了一次小范围会议。里夏尔·于坦参加了这次会议，雅克·希拉克和西蒙娜·韦伊出席，他们是来向她辞别的，由于心情惆怅，谁都没有多说。

他们离开后，母亲坐在办公桌前，对面是里夏尔·于坦。她说道："我认为我们做得很好，但他们为什么只字未提？"在生命即将画下句点之时，她期待听到一句鼓励的话语，哪怕是一个字也好。她起身离开，沉默不语。[1] 她知道自己同基金会永别的时刻到了。

1　里夏尔·于坦向作者提供的见闻。

2007年6月30日，克洛德要求参观乔治·蓬皮杜国家艺术文化中心的永久展厅。她身穿紫红色连衣裙，衣服宽大的褶皱掩饰着她过分消瘦的身材。她在一幅幅作品前徘徊，与这些伟大的当代艺术作品默默交流。乔治·蓬皮杜国家艺术文化中心的摄影师获得许可跟拍。[1] 克洛德最后一次向她所热爱的艺术家和作品致敬，这些艺术作品继续吸引着无数参观者慕名而来。她在镜头前的简单和真实令人动容，激情最后一次点燃她身体的活力，带着对这些熟悉的作品的美好回忆，她幸福地回到家中。

家人相伴

母亲的医生和我都劝她到附近诊所做一次全面检查。星期五晚上，她行走变得困难。司机很担心，打电话通知我和妻子。星期六中午，我们从慕尼黑赶回巴黎。或许是上天的眷顾，远在美国的托马一家恰好要从纽约来巴黎几日。罗曼随时待命。亚尼克一家整晚守候在家中。为了转移她的注意力，我们打开电视，看由路易·德·菲内斯主演的《圣特罗佩警察》(*Le Gendarme de Saint Tropez*)，家里的气氛宁静平和。第二天上午，亚尼克启程与诗人勒内·夏尔展的助理策展人[1]达尼埃尔·阿巴迪[2]前往索格岛。亚尼克本来想留在巴黎，但是克洛德让他完成自己的工作。

第二天是星期一，直到上午十点半母亲还没有现身，这天是她预约

---

1 有关资料存放于乔治·蓬皮杜国家艺术文化中心视听馆。
2 达尼埃尔·阿巴迪（1945—），艺术史学家，国立网球场现代美术馆馆长（1994—2004），担任2007年2月至4月举办的"乔治·蓬皮杜与现代艺术回顾展"策展人。

第九章　最后的时光：2007

去诊所检查的日子。我走进她的房间，发现她陷入了昏迷，可能是心脏病发作。救护车及时赶到，经过医务人员抢救，母亲脱离了生命危险，苏醒后，她喝了杯咖啡。在爱丽舍宫多罗尔医生的指挥下，救护工作有条不紊地进行。下午，克洛德恢复了体力。我妻子要帮她梳头，她拿过梳子自己梳了起来！

* * *

雅克和贝尔纳黛特·希拉克夫妇来看望她。

"你们都好吗？"她先问道，声音饱含深情。

"亲爱的克洛德，这个问题应该问你啊。"雅克·希拉克回答道。

"见到你们，我很高兴。"

希拉克夫妇来到客厅，我向他们讲述了母亲发病的经过。医生已经放弃治疗。我利用这个机会向贝尔纳黛特·希拉克转达了母亲的意见，提议由她担任克洛德·蓬皮杜基金会主席。"我很荣幸，不过我还要管理巴黎医院——全法医院基金会。"雅克·希拉克随即打断她："贝尔纳黛特，你不能拒绝蓬皮杜夫人的任何要求！"……基金会的未来有了保障。

随后到来的是爱德华·巴拉迪尔夫妇。他们同母亲的对话很简短，话语亲切热情。他们声音轻柔，以免让母亲感到疲劳，十分体贴周到。许多往事涌上心头，这让他们心绪难抑。

当晚，我和妮科尔、托马和他的妻子马雷恩守候在贝蒂纳堤岸的寓所。家中整晚都很平静。第二天早上，也就是7月3日，罗曼赶来。母亲没有露面，她的身体已经无法挪动。医生为她做了检查，几分钟后，让我们都到她身边。亚尼克离开时看到贝蒂纳堤岸停着急救中心的救护车，但还是遵守对祖母的承诺去了南部。

母亲能够认出每一个人，我们亲吻了她。几分钟后，"麋鹿"离开了我们。不知是天意还是命运的安排，我们全都被召唤回她的身边。尽管她的一生是"战斗的人生"，但她让我们体会到的却总是温情，即便离开的时候都是如此安详。

几个小时后，我接到两个电话。一个电话来自弗朗索瓦·菲永总理，我们两家是世交，他代表他们全家向我们表示慰问；另一个电话来自我在欧洲议会工作时的挚友米谢勒·阿利奥－玛丽。

* * *

7月7日，在圣路易岛教堂举行了宗教仪式，法国总统萨科齐出席，亲朋好友以及巴黎各界人士前来吊唁。弥撒上吟唱格里高利圣咏。法国现代乐团的音乐家演奏了皮埃尔·布列兹的一首长笛作品，堪称完美，表达了当代艺术界对母亲的爱戴之情。我们家族护送母亲到奥维利埃墓地，相爱一生的夫妻终于得以团聚。

结 束 语

克洛德·蓬皮杜受到世人的敬仰。她无论身处顺境还是逆境,始终坚持自己的个性,人们对她赞赏有加。她气质优雅,性格宽厚,思想开明,对丈夫无比忠诚,至今依然令人难以忘怀。她的一生波澜壮阔,既能以古为鉴,又能高瞻远瞩。许多人受益于她,其中受益最多的人就是我,因为克洛德是我的母亲。

* * *

她在去世前不久曾接受《巴黎竞赛画报》记者卡罗琳·皮戈齐的采访。采访接近尾声时,记者冒昧地向她提出了一个很私密的问题。

——夫人,您怎样看待身后之事?
——我身后的事情?
——是的,我的意思是来世。

她毫不迟疑地明确回答:

——来世?我认为冥冥之中自有安排。

致 谢

首先我要感谢妻子妮科尔,她不仅帮助我梳理了每一次修改后的书稿,还向我推荐了法文原书的封面照片,并挑选出备选插图图片。在日常生活中,多亏她的照顾,我得以顺利完成这部感情充沛的作品。

这本书的写作由西尔维·圣蒂尼和弗朗索瓦丝·迪马最先提议,他们希望我以这种方式向我母亲克洛德表达敬意。我收到许多人分享的关于母亲的经历,他们的素材真实可信。此外,我要感谢埃里克·鲁塞尔为本书作序,感谢责任编辑西尔维·圣蒂尼和文稿校对菲利普·德·拉蒂尔。

我要特别感谢弗拉马里翁出版社编辑部主任蒂埃里·比亚尔对我的信任,他对我以故事的形式写作很感兴趣。

在他们的帮助下,我最终完成了这部关于一位杰出女性的回忆录。本书全部版权归克洛德·蓬皮杜基金会所有。

参 考 文 献

引用文献（1—38）

1. 达尼埃尔·阿巴迪，《勒内·夏尔——第一景观》，阿藏出版社，2007。
ABADIE, Daniel, *René Char: paysages premiers*, Hazan, 2007.

2. 爱德华·巴拉迪尔，《权力的悲剧——乔治·蓬皮杜的勇气》，法亚尔出版社，2013。
BALLADUR, Édouard, *La Tragédie du pouvoir – Le Courage de Georges Pompidou*, Fayard, 2013.

3. 阿兰·德·布瓦西厄，《为将军服务》，普隆出版社，1982。
BOISSIEU, Alain de, *Pour servir le Général*, Plon, 1982.

4. 罗贝尔·博尔达，《乔治·蓬皮杜国家艺术文化中心——一种新文化》，拉姆齐出版社，1977。
BORDAZ, Robert, *Le Centre Pompidou, une nouvelle culture*, Ramsay, 1977.

5. 安妮 – 玛丽·迪皮伊，《命运和意志：回忆录》，圆桌出版社，1996。

DUPUY, Anne-Marie, *Le Destin et la volonté: Mémoires*, La Table ronde, 1996.

6. 贝尔纳·埃桑贝尔,《有影响力的人物》,弗拉马里翁出版社,2013。
ÉSAMBERT, Bernard, *Une vie d'influence*, Flammarion, 2013.

7. 雅克·加尔和弗朗索瓦·加尔,《环游世界的受邀者》,伽利玛出版社,《时代气息》,1958。
GALL, Jacques et François, *Les Invités du tour du monde*, Gallimard, coll. « L'Air du Temps », 1958.

8. 朱利安·格拉克,《阿尔戈古堡》,何塞·科尔蒂出版社,1989。
GRACQ, Julien, *Au château d'Argol*, José Corti, 1989.

9. 莫里斯·格里莫,《随心所欲的五月》,斯托克出版社,1977。
GRIMAUD, Maurice, *En mai, fais ce qu'il te plaît*, Stock, 1977.

10. 莫里斯·格里莫,《生于1968年5月——回忆和笔记:1934—1992》,塔扬迪耶出版社,2007。
GRIMAUD, Maurice, *Je ne suis pas né en Mai-68 – Souvenirs et carnets : 1934–1992*, Taillandier, 2007.

11. 米歇尔·若贝尔,《既非上帝,也非魔鬼——让-路易·勒米利厄访谈》,阿尔班·米歇尔出版社,1993。
JOBERT, Michel, *Ni dieu ni diable – Conversations avec Jean-Louis Remilleux*, Albin Michel, 1993.

12. 马塞尔·朱丽昂,《法兰西最强音——军人和高师生》, 法雅尔出版社, 1994。
JULLIAN, Marcel, *La France à voix haute – Le Soldat et le Normalien*, Fayard, 1994.

13. 德尔菲娜·勒盖,《总统夫人》, 法兰西帝国出版社, 1995。
LE GUAY, Delphine, *Femmes de président*, France-Empire, 1995.

14. 安德烈·马尔罗,《阿尔滕堡的胡桃树》, 伽利玛出版社, 1948。
MALRAUX, André, *Les Noyers de l'Altenburg*, Gallimard, 1948.

15. 安德烈·马尔罗,《神的化身》, 伽利玛出版社, 1957。
MALRAUX, André, *La Métamorphose des dieux*, Gallimard, 1957.

16. 安德烈·马尔罗,《艺术心理学——艺术创作》, 阿尔贝·斯基拉出版社, 1948。MALRAUX, André, *Psychologie de l'art – La Création artistique*, Albert Skira, 1948.

17. 雅克·马叙,《1968年巴登——一个忠诚的戴高乐派的回忆》, 普隆出版社, 1983。
MASSU, Jacques, *Baden 68 – Souvenirs d'une fidélité gaulliste*, Plon, 1983.

18. 克洛德·莫里亚克,《戴高乐的另一面——日记(1946—1954)》, 阿歇特出版社, 1970。
MAURIAC, Claude, *Un autre de Gaulle – Journal (1946–1954)*, Hachette, 1970.

19. 贝特朗·梅耶-斯塔,《过去与未来的爱丽舍宫夫人们》,佩兰出版社,1999。

MEYER-STABLEY, Bertrand, *Les Dames de l'Élysée – Celles d'hier et de demain*, Perrin, 1999.

20. 克洛德·莫拉尔,《乔治·蓬皮杜国家艺术文化中心的挑战》,10-18出版社,1976。

MOLLARD, Claude, *L'Enjeu du Centre Pompidou*, 10-18, 1976.

21. 乔治·蓬皮杜,《安德烈·马尔罗精选集》,阿歇特出版社,1955。

POMPIDOU, Georges, *André Malraux, pages choisies*, Hachette, 1955.

22. 乔治·蓬皮杜,《法兰西诗选》,阿歇特出版社,1961;袖珍书出版社,1974。

POMPIDOU, Georges, *Anthologie de la poésie française*, Hachette, 1961 ; Le Livre de Poche, 1967.

23. 乔治·蓬皮杜,《难以解开的结》,普隆出版社,1974。

POMPIDOU, Georges, *Le Nœud gordien*, Plon, 1974.

24. 乔治·蓬皮杜,《访谈与演讲,1968—1974》,普隆出版社,1975。

POMPIDOU, Georges, *Entretiens et discours*, 1968-1974, Plon, 1975.

25. 乔治·蓬皮杜,《恢复事实真相》,弗拉马里翁出版社,1982。

POMPIDOU, Georges, *Pour rétablir une vérité*, Flammarion, 1982.

26. 阿兰·蓬皮杜,《你记得人类吗?——伦理与生死》,帕约出版社,1990。
POMPIDOU, Alain, *Souviens-toi de l'homme –L'Éthique, la vie, la mort*, Payot, 1990.

27. 克洛德·蓬皮杜,《私人笔记》,1994。
POMPIDOU, Claude, *Carnets personnels*, 1994.

28. 克洛德·蓬皮杜,《心潮》,普隆出版社,1997。
POMPIDOU, Claude, *L'Élan du cœur – Propos et souvenirs*, Plon, 1997.

29. 乔治·蓬皮杜,《双面蓬皮杜,1928—1974,书信、笔记和照片》,由阿兰·蓬皮杜撰写见闻录和埃里克·鲁塞尔作序,罗贝尔·拉丰出版社,2012;袖珍书出版社,2014。
POMPIDOU, Georges, *Lettres, notes et portraits, 1928–1974 – Témoignage d'Alain Pompidou, préface d'Éric Roussel*, Robert Laffont, 2012, Le Livre de Poche, 2014.

30. 马塞尔·普鲁斯特,《追忆逝水年华(第一卷):去斯万家那边》,贝尔纳·格拉塞出版社,1913。
PROUST, Marcel, *À la recherche du temps perdu, vol. 1 : Du côté de chez Swann*, Bernard Grasset, 1913.

31. 居伊·德·罗斯柴尔德,《不靠运气……》,贝尔丰出版社,1983。
ROTHSCHILD, Guy de, *Contre bonne fortune...*, Belfond, 1983.

32. 埃里克·鲁塞尔，《夏尔·戴高乐》，伽利玛出版社，2002；佩兰出版社，"战神"丛书，2002。
ROUSSEL, Éric, *Charles de Gaulle*, Gallimard, 2002, Perrin, col. « Tempus », 2002.

33. 埃里克·鲁塞尔，《乔治·蓬皮杜》，J.-C·拉泰出版社，1984；修订版，1994；新版，佩兰出版社；"战神"丛书，2004。
ROUSSEL, Éric, *Georges Pompidou*, J.-C. Lattès, 1984, revu et corrigé 1994, nouvelle édition Perrin, coll. « Tempus », 2004.

34. 皮埃尔·苏拉热，《黑光》，艺术图书馆，2002。
SOULAGES, Pierre, *Noir lumière*, La bibliothèque des Arts, 2002.

35. 奥德·泰雷，《被误解的克洛德·蓬皮杜》，巨嘴鸟出版社，2010。
TERRAY, Aude, *Claude Pompidou – L'Incomprise*, Éditions du Toucan, 2010.

36. 奥德·泰雷，《马尔罗夫人》，格拉塞出版社，2013。
TERRAY, *Aude, Madame Malraux*, Grasset, 2013.

37. 让-吕克·韦赞，《蓬皮杜总统与夫人的收藏》，乔治·蓬皮杜艺术馆"欧洲艺术和对话"，1994。
VEZIN, Jean-Luc, *Autour d'une collection : le président et Madame Georges Pompidou*, Arts et dialogues européens, Maison des Arts Georges Pompidou, 1994.

38. 热尔曼·维亚特，《乔治·蓬皮杜国家艺术文化中心——波布尔岁月》，伽利玛出版社，2007。

VIATTE, Germain, *Le Centre Pompidou – Les Années Beaubourg*, Gallimard, 2007.

参阅文献

弗朗索瓦·阿巴迪和让-皮埃尔·科尔瑟莱特,《乔治·蓬皮杜的欲望与命运》,新世界出版社,2007。
ABADIE, François et CORCELETTE, Jean-Pierre, *Georges Pompidou – Le Désir et le Destin*, Nouveau Monde Éditions, 2007.

梅里·布龙贝热,《乔治·蓬皮杜的命运之谜》,法亚尔出版社,1965。
BROMBERGER, Merry, *Le Destin secret de Georges Pompidou*, Fayard, 1965.

雅克·沙佐,《雅克·沙佐》,斯托克出版社,1975。
CHAZOT, Jacques, *Chazot Jacques*, Stock, 1975.

贝尔纳黛特·希拉克和帕特里克·德·卡罗利斯,《对话》,普隆出版社,2001。
CHIRAC, Bernadette avec Patrick de CAROLIS, *Conversation*, Plon, 2001.

克里斯蒂娜·克莱尔,《老虎和母老虎——第五共和国总统夫妇的隐私故事》,普隆出版社,2006。
CLERC, Christine, *Tigres et Tigresses – Histoire intime des couples présidentiels sous la Ve République*, Plon, 2006.

米谢勒·科塔,《第五共和国的秘密笔记(第一卷):1965—1977》,法雅尔出版社,2007。
COTTA, Michèle, *Cahiers secrets de la Ve République, tome I : 1965–1977*, Fayard, 2007.

贝尔纳·埃桑贝尔,《工业舵手蓬皮杜》,奥迪勒·雅各布出版社,1994。
ÉSAMBERT, Bernard, *Pompidou – Capitaine d'industries*, Éditions Odile Jacob, 1994.

让·费尔尼奥,《8:15,从戴高乐到蓬皮杜》,普隆出版社,1972。
FERNIOT, Jean, *8 h 15, De de Gaulle à Pompidou*, Plon, 1972.

阿兰·弗雷勒让,《这就是乔治·蓬皮杜》,法雅尔出版社,2007。
FRÈREJEAN, Alain, *C'était Georges Pompidou*, Fayard, 2007.

玛丽-弗朗斯·加罗,《疯子的狂欢——谁是第五共和国的谋杀者?》,普隆出版社,2006。
GARAUD, Marie-France, *La Fête des fous – Qui a tué la Ve République ?*, Plon, 2006.

奥利维耶·吉夏尔,《我的将军》,格拉塞出版社,1980。
GUICHARD, Olivier, *Mon général*, Grasset, 1980.

夏尔·戴高乐,《战争回忆录》(三卷),普隆出版社,1954—1959。
GAULLE, Charles de, *Mémoires de guerre*, 3 tomes, Plon, 1954–1959.

夏尔·戴高乐，《希望回忆录》，普隆出版社，1970和1971。
GAULLE, Charles de, *Mémoires d'espoir*, Plon, 1970 et 1971.

菲利普·戴高乐，《我的父亲戴高乐——对话米歇尔·托里亚克》（第一、二卷），普隆出版社，2004。
GAULLE, Philippe de, *De Gaulle, mon père – Entretiens avec Michel Tauriac, tomes I et II*, Plon, 2004.

伊夫·戴高乐，《另一个视角看祖父戴高乐》，普隆出版社，2016。
GAULLE, Yves de,*Un autre regard sur mon grand-père Charles de Gaulle*, Plon, 2016.

帕斯卡尔·热内斯特和让－皮埃尔·巴，《乔治·蓬皮杜，1911—2011》，国家档案出版社举办的展览，2011。
GENESTE, Pascal et BAT, Jean-Pierre, *Georges Pompidou 1911–2011*, catalogue d'exposition, Archives nationales, 2011.

亨利·吉德尔，《蓬皮杜夫妇》，弗拉马里翁出版社，2014。
GIDEL, Henry, *Les Pompidou*, Flammarion, 2014.

瓦莱里·吉斯卡尔·德斯坦，《权力与生活》（三部），LGF出版社，1988—1991。
GISCARD D'ESTAING, Valéry, *Le Pouvoir et la Vie*, 3 vol, LGF, 1988–1991.

米歇尔·若贝尔，《未来回忆录》，格拉塞出版社，1971。

JOBERT, Michel, *Mémoires d'avenir*, Grasset, 1971.

安德烈·马尔罗,《被砍伐的橡树》,伽利玛出版社,1971。
MALRAUX, André, *Les chênes qu'on abat...*, Gallimard, 1971.

安德烈·马尔罗,《反回忆录》,伽利玛出版社,1972。
MALRAUX, André, *Antimémoires*, Gallimard, 1972.

阿兰·佩雷菲特,《乌尔姆街,高师人的生活记录》,弗拉马里翁出版社,1963。
PEYREFITTE, Alain, *Rue d'Ulm – Chroniques de la vie normalienne*, Fayard, 1994.

阿兰·佩雷菲特,《这就是戴高乐》(三卷),法雅尔出版社,1997—2000。
PEYREFITTE, Alain, *C'était de Gaulle*, 3 tomes, Fayard, 1997-2000.

罗贝尔·布热德,《不可能部》,卡尔曼-莱维出版社,1975。
POUJADE, Robert, *Le Ministère de l'impossible*, Calmann-Lévy, 1975.

罗贝尔·布热德,《与戴高乐和蓬皮杜在一起》,群岛出版社,2011。
POUJADE, Robert, *Avec de Gaulle et Pompidou*, l'Archipel, 2011.

西蒙娜·塞尔韦,《注目戴高乐》,普隆出版社,1990。
SERVAIS, Simone, *Regards sur de Gaulle*, Plon, 1990.

亨利 – 让·塞尔瓦,《法兰西第一夫人们》, 阿尔班·米歇尔出版社, 2007。
SERVAT, Henry-Jean, *Les Premières Dames de France*, Albin Michel, 2007.

让 – 雷蒙·图尔努,《将军的悲剧》, 普隆出版社, 1967。
TOURNOUX, Jean-Raymond, *La Tragédie du Général*, Plon, 1967.

让 – 雷蒙·图尔努,《五月风暴中的将军》, 普隆出版社, 1969。
TOURNOUX, Jean-Raymond, *Le Mois de mai du Général*, Plon, 1969.

让 – 雷蒙·图尔努,《折磨和命运——一切终将天下大白》, 普隆出版社, 1972。
TOURNOUX, Jean-Raymond, *Le Tourment et la fatalité – Tout fini par se savoir*, Plon, 1972.

萨布里纳·特里科,《蓬皮杜年代》, 贝兰出版社, 2014。
TRICAUD, Sabrina, *Les Années Pompidou*, Belin, 2014.

雅克·旺德鲁,《我所经历过的伟大岁月（1958—1974）》, 普隆出版社, 1975。
VENDROUX, Jacques, *Ces grandes années que j'ai vécues, 1958–1974*, Plon, 1975.

译名对照表

A

ABADIE, Daniel 达尼埃尔·阿巴蒂

ADAMI, Valerio 瓦莱里奥·阿达米

AGAM, Yaakov 亚科夫·阿加姆

AHRWEILER, Hélène 埃莱娜·阿尔韦勒

AILLAGON, Jean-Jacques 让-雅克·阿亚贡

ALÈS, Gilbert 吉尔贝·阿莱斯

ALLIOT-MARIE, Michèle 米谢勒·阿利奥-玛丽

AMAURY, Émilien 埃米利安·阿莫里

ARENBERG, Philomène d'(née TOULOUSE) 菲洛梅纳·达伦贝格（出生于图卢兹）

ARMAN(né Armand FERNANDEZ) 阿尔曼（原名阿尔芒·费尔南德斯）

ARNAUD, Alain 阿兰·阿诺

ARNAULT, Bernard 贝尔纳·阿尔诺

ARNOUL, Françoise 弗朗索瓦丝·阿努尔

AZEGLIO 阿泽格利奥

AUBERT, Raymond-Max 雷蒙-马克斯·奥贝尔

AUFRAY, Hugues 于格·奥弗雷

AULNOY, Marie-Catherine d' 玛丽-卡特琳·多尔努瓦

B

BACH, Jean-Sébastien 让-塞巴斯蒂安·巴克

BACON, Francis 弗朗西斯·培根

BAEZ, Joan 若昂·巴兹

BAJ, Enrico 恩里科·巴伊

BALLADUR, Édouard 爱德华·巴拉迪尔

BALTHUS (Balthasar KLOSSOWSKI dit) 巴尔蒂斯（原名巴尔塔扎·克洛索夫斯基）

BARENBOIM, Daniel 丹尼尔·巴伦博伊姆

BARRÉ, François 弗朗索瓦·巴雷

BARRE, Raymond 雷蒙·巴尔

BARTÓK, Béla 贝拉·巴托克

BARZACH, Michèl 米谢勒·巴赫扎克

BASTIN, Raymond 雷蒙·巴斯坦

BAUDOIN, Denis 德尼·博杜安

BAYLE, Laurent 洛朗·培尔

BÉART, Guy 居伊·贝亚尔

BEAUVAU-CRAON, Laure de 洛尔·德·博沃-克拉翁

BEAUVOIR, Simone de 西蒙娜·德·波伏瓦

BÉJART, Maurice 莫里斯·贝雅

BERG, Alban 阿尔邦·贝格

BERNANOS, Georges 乔治·贝纳诺斯

BERNARD, Jean 让·贝尔纳

译名对照表

BETTENCOURT, André 安德烈·贝当古
BETTENCOURT, Liliane 利利亚纳·贝当古
BETTENCOURT MEYERS, Françoise 弗朗索瓦丝·贝当古－梅耶尔
BIARD, Suzanne 苏珊·比亚尔
BIDAULT, Georges 乔治·皮杜尔
BIRON, Jean-Pierre 让－皮埃尔·比龙
BISSIÈRE, Roger 罗歇·比西埃
BLEUSTEIN-BLANCHET, Marcel 马塞尔·布勒斯坦－布朗谢
BOHAN, Marc 马克·博昂
BOISSIEU, Alain de 阿兰·德·布瓦西厄
BOLLORÉ, Michel 米歇尔·博洛雷
BOLLORÉ, Monique 莫尼克·博洛雷
BOLUFER, Jean-Paul 让－保罗·博吕费尔
BORDAZ, Robert 罗贝尔·博尔达
BOULEZ, Pierre 皮埃尔·布列兹
BOURGOIS, Christian 克里斯蒂安·布尔古瓦
BOUTINARD-ROUELLE, Michel 米歇尔·布蒂纳尔－鲁埃勒
BOY, Rémy 布瓦·雷米
BOZO, Dominique 多米尼克·博佐
BRÂNCUSI, Constantin 康斯坦丁·布朗库西
BREJNEV, Leonid 列昂尼德·勃列日涅夫
BRIALY, Jean-Claude 让－克洛德·布里亚利
BRIOTTET, Alain 阿兰·布里奥泰
BRÔ, René 勒内·布罗
BROUILLET, Noëlle 诺埃勒·布鲁耶

BROUILLET, René 勒内・布鲁耶

BUCHER, Jeanne 让娜・比谢

BUFFET, Annabel 安娜贝尔・比费

BUFFET, Bernard 贝尔纳・比费

BUXTEHUDE, Dietrich 迪特里希・布克斯特胡德

C

CAHOUR, Abel 阿贝尔・卡乌尔

CAHOUR, Jacqueline, dite « Jackie » 雅克利娜・卡乌尔（昵称雅姬）

CAHOUR, Pauline 波利娜・卡乌尔

CAHOUR, Pierre 皮埃尔・卡乌尔

CANCHY, Jean-François de 让－弗朗索瓦・德・康希

CARDIN, Pierre 皮尔・卡丹

CARLSON, Carolyn 卡洛琳・卡尔森

CASTEX, François 弗朗索瓦・卡斯泰

CASTEX, Jacquelin 雅克利娜・卡斯泰

CÉSAR (BALDACCINI dit) 塞萨尔・巴尔达西尼

CHABAN-DELMAS, Jacques 雅克・沙邦－戴尔马

CHAGALL, Marc 马克・沙加尔

CHAPOVAL, Youla 尤拉・沙波瓦尔

CHAR, René 勒内・夏尔

CHARPY, Pierre 皮埃尔・沙尔皮

CHAZOT, Jacques 雅克・沙佐

CHÉREAU, Patrice 帕特里斯・谢罗

CHIRAC, Bernadette 贝尔纳黛特・希拉克

译名对照表

CHIRAC, Jacques 雅克·希拉克

CHOU EN-LAÏ 周恩来

CHRISTO et Jeanne-Claude 让娜-克劳德·克里斯托

CLAVERIE, Jean-Paul 让-保罗·克拉弗里

CHANEL, Coco (Gabrielle CHASNEL dite) 可可·香奈儿（原名加布里埃·香奈儿）

COHEN, Leonard 莱昂纳德·科恩

COOLEN, Françoise (née DOMERG) 弗朗索瓦丝·科朗（原名多梅尔）

COOPER, Max D. 马克斯·D.库珀

CORDIER, Raymond 雷蒙·科尔迪耶

COTY, René 勒内·科蒂

COURAL, Jean 让·库拉尔

COURRÈGES, André 安德烈·库雷热

COURTE-PARIS, Serge 塞尔日·库尔特-帕里斯

COUSSY, Jean-Paul 让-保罗·库西

COUTURIER, Marie-Alain (révérend père) 马里-阿兰·库蒂里耶（神父）

COUVE DE MURVILLE, Maurice 莫里斯·顾夫·德姆维尔

CRAVENNE, Georges 乔治·克拉韦纳

CROISSET, Ethel de 埃塞尔·德·克鲁瓦塞

CROISSET, Philippe Wiener de 菲利普·维纳·德·克鲁瓦塞

CROISSET, Pierre de 皮埃尔·德·克鲁瓦塞

CROŸ, Odile de 奥迪勒·德·克罗伊

D

DALÍ, Salvador 萨尔瓦多·达利

DAVID-WEILL, Hélène 埃莱娜·达维德-魏尔
DEBRÉ, Michel 米歇尔·德勃雷
DEBUSSY, Claude 克洛德·德彪西
DEFFOREY, Jacques 雅克·德福雷
DEFFOREY, Suzanne 苏珊·德福雷
DELABY, François 弗朗索瓦·德拉比
DELABY, Thérèse 泰雷兹·德拉比
DELAUNAY, Sonia 索尼娅·德洛奈
DELON, Alain 阿兰·德龙
DELUBAC, Jacqueline 雅克利娜·德吕巴克
DENISOT, Michel 米歇尔·德尼佐
DERBRÉ, Louis 路易·德尔布雷
DESNOS, Robert 罗贝尔·德斯诺斯
DESNOUVEAUX, Fernand 费尔南·德努沃
DESNOUVEAUX, Geneviève 热纳维耶芙·德努沃
DEVAQUET, Alain 阿兰·德瓦凯
DEVOS, Raymond 雷蒙·德沃
DIBA, Farah (épouse PAHLAVI) 法拉赫·狄巴（巴列维之妻）
DIOR, Christian 克里斯蒂安·迪奥
DISTEL, Sacha 萨夏·迪斯特
DOMERG, Henri 亨利·多梅尔
DOMERG, Jean-Paul 让-保罗·多梅尔
DOMERG, Madeleine 马德莱娜·多梅尔
DONNEDIEU DE VABRES, Jean 让·多纳迪厄·德·瓦布莱斯
DONNEDIEU DE VABRES, Henri 亨利·多纳迪厄·德·瓦布莱斯

译名对照表

DONNEDIEU DE VABRES, Jacques 雅克·多纳迪厄·德·瓦布莱斯
DONNEDIEU DE VABRES, Renaud 雷诺·多纳迪厄·德·瓦布莱斯
DORÉ, Gustave 古斯塔夫·多雷
DOROL, Jack 雅克·多罗尔
DOUSTE-BLAZY, Philippe 菲利普·杜斯特－布拉齐
DRUON, Maurice 莫里斯·德吕翁
DUBOIS, André-Louis 安德烈－路易·迪布瓦
DUHAMEL, Georges 乔治·杜亚美
DUHAMEL, Jacques 雅克·杜亚美
DUMAS, Françoise 弗朗索瓦丝·迪马
DUPUY, Anne-Marie 安妮－玛丽·迪皮伊
DUTILLEUX, Henri 亨利·迪蒂耶

E

ELGEY, Georgette 若尔热特·埃尔热
ERNST, Max 马克斯·恩斯特
ÉSAMBERT, Bernard 贝尔纳·埃桑贝尔
ESNOUS, Denise 丹尼斯·埃斯努
ESTROSI, Christian 克里斯蒂安·埃斯特罗斯

F

FABIUS, Laurent 洛朗·法比尤斯
FABRE, Francis 弗朗西斯·法布尔
FABRE, Mistou 米斯图·法布尔
FALAIZE, Jean 让·法莱兹

FANFANI, Amintore 阿明托雷·范范尼
FANJET, Charles 夏尔·方热
FILLON, François 弗朗索瓦·菲永
FILLON, René 勒内·菲永
FLINKER, Karl 卡尔·弗兰克
FLOHIC, François 弗朗索瓦·弗洛伊克
FOCH, Ferdinand 费迪南·福熙
FONTAINE, Nicole 妮科尔·方丹
FONTANA, Lucio 卢西奥·丰塔纳
FRANCHINI, Gianfranco 詹弗兰科·弗兰基尼
FRAPPAT, Charles 夏尔·弗拉帕尔
FREY, Roger 罗歇·弗赖

G
GALL, François 弗朗索瓦·加尔
GALL, Hugues 于格·加尔
GALL, Jacques 雅克·加尔
GANAY, Victoire de 维克托·德·加奈
GANDHI, Indira 英迪拉·甘地
GARAUD, Marie-France 玛丽－弗朗斯·加罗
GAULLE, Charles de 夏尔·戴高乐
GAULLE, Yvonne de 伊冯娜·戴高乐
GAULLE-ANTHONIOZ, Geneviève de 热纳维耶芙·戴高乐－安东尼奥
GIACOMETTI, Alberto 阿尔贝托·贾科梅蒂
GIROUD, Jean-Paul 让－保罗·吉鲁

译名对照表 247

GISCARD D'ESTAING, Valéry 瓦莱里·吉斯卡尔·德斯坦
GODARD, Jean-Luc 让－吕克·戈达尔
GODFRAIN, Jacques 雅克·戈德弗兰
GOLBIN, Pamela 帕梅拉·戈尔班
GOULANDRIS, Basil 巴西尔·古朗德里
GOULANDRIS, Élise 埃莉斯·古朗德里
GOUZES, André (révérend père) 安德烈·古兹神父
GOYA, Chantal 尚塔尔·戈雅
GRACQ, Julien 朱利安·格拉克
GRECO, Juliette 朱丽叶·格雷科
GRIMAUD, Maurice 莫里斯·格里莫
GROSHENS, Jean-Claude 让－克洛德·格罗昂
GUGGENHEIM,Marguerite (dite Peggy) 玛格丽特·古根海姆（人称佩姬）
GUICHARD, Olivier 奥利维耶·吉夏尔
GUITAUT, Jacqueline de 雅克利娜·德·吉托
GUY, Michel 米歇尔·居伊

H

HAINS, Raymond 雷蒙·汉斯
HAJDU, Étienne 艾蒂安·哈吉杜
HARTUNG, Hans 汉斯·哈同
HEATH, Edward 爱德华·希斯
HÉLIAS, Pierre-Jakez 皮埃尔－雅克·埃利亚斯
HEPBURN, Audrey 奥黛丽·赫本
HIRIGOYEN, Josette(épouse MARTINI) 若塞特·伊里戈扬（马丁尼之妻）

HÖLDERLIN, Friedrich 弗里德里希·荷尔德林
HOUSSAYE, Alfred 阿尔弗雷德·乌塞
HUNDERTWASSER, Friedensreich 佛登斯列·汉德瓦萨
HUTIN, Richard 里夏尔·于坦

J
JACOB, Max 马克斯·雅克布
JAVAL, Jean-Luc 让-吕克·雅瓦尔
JEAN-PAUL II 让-保罗二世
JOBERT, Michel 米歇尔·若贝尔
JUILLET, Pierre 皮埃尔·朱耶
JULLIAN, Marcel 马塞尔·朱利安
JUPPÉ, Alain 阿兰·朱佩

K
KANDINSKY, Nina 妮娜·康定斯基
KELLY, Gene 吉恩·凯利
KELLY, Grace 格雷丝·凯利
KLEE, Paul 保罗·克利
KLEIN, Yves 伊夫·克莱因
KLEIN-MOQUAY, Rotraut 罗特鲁·莫凯-克莱因
KOONING, Willem de 威廉·德·库宁
KOONS, Jeff 杰夫·昆斯
KOUCHNER, Bernard 贝尔纳·库什内
KUPKA, František (dit François) 弗兰提斯克·库普卡

L

LA FRESNAYE, Roger de 罗歇·德·拉·弗雷奈
LAGERFELD, Karl 卡尔·拉格斐
LALANDE, André 安德烈·拉朗德
LALANNE, François-Xavier 弗朗索瓦-格扎维埃·拉兰纳
LALANNE, Claude 克洛德·拉兰纳
LANDOWSKI, Marcel 马塞尔·兰多夫斯基
LANG, Jack 雅克·朗格
LANGLADE, Françoise de 弗朗索瓦丝·德·朗格拉德
LAROCHE, Guy 居伊·拉罗什
LAUBARD, Lilian 莉莲·洛巴尔德
LAUBARD, Paul 保罗·洛巴尔德
LAURENS, Jean-Paul 让-保罗·洛朗
LAURENT, Jeanne 让娜·洛朗
LAZAREFF, Hélène 埃莱娜·拉扎雷夫
LAZAREFF, Pierre 皮埃尔·拉扎雷夫
LE PICARD, Nicole 妮科尔·勒皮卡尔
LEUSSE, Bruno de 布鲁诺·德·勒斯
LIEBERMANN, Rolf 罗尔夫·利伯曼
LOSTE, Sébastien 塞巴斯蒂安·洛斯特
LUXEMBOURG, Jean de 让·德·卢森堡

M

MACRÉAU, Michel 米歇尔·马克雷奥
MAEGHT, Aimé 艾梅·玛格

MAHEU, Jean 让·马厄

MALRAUX, Alain 阿兰·马尔罗

MALRAUX, André 安德烈·马尔罗

MALRAUX, Gauthier 戈捷·马尔罗

MALRAUX, Madeleine 马德莱娜·马尔罗

MALRAUX, Vincent 樊尚·马尔罗

MARCELLIN, Raymond 雷蒙·马塞兰

MARCIE-RIVIÈRE, Jean-Pierre 让-皮埃尔·马尔西-里维埃

MARCIE-RIVIÈRE, Zaineb 扎伊纳布·马尔西-里维埃

MARENCHES, Michel de 米歇尔·德·马朗什

MARKOVIC, Stephan 斯特凡·马尔科维奇

MARLEIX, Alain 阿兰·马莱

MASSON, André 安德烈·马松

MASSU, Jacques 雅克·马叙

MAURIAC, Claude 克洛德·莫里亚克

MAURIAC, François 弗朗索瓦·莫里亚克

MAUROY, Pierre 皮埃尔·莫鲁瓦

MAX, Zappy 扎皮·马克斯

MENGIN, Robert 罗贝尔·芒然

MÉNIL, Dominique de 多米尼克·德·梅尼

MESSMER, Pierre 皮埃尔·梅斯梅尔

MILLE, Hervé 埃尔韦·米勒

MILLIER, Jean 让·米利埃

MITTERRAND, François 弗朗索瓦·密特朗

MOLLARD, Claude 克洛德·莫拉尔

译名对照表

MONNERVILLE, Gaston 加斯东·莫内维尔
MOQUAY, Daniel 达尼埃尔·莫凯
MOZART, Wolfgang-Amadeus 沃尔夫冈·阿玛迪斯·莫扎特
MUSIL, Robert 罗伯特·穆齐尔

N
NÉGREL, Madeleine 马德莱娜·内格雷尔
NIXON, Richard 理查德·尼克松

O
OCHIN, Françoise (née DEMOULIN) 弗朗索瓦丝·奥山（原名德穆兰）
OLIVER, André 安德烈·奥利弗
ORNANO, Hubert d' 于贝尔·多尔纳诺
ORNANO, Isabelle d' 伊莎贝尔·多尔纳诺
ORTOLI, François-Xavier 弗朗索瓦–格扎维埃·奥尔托利

P
PACQUEMENT, Alfred 阿尔弗雷德·帕克芒
PALEWSKI, Gaston 加斯东·帕莱夫斯基
PARIS, Gilbert 吉尔贝·帕里斯
PATARD, Serge 塞尔日·帕塔尔
PAUL VI 保罗六世
PAULIN, Pierre 皮埃尔·保兰
PEI, Ieoh Ming 贝聿铭
PELLET, Suzanne 苏珊·佩莱

PERZEL, Jean 让·佩泽尔
PEYRAT, Jacques 雅克·佩拉
PEYREFITTE, Alain 阿兰·佩雷菲特
PIANO, Renzo 伦佐·皮亚诺
PIGOZZI, Caroline 卡罗琳·皮戈齐
POHER, Alain 阿兰·波埃
POLLOCK, Jackson 杰克逊·波洛克
POMPIDOU, Georges 乔治·蓬皮杜
POMPIDOU, Léon 莱昂·蓬皮杜
POMPIDOU, Madeleine 马德莱娜·蓬皮杜
PONTHUS HULTÉN, Karl Gunnard 卡尔·冈纳德·蓬杜·于尔丹
POZZO DI BORGO, Monique 莫妮克·波佐·迪·博尔戈
POZZO DI BORGO, Roland 罗兰·波佐·迪·博尔戈
PRAT, Jean-Louis 让－路易·普拉
PRÉVOST, Jacques 雅克·普雷沃
PROUST, Marcel 马塞尔·普鲁斯特
PUJOL, Françoise 弗朗索瓦丝·皮若尔
PUJOL, Robert 罗贝尔·皮若尔

Q
Queuille, Henri 亨利·克耶

R
RACINE, Bruno 布鲁诺·拉辛
RACINE, Pierre 皮埃尔·拉辛

译名对照表

RAVEL, Maurice 莫里斯·拉韦尔

RAYSSE, Martial 马歇尔·雷斯

RÉGINE (Regina ZYLBERBERG) 雷吉娜（雷吉娜·齐尔贝贝格）

RESTANY, Pierre 皮埃尔·雷斯塔尼

RICHTER, Sviatoslav 斯维亚托斯拉夫·里赫特

ROCARD, Michel 米歇尔·罗卡尔

ROCHAS, François 弗朗索瓦·罗沙

ROCHAS, Hélène 埃莱娜·罗沙

ROCHAS, Marcel 马塞尔·罗沙

ROCHAS, Sophie 索菲·罗沙

RODRIGUÈS, Anne-Marie 安妮-玛丽·罗德里格斯

RODRIGUÈS, Jean 让·罗德里格斯

ROGERS, Richard 理查德·罗杰斯

ROLAND, Claude 克洛德·罗兰

ROSTROPOVITCH, Mstislav 姆斯季斯拉夫·罗斯特罗波维奇

ROTHKO, Mark 马克·罗斯科

ROTHSCHILD, Alain de 阿兰·德·罗斯柴尔德

ROTHSCHILD, David de 大卫·德·罗斯柴尔德

ROTHSCHILD, Élie de 埃利·德·罗斯柴尔德

ROTHSCHILD, Guy de 居伊·德·罗斯柴尔德

ROTHSCHILD, Marie-Hélène de 玛丽-埃莱娜·德·罗斯柴尔德

ROTHSCHILD, Philippine de 菲利普·德·罗斯柴尔德

ROUGEMONT, Guy de 居伊·德·卢日蒙

ROUSSEL, Éric 埃里克·鲁塞尔

ROUX, Armand 阿尔芒·鲁

ROUX, André 安德烈·鲁

RUBINSTEIN, Helena 赫莲娜·鲁宾斯坦

RUHLMANN, JacquesÉmile 雅克·埃米尔·吕勒曼

S

SACHER, Paul 保罗·萨谢尔

SAGAN, Françoise 弗朗索瓦丝·萨冈

SAGLIO, Jean-François 让-弗朗索瓦·萨格里奥

SAINT PHALLE, Niki de (Catherine-Marie-Agnès FAL DE SAINT PHALLE) 妮基·德·圣法尔

SARAGAT, Giuseppe 朱塞佩·萨拉盖特

SARTRE, Jean-Paul 让-保罗·萨特

SCHIRMER, Astrid 阿斯特里德·席尔默

SCHÖFFER, Nicolas 尼古拉·舍费尔

SCHRAMM, Berthold 贝特霍尔德·施拉姆

SCHUELLER, Eugène 欧仁·舒莱尔

SCHUMANN, Maurice 莫里斯·舒曼

SEBAN, Alain 阿兰·塞邦

SENGHOR, Léopold Sédar 列奥波尔德·塞达·桑戈尔

SERVAIS, Simone 西蒙娜·塞尔韦

SHEILA (Annie Chanceldite) 塞拉（原名安妮·钱斯尔）

SOULAGES, Pierre 皮埃尔·苏拉热

SOUPLEX, Raymond 雷蒙·苏普莱

SOURZA, Jane 雅内·苏尔扎

SOUVERBIE, Jean 让·苏韦比

译名对照表

STAËL, Nicolas de 尼古拉·德·斯塔尔
STARCK, Philippe 菲利普·斯塔克
STCHERBININE, Patricia 帕特里夏·斯奇比尼纳
STRAVINSKY, Igor 伊戈尔·斯特拉文斯基
SAFRA, Lily 莉莉·萨弗拉

T
TOUBON, Jacques 雅克·图邦
TASCA, Catherine 卡特琳·塔斯卡
TESSIER, Carmen 卡芒·泰西耶
TEZENAS DUMONTCEL, Suzanne 苏珊·泰泽纳斯·迪蒙塞尔
THUILLIER, Raymond 雷蒙·蒂利耶
TINGUELY, Jean 让·丁格利
TOYEN (Marie CERMINOVA dite) 图瓦扬（原名玛丽·塞尔米诺瓦）
TRAUTMANN, Catherine 卡特琳·特罗曼
TROTOBAS, René (dit Thibault) 勒内·特多巴（原名蒂博）
TSE TOUNG, Mao 毛泽东
TWOMBLY, Cy 赛·托姆布雷

U
UECKER, Günther 京特·于克尔

V
VALERA, Eamon de 埃蒙·德·瓦莱拉
VAN ZUYLEN, Egmont 埃格蒙·冯·路易伦

VAN ZUYLEN, Marguerite(dite Maggie) 玛格丽特·冯·路易伦（原名玛吉）
VASARELY, Victor 维克托·瓦萨雷里
VEIL, Simone 西蒙娜·韦伊
VENET, Bernar 贝尔纳·韦内
VIATTE, Germain 热尔曼·维亚特
VICHNEVSKAÏA, Galina 加利纳·维什涅夫斯卡娅
VIEIRA DA SILVA, Maria Helena 玛丽亚·埃莱娜·维埃拉·达·席尔瓦
VIGNALOU, Jean 让·维尼亚卢
VIGOUROUX, Georges 乔治·维古鲁
VILAR, Jean 让·维拉尔

W
WALDENSTRÖM, Jan Gösta 让·约斯塔·瓦尔登斯特伦
WEBERN, Anton 安东·韦伯恩
WEILLER, Paul-Louis 保罗–路易·韦耶
WEISWEILLER, Alexandre 亚历山大·魏斯魏勒
WEISWEILLER, Carole 卡罗勒·魏斯魏勒
WEISWEILLER, Francine 弗朗辛·魏斯魏勒
WETZEL, Jean 让·韦策尔
WIENER (dit DE CROISSET), Francis 弗朗西斯·维纳

Z
ZAO WOU-KI 赵无极
ZAVATTA, Achille 阿希尔·扎瓦塔
ZIDANE, Zinédine 齐内丁·齐达内